◆ 编委会

主　任

丁中平　唐步新

副主任

呙生泽　邓琳　蔡祥东　徐松强
谭书凯　许建华　陈蓉　周利民
胡立　罗世友　高岭

委　员

谭华　易兵　向泽君　郑运松
周英斌　王可　王功斗　杨虎亮
熊铸　王文秀　向洋

◆ 编辑部

责任编辑 蒋忠智 周英斌 张 春 杨秀英

责任校对 廖应碧

策 划 重庆出版社艺术设计有限公司

装帧设计 重庆出版社艺术设计有限公司

制 版 重庆出版社艺术设计有限公司

前言

习近平总书记在党的二十大报告中指出，要发展社会主义先进文化，弘扬革命文化，传承中华优秀传统文化，不断提升国家文化软实力和中华文化影响力。

地名，是一种特殊的文化符号，是不同历史时期人们社会活动的历史见证和文化积淀，是一个地方的历史年轮，是人类文明的活化石。重庆是国家历史文化名城，有3000多年发展历史，历史文化体系集巴渝文化、三线文化、抗战文化、革命文化、统战文化、移民文化于一体，地名文化亦是重要组成部分，人文底蕴厚重。重庆地名，承载着重庆人民的乡愁记忆和美好情感，有自己独特、鲜明的民族和区域文化特色。深入挖掘重庆优秀地名文化内涵和历史底蕴，全方位保护地名文化遗产，赓续传承地名文化，是贯彻落实党的二十大精神的重要举措，是扎实推进第二次全国地名普查成果转化的具体行动。重庆市民政局汇集市内外地名研究专家智慧，编纂完成《重庆市地名文化故事》。

图书分为《区县地名》《村镇地名》《红色地名》《历史文化地名》和《山水名胜地名》五个分册，从五个不同的维度，用民间广泛流传的生动故事，集中呈现重庆地名文化的丰富内涵和历史韵味。《区县地名》分册，介绍和讲述38个区县（自治县）、两江新区、西部科学城重庆高新区和万盛经开区名称内涵、历史沿革，深刻阐释其中蕴含的人文精神和丰富内涵。《村镇地名》分册，遴选了69个具有代表性的名村名镇，集中呈现重庆域内历史文化名镇与传统村落生成发展的整体面貌。《红色地名》分册，收录了72条红色地名，从人物、事件史实角度全方位展现重庆红色之城、英雄之城的精神底色。《历史文化地名》分册，123条历史文化地名，全面记录重庆古遗址、古建筑、优秀现代建筑以及具有特殊历史文化价值的水文、交通运输类地名，完整呈现不同历史时期重庆的历史风貌。《山水名胜地名》分册，收录109条山水名胜地名，从山地、山峰、峡谷、洞穴、河流、温泉、湖泊等领域呈现巴山渝水所承载的历史演变、风土人情与地方文化认同。

巴山渝水，孕育重庆一方风土人情。编纂《重庆市地名文化故事》，以地名镌刻历史，以乡愁凝聚文化，将众多的历史遗迹、文化古迹及人文底蕴铭刻和播撒在重庆大地上，正是用好地名资源，保护传承优秀传统文化，为建设"山水之城·美丽之地"提供最持久、最深沉的文化力量！

序

挖掘历史文化
讲好地名故事

公元前316年，秦惠文王遣张仪、司马错等率兵灭巴，随后于公元前314年秦在今重庆地区置巴郡，从此巴渝地区被纳入了秦国版图中，始有郡县之名。3000多年的巴渝历史使巴渝大地历经沧海桑田的变化，政区地名亦是如此。地名作为文化的符号，是地方文化的基石，通过地名可以窥见地方社会、经济和文化的历史面貌。

大约在两年前，我们才将重庆的得名由来基本梳理清楚。重庆得名并非时下流传最广的"双重喜庆"之说，这其中深层次的文化因素不被大众所知，以至于后人杜撰的"双重喜庆"被广泛接受，成了"正统"。这种以讹传讹如果得不到及时的更正，久而久之错误的认知就会取代真实的历史。那时我就想，重庆各政区得名是否也存在这种情况呢？我们今天所知的得名由来能不能经受得住考证呢？这需要有人对重庆各政区的得名进行彻底的梳理。但完成这项工作并不容易，历史上留存下来的有关地理的著作文献可谓汗牛充栋，正史地理志和地方志自不必说，包括先秦的《禹贡》，汉至唐间的《水经注》《华阳国志》《元和郡县志》，宋代的《太平寰宇记》《舆地纪胜》，明清的《读史方舆纪要》《蜀中广记》等。要有坐得住"冷板凳"的精神，才能把这些资料系统地梳理一遍，否则政区释名就是空谈。摆在我面前的这本书，正是这些工作的成果之一。在我看来，此书的亮点非常多：

一、学术性与趣味性俱存

一是梳理了政区得名的时空轨迹。重庆政区地名释名，蒲孝荣、任乃强先生早有论著探讨。如蒲孝荣的《四川各市、县名称由来》《四川政区沿革与治地今释》，任乃强的《重庆》《华阳国志校注图补》等。另外张海鹏先生的《巴蜀地名趣谈》，也对重庆政区地名由来作了有益的补充。本书虽是通俗性读物，但释名部分具有极强的学术性，不仅考证了地名由来，还考其源、述其流，展现了政区地名发展的时空脉络。如万州地名由来，"东汉建安二十一年（216），刘备分朐忍西南地置羊渠县（因"羊飞山下有盐渠"而得名），治今万州区长滩镇，为区境行政建置之始。北周时期（557—581），以'大江至此，万川毕汇'之意，改安乡郡为万川郡。唐太宗贞观八年（634），改浦州为万州。洪武六年（1373），降万州为万县"。

二是不囿于一家之言，分述诸家之说。地名在记载和流传过程中，难免会产生穿凿附会、以讹传讹的现象，以致众说纷纭，真假难辨。但本书就把现在普遍存在争论的观点都列入其中，不唯一家之言。如，奉节得名有《郡县释名》记载的"奉山南东道总管节制"之说，有《三峡诗粹·巴蜀胜景》记载的"奉皇节度"之说，有《今县释名》记载的"武侯托孤寄命，临大节而不可夺"之说，官方采用的是最后一种观点。本书也倾向最后一种观点，但其他有争论的观点也采纳无遗，而不是利我者用、不利我者弃，既说明了自己的观点，又给读者留下了讨论和探索的空间，这种包容性贯穿全书始终。

三是较强的趣味性和可读性。作为通俗性读物，只有学术性肯定是不够的。考据类的文章大多用古文献相关记载堆叠，如若不是地名领域的读者，读起来是非常枯燥乏味的，可读性并不强，也就失去了本书创作之初的愿景。如何让重庆政区地名能广泛有效地传播和普及，本书颇下了一番功夫。如文中穿插了很多历史故事、名胜古迹、历史风物等，使政区释名更加灵动，不呆板，这是以往少有的尝试。

二、释地名而不唯地名

重庆既是一座山城，有"山城"别称；又是一座江城，有"江城"和"桥都"之名号。大山大水赋予了重庆丰富的地名文化资源，其政区地名多得名于山水。但本书释名，不仅仅是解释政区如何因山水得名，还选取了大量代表本政区历史发展和区域特质的特色地名，来进一步丰富其内容，使政区的地名形象更加丰满。如万州地名选取了天生城、西山碑、西山钟楼、三峡移民纪念馆几个地名，基本上描绘了万州古代—近代—现代的历史发展脉络。黔江是土家族苗族聚居区，所以选取了巴拉胡（土家语）作为其政区下第一个特色地名。此外，本书还选取了一些风物地名，如涪陵榨菜；地标性地名，如解放碑；名人与地名，如卢作孚与北碚；名胜古迹地名，如南温泉和东温泉……不一而足，不复赘述。

三、知之为知之，不知为不知

对于目前尚不得其解的地名，本书暂付阙如，不妄下结论，这也是本书的一个优点。如"涪陵"的得名由来传说颇多，其一说乌江古称涪水，巴国先王陵墓多葬于枳，故名"涪陵"。其二说"涪"为沤水泡之意，引申为水流湍急，"陵"为大土山或丘陵，故名"涪陵"。其三说古涪陵治所在彭水壶头山下，"涪陵"或由"壶凌"讹变而来。其四说乌江古称涪陵水，因水得名。虽然官方认可第一种观点，但本书并未妄下断言，而是条列了目前存在争议的几种说法，并说明"尚无定论"。"知之为知之，不知为不知"，也是本书难能可贵之处。

总之，本书对重庆政区地名作了前所未有的全面梳理与总结，对重庆地名文化的普及与传播作了极大努力，对我们了解重庆各区县地名历史提供了极大的方便，对今后如何科学地利用地名也作了有益的尝试。

◆

目 录

·

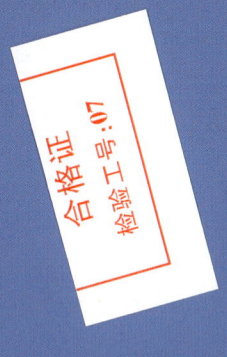

- 沙坪坝区 名流云集点学灯 —— 81
- 九龙坡区 有情怀的艺术殿堂 —— 93
- 南岸区 消失的神话和残存的洋楼 —— 105
- 北碚区 一个人和一座城 —— 117
- 渝北区 经济腾飞的枢纽之城 —— 131
- 巴南区 忠勇守德尚文崇新的巴文化 —— 145
- 长寿区 物阜民丰的长寿之乡 —— 157

- 铜梁区 龙文化的新内涵 —— 253
- 潼南区 仙音古韵伴禅声 —— 265
- 荣昌区 四大名物出棠城 —— 277
- 开州区 文教昌盛的富饶之地 —— 287
- 梁平区 平畴千里的文化融合之地 —— 299
- 武隆区 奇幻山水印象里 —— 311
- 城口县 在那遥远的地方 —— 323

- 石柱土家族自治县 巴盐古道上的土家风物 —— 427
- 秀山土家族苗族自治县 巴渝春风黔楚云 —— 441
- 西阳土家族苗族自治县 秦晋农耕的世外桃源 —— 455
- 彭水苗族土家族自治县 苗家人的一方乐土 —— 467
- 两江新区 内陆开放门户 重庆智慧之城 —— 479
- 西部科学城重庆高新区 从成渝古驿到科学之城 —— 491
- 万盛经开区 一座由煤矿转型而来的活力之城 —— 503

后记 515

前言 1

序 挖掘历史文化 讲好地名故事 1

- 万州区 一座古城的前世今生 —— 1
- 黔江区 山水万物皆可为名 —— 15
- 涪陵区 榨菜飘香白鹤绕梁 —— 27
- 渝中区 这个半岛很包容 —— 41
- 大渡口区 一湾渡口的上善之城 —— 55
- 江北区 重庆最早的府城 —— 67

- 江津区 莲的底蕴成就千年古城 —— 169
- 合川区 巴国故都的文脉书香 —— 181
- 永川区 满城物产说掌故 —— 193
- 南川区 摩登与古韵相济的卫星城 —— 205
- 綦江区 渝黔要道通古今 —— 217
- 大足区 万佛朝宗匠心巧 —— 227
- 璧山区 儒雅都市田园风 —— 241

- 丰都县 鬼神后的道义仁心 —— 335
- 垫江县 牡丹故里的千年古县 —— 347
- 忠县 肝胆侠骨，忠义之城 —— 361
- 云阳县 天生天养，龙的故乡 —— 375
- 奉节县 千古风流人物的喟叹 —— 389
- 巫山县 离远古真相最近的地方 —— 401
- 巫溪县 深山里的故事大会 —— 413

重庆市地名文化故事

- 天生城与古城墙
- 西山碑
- 西山钟楼
- 三峡移民纪念馆

区县地名

万州区
一座古城的前世今生

◆ 万州区
荣腾龙 摄

简介

- 万州区，是长江十大港口之一，素有"川东门户"之称，现为三峡库区重要经济、金融、文化中心。万州区位于重庆市东北部，东邻云阳县，南接石柱土家族自治县、湖北省利川市，西连梁平区、忠县，北依开州、四川省开江县。面积3457平方千米。人口156.44万[①]。万州区累计搬迁安置三峡移民26.3万人，是重庆市移民任务最重、管理单元最多的区县。

万州人文底蕴丰厚，文物古迹众多，有盐井沟古生物化石遗址、武陵遗址群、西山碑、金黄甲大院等15处重庆市文物保护单位，有全国爱国主义及"大思政课"实践教学基地落地重庆三峡移民纪念馆。李白、黄庭坚等历史名人在万州留下遗迹，著名革命人物江竹筠（江姐）、彭咏梧等革命先烈在万州留下了战斗的足迹；下川东游击队在这里为民族解放事业进行了英勇斗争。

万州区位突出、通江达海，历史上既有黄金水道，又有古驿道。新田港为重庆四大枢纽港之一，是三峡库区最大的深水良港；万州机场已开通北上广深等大中城市航线21条和国际航线2条。

---

① 采用第七次全国人口普查统计口径及数据，普查标准时间点为2020年11月1日零时。本丛书如无特别说明，均采用本统计及数据。

地名由来

• 万州区，古称"万县"，因"万川毕汇"而得名，因"万商云集"而闻名。

东汉建安二十一年（216），刘备分朐忍西南地置羊渠县（因"羊飞山下有盐渠"而得名），治今万州区长滩镇，为区境行政建置之始。

北周时期（557—581），以"大江至此，万川毕汇"之意，改安乡郡为万川郡。唐太宗贞观八年（634），改浦州为万州。洪武六年（1373），降万州为万县。

1997年12月20日，设重庆市万县移民开发区和万县区（未正式设立）。1998年6月，万县移民开发区和万县区分别更名为万州移民开发区和万州区正式挂牌成立。

地名趣谈

• 万州从来不是一个小城市，它从古至今都是个大都市。长江水到了这里豁然开朗，江面的开阔为万州带来了四通八达的航运，也养成了万州人豁达通透的个性。它联通东西南北，有背山环水的古城；它浸润古今文坛，有文化的传承；它通达四面八方，历史厚重却又现代繁华；它豁达乐观，用移民的行动表达自己的舍与得。

◆ 天生城与古城墙
城墙在，魂就在

今天的万州是一座崭新的城市，举世瞩目的三峡工程，带来了高峡出平湖的新面貌，让沿岸各镇有了旧貌换新颜的变迁。

要问万州人万州最大的特色是什么，乐观而通达的当地人会告诉你，来万州，带你爬梯坎。这是一座著名的山城，城中坡多坎多，山在城中城在山中，素有"小重庆"之称，是重庆直辖以前除成都、重庆外，四川排名第三位的重要城镇。

万里长江奔流到此，一改江面狭窄蜿蜒的面貌，一下子豁然开朗起来。宽阔的江面在这里转了一个大弯，让万州城自古以来就成为了"万川毕汇""万商毕集"的商贸聚焦地。

历史上关于万州建县的记录，最早可追溯到东汉末年。传说刘备当年入川在此屯兵，在当地设羊渠县。

在今天万州城西边仍有一座保存完好的古城遗址，名为天生城，就是当年刘备屯兵之处，也是万州古城最初的模型。对万州人来说，这里是家乡最早的发源地，也是他们对万州古城所有记忆的载体。

古万州城北面靠山，东、南、西三面环水。于是万州城充分利用了山形地势，被巧妙地设计成了一个水滴形，城池从山顶到江边逐渐扩大。这样建城，既能将市集、商铺、行政要署和居民住宅等建在南面的平缓地带上，又能依仗北面的高山和堡垒，形成军事防御的天然屏障。

城的外围设有古城墙，在东、南、西面靠水之地都开有城门，以适应发达的水运带来的商机与便利。天生城在古城的北边，建于高山之上，历来就起着军事防御的重要作用。初时为刘备操练兵将之处，到了宋代末年，由名将余玠将此地改设为抵抗蒙军的军事堡垒与据点。

这里易守难攻，纵使蒙军兵强马壮，也无法将其夺下。在宋蒙战争中，天生城与合川的钓鱼城、苍溪大获城以及奉节白帝城一起，将蒙军铁骑挡在城外长达36年之久。

如今的古万州城已经不复存在，三峡大坝蓄水完成后，万州古城三去其二，大部分沉没江底。仅存下来的遗址除了固若金汤的天生城，就只残存一段129.76米的旧城墙。

原本这段旧城墙也应被淹没，因为其重要的文物价值，1992年被纳入库区文物保护搬迁范围。搬迁后的旧城墙选址在江南新区南滨路沱口港口区，整个搬迁复建工作按照易地原样搬迁、原样复建、整新如旧、以旧复旧的基本原则进行，于2014年复建完成。

◆ 西山碑
古看黄庭坚，今读何其芳

在万州区最繁华的高笋塘地段，有一座与周围现代高楼格格不入的古色古香的亭阁。亭阁内有一块黑色的石刻，这便是当年的大书法家黄庭坚留下的西山碑。

北宋时期，王安石变法，朝堂内朋党相争。作为史官的黄庭坚因修史得罪了权贵，被贬巴蜀之地，先至涪陵，后至彭水。直至宋徽宗登基后，才想起他来，召他回京复官。

黄庭坚乘船顺江东下，途经万州（当时称"南浦"），受南浦太守高仲的邀请，上岸到西山游玩赴宴。彼时黄庭坚心中怀揣复官的喜悦，加之西山风景如画，心情极佳的诗人即兴赋文一首，挥笔写下了《西山题记》。

《西山题记》是一篇记事散文，文中记述了黄庭坚游览西山的缘由，描绘了诗人眼中所见之景，对眼前景色极尽赞美："夔州一道，东望巫峡……林泉之胜，莫与南浦争长者也！"

这一句是整篇《西山题记》最为抒发胸怀的句子，字里行间传达着黄庭坚当时的心境是十分开阔的。旧时文人一直信奉"君子藏器于身，待时而动"的处世哲学，被贬巴蜀六年的黄庭坚，终于等到了还京的消息，虽已是56岁高龄，却仍是心境疏朗、气宇轩昂，有一种"归来仍是少年"的大胸襟。

太守高仲很是欣赏，命人将《西山题记》全文拓下，刻于碑上，立碑于西山，这才有了今天所见到的西山碑。

黄庭坚在巴蜀的六年时间里少问政事，过上了闲散的田园时光。虽然隐居山林，可他的博学多才却引来了无数巴蜀学子的敬仰，许多人慕名而来求教于他。在他的培养下，巴蜀文坛后辈渐起，文风日盛。

创办于清末的万州一中，是万州古城中第一座新式学堂，著名的现代诗人何其芳曾在这里求学。清末民初，新思想、新文化不断冲击着学子们的思想，何其芳在这样的思潮影响下，走上了现代诗歌创作之路。

何其芳早期的诗歌作品，以描写风花雪月主题居多，语言优美，辞藻华丽，更偏向于个人的情感表达，如《月下》《休洗红》等。1937年抗日战争全面爆发后，何其芳奔赴延安，投身革命，希望用文字来唤起人们的救国热情。

来到延安后的何其芳，视野与格局都渐渐产生了变化。这时候的他，已经不再满足于表达自己的个人情感了，家国之大，怎为个人世界可比？他去过晋西北前线，采访过前线战士，他眼中看到的是家国的存亡，心中燃起的是革命的火种。他的文字风格在不知不觉中悄然改变，华丽的辞藻变成了激昂的文字，何其芳用它来鼓舞和凝聚人心。

《我为少男少女们歌唱》就是何其芳最广为流传的一首诗歌："我歌唱早晨，我歌唱希望，我歌唱那些属于未来的事物，我歌唱那些正在生长的力量……"这首热情激昂的诗歌，也影响着一代代万州学子，他们为万州出了这样一位伟大的诗人、文学评论家而感到骄傲。

◆ 西山钟楼
五省通衢的历史见证者

无论是顺江而下，还是溯江而上，乘船进入万州港，船还未靠岸，便远远地看到一座钟楼，旅客们就知道万州到了。

西山钟楼，始建于 1930 年，历经战火纷飞，至今仍屹立不倒，成为了万州不折不扣的标志性建筑物。

钟楼一层为厅，厅中竖有一长方形石碑，传说当年，这块石碑原是想为万县驻地的军政长官王陵基做德政碑用的。可王陵基的一位幕僚为他出主意，说此事不妥。因世事难料，历史上为自己树德政碑的人，到了后来多半都被人唾弃，不如不要刻上名字，拣些处世格言刻于碑上，后人因之受益，反倒念起刻碑人的好来。

西山钟楼就在长江边上，古往今来，发生在这里的一切变化，都被它尽收眼底。

万州古往今来都是一座水运通达的城市，早就具有十分繁忙发达的码头系统。老一辈的万州人能在如今的长江边上数出十几个码头的旧址来。

有的码头是乘坐去往下游乡镇的，有的码头是轮渡码头，有的码头是往返旧时万县与重庆主城的。有的码头水深些，大点的轮船能靠过来；有的码头水浅滩多，需要纤夫拉着过去。

从前的万州城码头，从江面到城里，沿江修起一排排如登天一般高的台阶。来往的船只载着货物停靠下来，需要挑夫、脚夫肩挑背扛，才能将货物运输到城中。每日里船只来来往往，人群熙熙攘攘，人声沸沸扬扬……而从重庆出发的长途旅客，因为"川江不夜航"的传统，通常有在万州弃船登岸歇息一晚再走的习惯。万州因此也成为了长江航运通道上最大的旅客中转站。

始终不变的，只有高高屹立在江边的西山钟楼。

今天的万州港，因为"高峡出平湖"的地貌改变，已经变得越发现代、高效和有序了。三峡水利工程让万吨级轮船能直接停靠岸边，万州建立起了规模庞大的现代化港口，成为重庆直辖以后川东和三峡库区最大的港口，连接起渝东、川东北、湘鄂、陕南、黔北等地区重要物资出海的通道。

当城市的高楼一座座平地拔起，当光彩夺目的城市灯火一盏盏亮起，当跨江大桥如飞龙般一座座架起，西山钟楼像一位历经沧桑的观察者，无声地铭记下了每一个瞬间。

◆ 三峡移民纪念馆
万州人的舍与得

在高楼林立的现代万州城里，有一座为纪念三峡百万大移民修建的专题性纪念馆——重庆三峡移民纪念馆。三峡水利枢纽工程是举全国之力兴建，足以载入华夏文明历史的一件大工程。伴随着三峡水库的修建、长江上游水位的提升，涉及多达131万人口的三峡移民工程为三峡沿岸原住居民带来了改天换地的生活变化。

万州作为三峡库区中心腹地最大的城市，移民人数多达26.3万人，是整个三峡库区搬迁人数最多的区县。因此三峡移民纪念馆就建在万州城中，向南来北往的游客生动、全面地展示了三峡移民工程的全貌。

当年，为了三峡大坝的建设，为了顺应国家发展的大势，26.3万万州人毫不犹豫地搬离了自己的故土。与他们有着深厚情感的万州老城，有三分之二的土地沉没到了江底。他们之所以会毅然作出选择，是因为他们相信，自己的家乡经过这次脱胎换骨的改变，一定会变得更好。

水位的变化，还为万州这座城市带来了新的治理难题。每年春夏，为了防洪，三峡大坝会开闸放水，将水位下降到145米；而到了冬季，为了维持发电和航运，蓄水位又会调整回175米。这30米的落差，为万州形成了24平方千米的"消落带"。

如何才能防止消落带的水土流失，避免为三峡大坝带去难以清理的积淤，对于万州来说就是个世纪难题。种植植物当然可以

◆ 三峡移民博物馆

防止水土流失，可要找到能抗淹又能抗旱，且淹、旱时长各自接近半年的植物就太难了。当水位升高时，植物的根系与枝干几乎全没入水中；当水位下降时，植物又要经历长达数月的干旱。这不是寻常植物可以做到的。

为了解决这个难题，万州区政府和林科所经过了一次又一次尝试，在失败中汲取经验，终于找到了一种名为"中山杉"的根系发达的树，可以适应这样恶劣的环境。

解决了消落带的问题，长江禁渔十年的政策又带来了新的难题。居住在江边世世代代靠打鱼为生的渔民们，该如何生存？

借着"退捕"的扶持政策，渔民们开始了新的生活。年长的渔民干起了清理长江漂浮物的工作；青壮年渔民加入了长江护渔队，每天在水面上巡逻；有手艺的渔民在江边开起了农家乐。

这条曾给予他们无限馈赠的长江，如今成为了他们日夜守护的圣地。一位渔民说，这条江，我们禁捕十年，就能让我们的子子孙孙一辈子看得到鱼、吃得到鱼，这种舍得我们觉得值。

这句话，道出了万州人通达的个性，也道出了所有库区移民的心声。只要是顺应时代发展、让日子越过越好的事，哪怕让他们作出再大牺牲，他们认为也是值得的。

重庆市地名文化故事

- 芭拉胡
- 蒲花暗河
- 风雨廊桥
- 神龟峡

区县地名

黔江区

山水万物皆可为名

◆ 黔江区

黔江区文化和旅游发展委员会　陈彤　摄

简介

• 黔江区，是国家定位的武陵山片区中心城市之一和渝东南区域中心城市。黔江区位于武陵山区腹地、重庆市东南部中心，东与湖北省咸丰县接壤，南与酉阳土家族苗族自治县毗邻，西与彭水苗族土家族自治县相连，北与湖北省利川市接界。面积2402平方千米。人口48.73万。

黔江区是少数民族聚居区，土家苗汉共同和谐生活，民族风情独特浓郁。黔江区作为全国一类革命老区，红三军入渝的首站，原红三军政委万涛的故乡，刘伯承、邓小平、贺龙等老一辈无产阶级革命家都在这里留下了战斗足迹，"红色基因"赓续相传。"宁愿苦干，不愿苦熬"的时代精神享誉全国。黔江区旅游资源丰富，被誉为"中国峡谷城·武陵会客厅"，因其位于北纬30°，夏无酷暑、冬无严寒，被中国气象学会授予"中国清新清凉峡谷城"称号。

区内有南溪号子、后坝山歌、西兰卡普（土家织锦）制作技艺等民间文化艺术。

地名由来

• 根据《黔江县志》载，黔江因"缘黔江所出之乌江为名"而得名。

西汉武帝建元元年（前140），在梁州巴郡置涪陵县（治所今彭水自治县郁山镇，辖今酉秀黔彭诸县和贵州东北部），为黔江地域置县的开始。

唐玄宗天宝元年（742），因石城县南部的万就、鹿角等地连接黔江（今乌江），故更名黔江县。得名之后，虽经历多次建置与行政从属变更，但"黔江"之名沿用至今，1200多年不变。

地名趣谈

• 任何城市，只要与武陵山扯上了关系，多多少少都会沾些灵气。这座东西走向的褶皱山脉呈现出来的岩溶地貌，造就了世界闻名的张家界、梵净山、湘西凤凰等著名景区，是秀丽、青翠、陡峭、险峻的具体代表。而位于武陵山区的重庆黔江区，又有着"山中明珠""武陵会客厅"等美称。于是乎，黔江的调性呼之欲出——灵动。这个以土家族为主的少数民族自治区，也完全印证了灵动的调性：多样的山水，丰富的生物，奇特的地貌，独树的土家风情……无一不体现出灵动多样化。

◆ 芭拉胡
土家人的峡谷之城

在黔江区的民族职教中心附近，有一条位于城市中心的城中大峡谷，外来人只知道这条峡谷叫作"城市大峡谷"，本地的土家人却有着自己对它的称谓——芭拉胡。

众所周知，土家族是一个与汉族融合得十分早的民族，绝大多数土家人聚集的地方，民族文字与语言体系已经失传。而芭拉胡，就是在黔江地区仍然保留的珍贵的土家文字语言代表。

芭拉胡，是土家语中"峡谷"的意思。峡谷、溶洞、地热与喀斯特地貌，是武陵山脉赠予今天人们最宝贵的自然遗产。而像芭拉胡这样位于城市中心的峡谷，在亚洲仅黔江这一处。

整个黔江城区，就建在芭拉胡的两侧，岩溶地貌让峡谷两侧的山体呈现出如刀劈一样的陡峻之势，喀斯特地貌呈现的不同年代地质，能让人们清晰地看到时光如刻刀一般的痕迹。点缀在悬崖峭壁缓势地带的绿色植被，与灰白的陡壁对比鲜明。

那情形，犹如上帝竖起手掌，硬生生将一座城市劈开。而势要逆天改命的人们，在峡谷上建起一座座跨谷大桥，连接起老城与新区，势与苍天一决输赢。

有人说，芭拉胡的意义并非单指"峡谷"。它如同藏语中的"香格里拉"，在土家人心中有着神圣的地位。回望土家人过去的历史，与藏族人还真有几分相似：都经历过土司制度的传承，都位于大山之中，甚至都有过自己民族的神圣信仰。

如今，藏人心中仍保有"香格里拉"的祈愿，土家人也重新寻回了自己的芭拉胡。它能否带领土家人重铸神话？我们拭目以待。

◆ 蒲花暗河
另辟蹊径的植物地名

在黔江的濯水古镇，一条名为蒲花的河流顺着古镇，缓缓汇入阿蓬江。这条河，有着长达2千米的地下河道，在武陵山脉的溶洞里潺潺流过，黔江人将这条河流的地下暗流部分，称为蒲花暗河。

在中国，以植物为名的街道、处所比比皆是。无须统计，就能猜到全国有无数条街道叫杨柳街，或许还有着无数个黄桷坪、楠木坪、桂花村等等。而以植物为名的江河，也许仅此一条。

巴蜀两地善用蒲草，这是因为境内河流遍布，在河岸边、沼泽里，到处生长着这种生命力顽强的植物——蒲草。它的茎秆可以食用，脆嫩多汁；它的叶片可用作工艺，晒干后坚韧柔软，可制成蒲团、蒲扇等工艺品。

但却很少有人知道，蒲草也会开花，它的花能入药，对治疗女性经期不调有着绝佳的功效。蒲草花曾被古人用来插盆，常与荷花、芦苇一并成景，大文豪苏辙在《和迟田舍杂诗》九首其一中就写道："盎中插蒲莲，菱芡亦易求。"

蒲草易得，蒲花却难求。故而以蒲花命名的这条阿蓬江支流，在名字上就有着另辟蹊径的审美意味。要知道，这里可是武陵山区啊！这里的山秀丽、石怪异、溶洞多、溪流急，绝美的自然景观配上唯美的河流名称，不能不说这体现了大自然的和谐之处。

毫无意外地，蒲花暗河当然成为了今天的一个自然风景区。泛一叶扁舟，自入口进入山体天然洞穴，在峡谷里顺流而下，头顶上是时隐时现的一线天光，伸手就能触到潮湿的山壁，一不小心就要撞上一座倒垂的石笋。轻轻绕开它，就听到笋尖滴落的水滴击打在河面上，发出滴答一声，在洞穴与峡谷中激起回声，回声荡漾不已。

◆ 风雨廊桥
自然天象嵌入地名

要讲风雨廊桥，是绕不开阿蓬江与濯水古镇的。

阿蓬江，一条发源自湖北恩施土家族苗族自治州利川市的河流，顺流而下来到黔江，在黔江境内人迹罕至的武陵深山倾泻千里，冲刷出黔江大大小小的峡谷，流经濯水古镇，最后在酉阳的龚滩汇入长江水系的支流乌江。

阿蓬也是土家语系中的用语，意为雄奇、秀美。黔江境内的阿蓬江，是整个流域里最为险峻的一段河道。这里全是峡谷，高低起伏，水面落差极大。河流中礁石众多，水势湍急，自古以来是船只航行的"鬼门关"。

濯，在汉语中是洗涤、清洗的意思。按字面理解，濯水镇，是一处水流平缓之处。江水流到濯水古镇，渐显平缓，船只得到了休息喘气的机会。再往下游去，便是落差近百米且无法通航的神龟峡，因此这里自古便是过往船只靠岸停泊之处，而濯水古镇也因此得到了通达四方的机会。

巴地自古产盐与丹砂，盐与丹砂的运输是这条航道上绕不开的话题。不管是盐也好，丹砂也罢，在这里上了岸，便只能靠着人背马驮运送至官道上。相传，曾有当地富绅，为了行马方便，令长工将今黔江水市至杨柳一带的羊肠小路扩宽为马道。而今黔江城区新华大道中段的马市角，就是旧时为马匹交易而设的专门市场。

蒲花暗河的水流，在古镇附近回到了地面上，形成一条汇入阿蓬江的支流。为连接古镇河岸，这里建起了一座廊桥，名为风雨廊桥。

◆ 风雨廊桥

黔江地名的灵动，在这里又出现了另一种可能。大自然的天象——风与雨，也进入了地名之列。

廊桥之所谓"廊"，是指在桥之上，以苗族、土家族建筑风格为底蕴，修建起屋舍状的长廊，既有桥的功能，又能遮风避雨。"风雨"二字，又契合了"多少楼台烟雨中"的意境，在美感上呈现出一种古色古香的韵味。心中默念"风雨廊桥"四字，眼中尽绘江景与山色，遥想当年车水马龙的古镇风情，一时间竟时空飞度，不知身在何方，只一个"绝"字可叹！

◆ 神龟峡
阿蓬江上的动物有"灵"

阿蓬江从黔江濯水古镇往下流淌，来到了两河镇。从这里登船往下游去，会经过一段风景绝美的峡谷，这就是神龟峡，神龟峡全长仅38.9千米。

在1998年之前，这一段险峻的河谷人迹罕至，就是因为这么一段峡谷，上下游水位落差竟达到了上百米，完全不具备通航的自然条件，没有任何船只能通过这片水域。

1998年，阿蓬江下游的大河口电站建成，水位升高，这才让这段峡谷有了通航的基础条件。负责勘测电站大坝坝址的专家冒着生命危险进入到这条峡谷，才看到了这个至今保持着原始峡谷风貌的"世外桃源"。

  这里之所以叫神龟峡，是因为在峡谷入口处，两侧的山体一左一右，形似一雄一雌两只神龟趴在峡口。这是黔江万物可为地名的又一佐证——动物有"灵"。

  进入神龟峡，眼中便是几十公里的原始峡谷风貌，多年的人迹罕至，让这片水域未经人类涉足，至今保存着原始自然的模样。河道迂回曲折，河水碧绿清幽，两岸青山与猿啼，回荡在峡谷中的鸟儿啁鸣，船到崖前疑无路，调转船头又一湾。

  大自然馈赠给黔江丰富的森林资源，密集的植被又为野生动物的繁衍创造了良好条件，狐、猴、蛇、鹰、娃娃鱼等野生动物都在这里找到了生存的栖息地，再加上家养的猪、狗、牛、羊、鸡、鸭、鹅等家禽牲畜，都为黔江地名贡献了完备的素材。马耳坡、牛背岛、犀牛塘、猴子山、鸡公岭、鸭子台、鹅池、鱼滩……这些大大小小以动物命名的地名，散落在黔江的每一寸土地。

  黔江的地名就是这样丰富而灵动，从土家人的俚语，到丰富的动植物，再到自然气候天象……黔江让我们看到，劳动人民的智慧就是这样自然而简单，从生活中汲取、丰富，变得多元而灵动。

重庆市
地名文化故事

- 涪陵榨菜
- 白鹤梁
- 点易洞
- 武陵山国家森林公园

区县地名

涪陵区
榨菜飘香白鹤绕梁

◆ 涪陵区

重庆大爱文化传媒有限公司 供图

简介

- 涪陵区位于重庆市中东部，属重庆主城都市区，处于成渝双城经济圈和长江经济带接合部。涪陵区东邻丰都县，南接南川区、武隆区，西连巴南区，北靠长寿区、垫江县。面积 2942 平方千米。人口 111.50 万。

  涪陵区居重庆市及三峡库区腹地，境内长江横贯东西 77 千米，乌江纵卧南北 33 千米，扼长江、乌江交汇要冲，历来有川东南门户、千里乌江第一城之称。

  涪陵区是中国榨菜之乡、重庆市级森林城市、山水园林城区。境内有白鹤梁水下博物馆、武陵山国家森林公园、美心红酒小镇、涪陵白鹤森林公园等名胜。涪陵榨菜作为知名特产，其传统制作技艺被列入第二批国家级非物质文化遗产名录。

地名由来

- 涪陵古称"枳"，因古代原始村社共同体居民用枳棘之类的灌木围成村寨而得名。"涪陵"的由来传说颇多，尚无定论。其一说乌江古称涪水，巴国先王陵墓多葬于枳，故名"涪陵"。其二说"涪"为洰水泡之意，引申为水流湍急，"陵"为大土山或丘陵，故名"涪陵"。其三说古涪陵治所在彭水壶头山下，"涪陵"或由"壶凌"讹变而来。其四说乌江古称涪陵水，因水得名。

  据 1995 年《涪陵市志》载学者考证，涪陵置县于汉武帝建元元年（前 140）。新莽时期，涪陵短暂改名巴亭。其后"涪陵"地名沿用至今，2100 多年不变。

地名趣谈

· 在重庆,没有比涪陵更具层次感的城市了。这个城市位于乌江与长江的交汇处,既有长江水的豪迈,又有武陵山的秀丽。这里自古就是川东重镇、商贸码头,还从来都不缺乏文化的浸润。如果一定要用一个词来概括涪陵的调性,那就是多维。涪陵的多维,体现在经济上有榨菜工艺和高山花海的飘香,体现在地理上有武陵山森林国家公园的闲适,体现在文化上有白鹤梁和易学的厚重历史。

◆ 涪陵榨菜
小菜头的华丽转身

比涪陵这座城市本身更有名的当属涪陵榨菜。

据国外一家专门从事无聊数据分析的公司统计，在世界范围内的华人商超里，贵州老干妈辣酱和重庆涪陵榨菜是销量最高的食用商品。而曾经盛传一时的笑话来自台湾某评论专家，他声称内陆人吃方便面必配榨菜，可"他们现在已经快要吃不起榨菜了"。

这两则新闻虽然看上去十分无聊又可笑，但透过它们能看到的是，涪陵榨菜在世界范围内有着多么举足轻重的地位。

榨菜的原材料是一种重庆人称为"青菜头"，学名叫作"茎瘤芥"的蔬菜。这种芥菜特别适合在地处北纬 30 度的涪陵种植，因为这里独特的季节气候和地理环境，它的根茎部分尤为发达。

相传清代时期，有一年涪陵的青菜头大获丰收，当地一家姓邱的农户因为吃不完这么多青菜头，于是想出将青菜头晾干腌制的办法。他们将大批的青菜头码上食盐，穿绳挂在树上自然风干水分。再找出一只做四川泡菜的陶坛，将风干的菜头放入密封。密封前倒上些高度白酒防腐，最后封坛，隔绝空气的侵蚀，以便储存长期食用。月余后，邱姓农户开坛查看，腌菜清香扑鼻，一种美味咸菜就此诞生。

公元 1899 年，涪陵商人邱寿安正式开始大规模生产榨菜。因涪陵位靠长江，所生产的榨菜几乎全部顺江运往了下游的湖北宜昌，随即又传播到湖北的沙市，在两湖一带很快打开了市场，形成知名度。

公元1912年，邱寿安的弟弟邱汉章将榨菜带到了上海，很快打开了上海市场，在上海成立了"道生恒"榨菜庄，成为全中国第一家榨菜专营店。

与此同时，榨菜的制作工艺开始外泄，制作榨菜从邱家人的独家生意变成了涪陵全境的产业，涪陵全境涌现出了大批榨菜企业。到1931年为止，整个涪陵的榨菜企业达200余家，同行业商家还组成了涪陵县榨菜同业公会，榨菜同业公会成为了当时涪陵商业"十三帮"之一。

产业链的形成，成就了涪陵榨菜以上海、武汉、宜昌为中心的全国销售网络，能顺利通达京、津、辽、闽、粤等地，再顺着广东南下，抵达香港、澳门、南洋（东南亚）。小小一枚菜头，竟在半个多世纪以前就成为了全世界华人的餐桌最爱。

今天青菜头种植几乎遍及全区，种植面积达72万亩，年产量160万吨。而榨菜生产企业则多达37家，包括"乌江""辣妹子"等知名品牌，其中涪陵榨菜集团更是全国酱腌菜行业唯一一家A股上市企业。

涪陵榨菜的名声已经远超涪陵本身的影响力，不得不说，就算你不知道中国重庆有个城市叫做涪陵，但一定知道有道咸菜叫涪陵榨菜。

◆ 白鹤梁
仙人归处，水文名胜

如果说涪陵榨菜是涪陵经济腾飞的翅膀，那么白鹤梁就一定是涪陵文化的荣光。

在涪陵境内的长江南岸江中，有一块长 1600 米、宽 16 米的巨大石梁。以往的每年 12 月到次年 3 月，长江枯水期时这道石梁都会露出江面。这时人们就会看见，露出江面的石梁上，刻着一对活灵活现的石鱼。

人们把这块梁称作白鹤梁。

白鹤梁的得名由一个得道升仙的传说而来。传说北魏时期，一位名为尔朱真人的道士来到今合川城，向路人兜售自己的仙丹，说吃了可以长生不老，得道升仙。有好事者问价，答白银 12 万两。

当时的合川太守听闻后，便欲购买。尔朱真人掐指一算，这太守在当地施行暴政，造成民愤四起，实为无良之人。于是反口涨价，说你如此富贵，卖你 12 万两太便宜了，你若要买，须得 120 万两。

太守怪他出尔反尔，命人将他关进竹笼，沉入江底。谁知尔朱真人在笼中闭目休眠，睡而不死，反倒顺着江水漂到了涪陵。

竹笼刚到涪陵，涪陵城中响起了一声击磬声，这声响一敲，尔朱真人便醒转过来，正好看见江中露出一道石梁，梁上两位渔人正在撒网捕鱼。二人见状忙将尔朱真人救起，三人相谈甚欢，举杯共饮。

◆ 白鹤梁

    尔朱真人说自己的师父曾对自己说过今日之遇，说在江中遇到白梁，便是成仙之时。他拿出仙丹，与二渔人共食，三人当即羽化成仙，驾着白鹤西去了。

    自此，江中这道石梁便被当地人称作白鹤梁。

    在中国古代，历来有在水中石梁、石柱上雕刻图像，用以记载水位高低的传统。白鹤梁上所刻石鱼，也就是用来记录长江枯水期水位的标记。

    这对刻于唐代的石鱼，一前一后，一雄一雌，全身皆有 36 片鳞片。令人惊奇的是，两条鱼鱼眼的位置，恰好与今天人们用来记录水位的零度标尺位置完全重合。

    在涪陵一直流传着一句谚语，"石鱼现，兆丰年"，这句话跟中国北方的瑞雪兆丰年如出一辙。意思是说，每当江水足够枯竭，让石鱼露出水面的下一年就是丰收之年。可这个说法又有什么道理与依据呢？

经过相关专家考证，果真在诸多古籍中找到了石鱼露出水面后一年的相关记录，且大多与这句谚语相符，基本都是风调雨顺之年。专家们猜测，水位的高低确实与气候相关：水位的枯与沛，对应着青藏高原雪线的低与高，而雪线高低则与当年的气候有直接联系。

受地球公转、自转的影响，全球气候会在几年间有规律性的变化，这是经科学证实的事实。而当江水连续枯竭后，也正是气候即将反弹的时期。

白鹤梁作为中国迄今为止发现的最早的水文记录观察站，本就具有极为重要的考古和文物价值，而它的价值却并不仅此而已。

由于白鹤梁的神奇，加之传说赋予的神话色彩，历朝历代诸多文人都曾到访白鹤梁，并留下了珍贵的文物笔记。朱昂、刘甲、王世祯、黄庭坚等历史文人都曾在此游玩，并留下题刻。

如今的白鹤梁水下博物馆，是世界上唯一一座水下博物馆。长江三峡工程修建之后，为了保护白鹤梁，修建了世界上第一个水下博物馆。博物馆分为水上部分和水下部分两个区域，水上部分主要展出拓印的题刻碑林，展示其背后的文化价值；水下部分像一个潜水艇，将白鹤梁围护起来，与长江江水相通，游客透过圆形潜水窗口可观赏白鹤梁原貌。

◆ 点易洞
程氏理学发祥地

在白鹤梁的题词中，有一篇题刻颇具代表性，为北宋时期涪州知州吴革所写。这篇题刻中有一句"易以包无鱼为远民，民固可近不可远"，充分地展示了历代文人墨客游览白鹤梁的心声。整句话，借用了《易经》卦辞中的寓意，将鱼与民联在一起，解答了后人们的一个疑问。

很多人都会觉得，其实白鹤梁又有什么好看的呢？不过就是一块长江里的大石头而已，就算上面刻了石鱼，也并不见得比名川大山来得有欣赏价值。而这些古人为什么一个个都来参观，还偏要留下墨宝呢？

吴革的题刻回答了这个问题。他告诉大家，来看白鹤梁最大的原因，是当地的百姓喜欢。石鱼出兆丰年，是与百姓息息相关的生计大事。百姓喜欢看石鱼，因为看到石鱼就意味着会迎来风调雨顺的好年头。为官者，难道不应该百姓喜欢就喜欢，百姓高兴就高兴吗？

吴革的这篇题刻里，藏着一个关于中国历代文人苦苦探索的终极课题——何为为人之道？何为为官之道？这个课题之大，穷宗教、儒学与传统道德体系都无法讲透。而透过这件事，我们看到了易学在涪陵留下的踪影。

在涪陵城的江对岸有一座周易园，园中有一处人工开凿于山壁之上的洞穴，名为点易洞。据《舆地纪胜》和《涪州志》载，北宋理学家程颐曾在此潜心研究易学六年，最终写出了理学代表作《易传》。

公元1097年，因朝堂朋党之争，程颐编管于涪州。程颐有一名弟子名为谯定，是涪州人士，见老师到了自己的家乡，便安排老师在长江北岸北山坪脚下的普净院定居下来。

师徒二人都沉迷于研究易学，为寻一处清净之地，二人在北面的岩上凿了一个高、宽约4米，深2米的山洞，山洞冬暖夏凉。自此师徒二人潜心在这里研究易学，相互讨论，交流和切磋心得，对易学的研究取得了巨大进展。

除此以外，师徒二人还在普净院开设讲堂，为涪陵周边一带的易学爱好者讲解易理，提供相互交流、学习、讨论的平台。很快就聚集了整个川东一带的易学爱好者，声名鹊起。一时间，凡有路过的文人都会上门拜访，易学之风盛起，这一点在白鹤梁的题刻中有多处体现。

后南宋理学大家朱熹也曾寻古至此，游览后题下诗句："渺然方寸神明舍，天下经纶具此中。每向狂澜观不足，正如有本出无穷。"自此，点易洞成为了易学经典圣地，每年都有来自中外的易学爱好者前来"朝圣"。

武陵山国家森林公园
人杰，地更灵

涪陵的多维，不仅体现在经济与文化上，更是完美体现在了它的地理位置上。涪陵处于长江与乌江的交汇口。发源于贵州乌蒙山的乌江，是长江上游水系中最为恬静幽秀的一条支流。在它自酉阳进入重庆境内后，就开始了与武陵山的缠绵交融。

武陵山，一座在中国山脉体系中以秀丽峻美而著名的山脉，孕育了湘西凤凰、张家界、重庆武隆、边城秀山等一系列可圈可点的著名风景区。凡是与这座山扯上关系，就意味着当地绝对能找到武陵山区独树一帜的清幽风景。

而涪陵也不例外。如果说涪陵的地理外貌有着两副面孔，那么它靠近长江的一面大气而豪迈，像位伟岸的巴人汉子；沿着乌江往武陵山方向行进，则慢慢转变成一位温婉的巴渝妹子。这种气质上的反差转变，是其他武陵山区城镇无法复制的，是涪陵这个渝东南门户独有的风景。

2012年，重庆市着力打造大仙女山风景区。这个规划包括了涪陵、武隆、丰都三个区县，以武隆仙女山为中心，将地形相似、地域相近、气候条件相同的武陵山脉圈成一个跨行政大风景区。位于涪陵的武陵山国家森林公园，就是其中的核心景区之一。

武陵山的秀丽风景不用赘述，这座奇峰遍布、绿林成荫，时而云遮雾绕时而清明爽朗的神奇大山，赋予人们的感受总是那么风光旖旎。

而涪陵的武陵山风景与别处不同的是，在森林公园宽广的地域中，有着全重庆最美的绕山公路。路面用红、绿色铺就，间以黄色、白色的路面分隔线，在视觉上营造出一种现代又清新的气质，仿佛置身异域。

开车行驶在路上，随着海拔的上升，车窗外掠过山涧与瀑流。一面是秀丽山色，一面是公路丝带缠绕的悬崖，迎面吹来逐渐凉爽的山风，是一种能洗涤心灵的体验。

森林公园里的大木乡，还规划出了万亩花谷，是国内高山花园的主题公园领导者，鲜花从每年的3月开到11月，薰衣草、波斯菊、三色堇、鼠尾草随着季节变化争相开放，被誉为"中国的普罗旺斯"。

可就在身处此间，几乎忘掉时光流逝时，山下的涪陵城，长江水滚滚东去，繁忙的城市与码头一刻也不曾休息。这就是涪陵，一个有着多重维度的城市，丰富且多元，静谧又喧嚣。

重庆市地名文化故事

- 朝天门
- 解放碑
- 两路口
- 下半城

区县地名

渝中区
这个半岛很包容

◆ 渝中区
彭镛 摄

简介

• 渝中区，是重庆市人民政府驻地，重庆政治、金融、商贸、文化中心。渝中区位于重庆市中心城区中部，是重庆中心城区之一。渝中区东、南与南岸区隔长江相望，西与沙坪坝区、九龙坡区接界，北与江北区隔嘉陵江毗邻。渝中区水陆域面积 23 平方千米，其中陆地面积 20 平方千米。人口 58.87 万。

渝中区地处长江、嘉陵江汇流处，东、南、北三面环水，西面通陆，为东西向狭长半岛，因此被称为渝中半岛。作为重庆"母城"、3000 年江州城、800 年重庆府、100 年解放碑，渝中区积淀了巴渝文化、抗战文化、红岩精神等厚重的人文底蕴，孕育了重庆的"根"和"源"，浓缩了山城、江城、不夜城的精华，展现着"老重庆底片，新重庆客厅"的魅力神韵。

区境内发生过不少影响中国历史的事件，留下了"大隧道惨案""沧白堂事件""较场口事件"等以地名命名的历史事件。有重庆古城门古城墙、人民解放纪念碑（前身为抗战胜利纪功碑）、红岩革命纪念馆、重庆人民大礼堂等 18 个全国重点文物保护单位。中国近代著名资产阶级革命宣传家邹容出生于此。

地名由来

- 渝中区,因地处重庆市中心城区中心而得名,古为巴国都。

公元前1027年,周武王灭殷,建立巴国,属巴国江州地域,较长时间为巴国国都所在地。公元前316年,秦灭巴国。两年后,以巴国地置巴郡,属巴郡江州县地域,为巴郡和江州治所所在地。

1955年11月,区境改称市中区。1995年3月,市中区更名为渝中区,地名至今不变。

地名趣谈

- 渝中区整个行政区域在地形上像一条伸进长江的舌头。这个半岛形的区域,是重庆多种文化的发祥地。长江与嘉陵江交汇于半岛最低点朝天门,越往西走地势越高,直到鹅岭形成区域内最高点,再往西延伸连接起沙坪坝区与九龙坡区,是这个半岛唯一的陆地交通出入口。如果说有一个区域最能体现整个重庆的特征,那么答案一定是渝中区,这里是整个重庆经济、文化、商业与交通的风向标,引领了整个重庆市人文历史与经济发展的潮流风向。

◆ 朝天门
水码头的华丽变身

朝天门，旧时重庆古城门之一，在重庆这座山城里属最低点。长江与嘉陵江在这里交汇，形成一个半岛形的冲刷滩头，理所当然地也形成了一个巨大的码头。

从前的重庆城建有 17 道城门，九开八闭，为明初时期依半岛山势风水格局所建。其中 16 道城门都在江边，重庆人经常提到的东水门、千厮门、南纪门都是其中的开门；只有一道城门通往陆地，即渝中区七星岗的通远门。

朝天门是所有城门中最繁华、最通达的一道门，也是重庆最大的水码头。在水运发达的年代，朝天门是重庆城真正的门户。

于是，朝天门从码头到城门的阶梯道路上出现了抬滑竿的脚夫、搬货的力夫、拉船的纤夫，出现了管理力夫的夫头、挑着货担的货郎、维护秩序的公差，出现了走亲访友的夫人小姐、进城看病的农妇孩童、走南闯北的商贾与随从……

沿着石板铺就的层层梯坎，搭了篷子的摊位支棱了起来，南北货品一应俱全，新奇玩意儿层出不穷。商铺、茶馆、面馆、包子铺一间又一间，朝天门成了繁华重庆城的会客厅，是重庆城最具代表的缩影。

山城棒棒军曾是重庆风土人情最直接的代言人。"棒棒军"这个称呼，起源于 20 世纪 80 年代前后，随着现代机械化取代人力劳工的科技水平进展，"棒棒军"这个群体逐渐减少。而棒棒军这个群体源自哪朝哪代已久远不可考了，重庆人坚信，朝天门的力夫、脚夫与纤夫，皆是这个群体的行业祖师。

重庆自古是座山城，从海拔最低的朝天门码头，到渝中区至高点之一的鹅岭公园，不到5千米的距离，海拔自160米拔高到379米。依山造城的格局，导致重庆城自古以来就山高路不平，坡多、坎多、山洞多。许多地方车辆不可及，需要步行方能抵达，由此造成了重庆脚夫、力夫、挑夫、纤夫等人力劳动的巨大需求。

20世纪80年代兴起的山城"棒棒军"群体，从本质上来说就是力夫。市场经济的发展，让周边的壮年农户趁着农闲时进城务

◆ 来福士

工赚钱，无须办理什么手续，无须进行什么招工面试，只要手中拿上一根挑东西的棒棒，便可随处接活。

他们中的大多数聚集在朝天门码头等附近，专为人肩挑背扛拿重物。余下的一部分散布在重庆的大街小巷，有时候帮人搬家，有时候帮商铺搬货，甚至于遇上腿脚不便者或是超级"懒癌"患者，棒棒军还开展帮忙买菜、送外卖、背书包、背醉者上楼等业务。

当年在重庆的各个角落，只要有人高喊一声"棒棒——"，立马不知从哪里跑来几位手拿棒棒的壮汉，洪亮的嗓门应道"来了——"，此情此景，全国独有。

就连重庆举世闻名的美食火锅，也与朝天门和力夫脱不了关系。

火锅起源于清代，当年的长江、嘉陵江在枯水季节滩头显露，船行不便，遇到浅滩船只容易触礁搁浅。朝天门附近便形成了纤夫群体，专门为过往船只提供拉纤服务。

纤夫、脚夫、挑夫等力夫人群，每日体力消耗巨大，收入却很微薄，他们无法享用餐餐肉食的营养补充，只能另想办法进行饮食改善。恰好朝天门又是个繁华的大市集，每日从附近农村运来的猪、牛、羊等家畜都需要宰杀后上市售卖。为图个方便，也为了新鲜，人们便将几个大型的屠宰场搬到了码头边。

这为力夫们改善伙食提供了机会。当时寻常人家不愿食用的家畜"下水"（指猪、牛、羊等的内脏），以免费或非常低廉的价格卖给了力夫，为掩盖内脏的腥气，力夫们使用大量麻辣调味料来进行烹饪，形成了火锅的口味原型。再加上重庆的冬天具有南方气候的湿冷，动物油脂遇冷容易凝固，于是力夫们想出在锅底架火，一边保持煮开的温度一边食用的办法来解决。

今天的朝天门码头，"高峡出平湖"的水利工程让长江航道通畅无阻，力夫早已消失，"棒棒军"也成为历史。重庆规模最大、规格最高的商业体建筑来福士建成投入使用，让朝天门码头无论是外观还是内核都像一艘巨型舰艇，迎风两江交汇处，引领重庆潮流风向标。

◆ 解放碑
延续至今"最时尚"

从朝天门进城，步行 10 分钟，即可来到重庆城最早的商业中心——解放碑。

重庆人口中的解放碑，并不单指那一座为纪念抗战胜利而修建的纪功碑，而是指以纪功碑为中心的成片繁华商业区域。这块区域，是老重庆人心中真正的城区范围，是老重庆人口中常说的"进城去"中的"城"。

虽然今天的重庆城面积大为扩建，重庆的各区各县都有了自己不止一处的商业中心，人们不再需要靠"进城"来满足自己购物需求，但解放碑对于一个土生土长的重庆主城人来说，仍然具有一种别样的情怀，那是重庆人对一个时代的缅怀。

"解放碑"三个字，代表着重庆的时尚前沿。曾经的解放碑商场林立——拥有70多年历史的国营商场重庆百货、京字头王府井百货；拥有曾经只接受外汇交易，独家售卖进口商品的友谊商店；拥有成立于20世纪90年代的百货新贵新世纪百货、美美百货；拥有引进外资的太平洋百货（后更名为远东百货）……这些百货卖场在物资匮乏年代和对外开放经济新形态的双重作用下，绽放过最耀眼的光彩。

而解放碑的繁华与时尚，早在这之前便显现出端倪。自1937年淞沪战争打响，抗日战争全面爆发，国民政府发表声明决定迁都重庆开始，其重要地位便日益显现。

老重庆人都知道的一个解放碑地标叫作"会仙楼"，这里有20世纪80年代解放碑的一家高级涉外宾馆，也就是今天的解放碑环球中心所在地。抗战时期，这里有两个著名的上流社会聚集交流场所——心心咖啡馆和皇后餐厅。

在这两处地方发生的民国故事数不胜数，重庆评书大师程梓贤的评书故事集《重庆掌故》中，就记载了"民国第一假小子"孔二小姐在心心咖啡馆一巴掌扇出个警察厅长的故事。

故事的真假无从考证，但孔二小姐是当年心心咖啡馆的常客一事是假不了的，心心咖啡馆作为抗战时期重庆上流人士时常出入的名场所，与皇后餐厅一起汇集了多个民国名人故事。

皇后餐厅始建于20世纪30年代，老板许忠五毕业于黄埔军校第五期，在黑白两道皆是有身份的人，曾任重庆警察局侦缉大队长，同时也是民间帮会红帮的龙头大爷。

在皇后餐厅里可以吃到各国西餐和各地方名菜，它还具备舞厅的功能：内设小舞台，舞台上有乐者和歌者，舞台前的舞池设为下沉式，需要跳舞时就将餐桌、餐椅吊起来，餐厅便成为了一个华丽的舞池。

国民政府的西迁，让重庆这座远离战火的西部内陆城市见识了从未有过的现代生活方式，也为解放碑带来了延续至今的"最时尚"地位。

◆ 两路口
渝中半岛的要塞地

如果说解放碑是抗战时期国民党人的乐土，两路口及周边地区便是共产党人开展地下工作的最佳战壕。这里距离解放碑不到3公里路程，步行只需半个小时时间。

这里既有宋庆龄旧居、鹅岭公园、国际村等抗战名人活动场所，又与曾家岩的周公馆，中山四路的重庆谈判所在地——桂园、三民主义同志会诞生地——特园在地理位置上紧密相连。

从两路口沿着嘉陵江往沙坪坝方向去不远的李子坝，有爱国人士高显鉴的公馆、抗日名将李根固故居与刘湘旧居；再往沙坪坝方向去，就是著名的红岩村——中共南方局所在地。从两路口往解放碑方向去经过的临江门，就是中共宣传喉舌《新华日报》的旧址。

两路口周边地区，一直以来是解放碑中心的辐射区域。旧时这里居住的人鱼龙混杂，从民营小资本家到城市手工业者，从小摊小贩到教职人员，从报童、人力车夫到杂耍艺人……这个区域地势逐渐增高，直至枇杷山和鹅岭两处至高点。枇杷山海拔340余米，鹅岭海拔379余米，站在这两座山上，都能将整个渝中半岛尽收眼底。

从这个描述中就能体会到，当年在这里展开地下工作有着多么天然的环境优势。那些被谍战影视剧作品反映出来的地下工作智慧，就滋生在这丰富又生动的环境中。

解放后的两路口附近，修建了当时重庆吞吐量最大的民用火车站——菜园坝火车站，这里曾经一度是火车进出重庆的重要站点。因火车站的位置菜园坝与两路口存在着近100米的海拔落差，故而一条全国唯一的收费摆渡电扶梯——皇冠大扶梯，就成为了最为人乐道的特色打卡地。

但菜园坝火车站的选址越来越不适应城市的加速建设发展，由于太过靠近市中心，且完全无法辐射加速扩建的大重庆周边，菜园坝火车站已经被时代超越。遗留下来的这条皇冠大扶梯就成为了一个时代的见证者，至今仍充当着连接、摆渡上下半城的有效工具。

下半城
新老重庆的交替时光

老重庆人有将渝中半岛划分为上、下半城的习俗。

渝中半岛的下半城是重庆原住民最为聚集的地方，他们多半为重庆城中社会最底层人群。他们沿江而居，修建起一座座鳞次栉比的吊脚木楼，大家世世代代挤在一处。你家的卧房挨着他家的厨房，一炒菜就满屋油呛；清早一起倒"夜香"，黄昏一起收衣裳；谁家的笑声和着谁家的哀号，老远就能清晰听见。

这里靠近重庆的各大码头，所以人们多半从事着贩卖劳动力的营生，在码头上讨生活。因生活不易，大家学会了抱团取暖。又因大家都来自明末引湖广移民入川的背景，于是有了共同的原乡。

越来越多的人因为种种背景联合在一起，他们组建了福建会馆、江南会馆、陕西会馆等八省会馆。其中最大、最有影响力的湖广会馆，至今仍存于渝中区长滨路上。他们在会馆聚集交流，统一协调，选任"首事"。首事在当地有着重要的话语权，清朝时其影响力最为强大，当地官员没有了八省首事的帮助，很多政令都无法下达执行。会馆还建有茶馆与戏台，讲着一方乡音的同乡在这里喝茶、看戏，商讨谋取共同的利益。

会馆团结了同乡，余下的人也并非没有去处，他们中的一部分入了船帮。长江上游的船帮叫作"大河帮"，下游的船帮叫作"下河帮"；嘉陵江沿岸也有一船帮，叫作小河帮。

当然，在下半城，少不了神秘而强大的"袍哥会"组织。这是民间帮会哥老会在重庆、四川一带的称谓。重庆方言中有句谚语："袍哥人家，决不拉稀摆带！"说的就是袍哥会成员言必信、行必果的义气与豪迈。

袍哥会这个神秘的组织发源于清代初期，兴盛于民国时代，与当时的青帮、洪门（红帮）一起构成了三大帮会组织。袍哥会对会员的吸纳几乎没有特别要求，会员中有社会底层的农民、乞丐、力夫、小贩，也有知识分子、军人和政府官员，他们用特定的隐语和暗号交流，遵循自定的江湖道义规则，也认同忠孝仁义礼智信的儒学价值观。

今天的下半城，正处在改天换地的建设转型中。寸土寸金的渝中半岛，将大多已成危楼的吊脚楼群体进行了拆除与规划重建，重建后的吊脚楼成为了洪崖洞民俗建筑群，是解放碑的旅游名片之一。白象街、十八梯等一系列老街旧貌换了新颜，一幢幢高楼拔地而起，在尽量存留下半城丰厚历史人文的前提下拆除破、旧、危、小，重塑老街新貌，让渝中半岛变得更美更整洁，也更包容。

重庆市地名文化故事

- 北渡口
- 九宫庙
- 马王场

区县地名

大渡口区
一湾渡口的上善之城

◆ 大渡口区
　大渡口区融媒体中心　供图

简介

• 大渡口区，属重庆市主城中心城区。大渡口区位于重庆中心城区西南部，濒临长江，东临巴南，南接江津，西、北面与九龙坡接壤。全域位于两山（中梁山、铜锣山）两江（长江、嘉陵江）之间、外环高速以内。面积103平方千米。人口42.19万。

2014年4月，大渡口区被确定为全国城区老工业区搬迁改造试点区。当前大渡口区正围绕南部人文之城核心区的定位，全力建设长江文化艺术湾区和钓鱼嘴音乐半岛，聚力打造大数据智能化、大健康生物医药、生态环保、新材料、重庆小面等五大百亿级产业集群，加快建设"公园大渡口，多彩艺术湾"。大渡口区旅游资源以自然景观及人文资源为主，主要有金鳌山、尖石山、大渡口森林公园、大渡口义渡公园、义渡古镇、堰兴剪纸等。

地名由来

• 据清乾隆《巴县志卷二·建置》记载，"大渡口县西四十里，为智二甲米口。"清道光年间巴县马王乡士绅捐资在此设义渡。清光绪二十五年（1899）巴县知县在长江北岸马桑溪设官方义渡，免费搭载过江民众。此处江宽水缓，过江人众，渡口规模为沿江数十里之首，人称"大渡口"，大渡口由此得名。1965年成立重庆市大渡口工业区人民委员会，驻地新山村。1968年10月，成立重庆市大渡口区革命委员会，大渡口工业区改称大渡口区。

地名趣谈

· 大渡口地处重庆市西南部。大渡口有悠久深厚的文化历史。一把手斧将大渡口的历史回溯至100万年前，那时大渡口长江沿岸已经是人类繁衍之地；龟亭山遗址让我们看见了古巴国贸易的繁荣；往来于长江两岸的义渡善举带动了一批义渡口纷纷涌现；忠肝义胆的豪迈气概在抗日战争中得以淋漓尽致地展示。大渡口，曾是"十里钢城"，因重钢而设，与重钢共荣。2011年9月，随着重钢最后一炉火熄灭，重钢环保搬迁工作启动，大渡口也正式迎来绿色发展转型的蝶变。一个面貌一新的大渡口正向我们阔步走来。

◆ 北渡口
大渡口和义渡口

北渡口、大渡口和义渡口指的都是同一个地方，即今天的义渡口。200多年前，大渡口长江北岸有一个地方，因为种了很多马桑树而得名马桑溪，因为马桑溪这里"江宽水缓，过江人众，为沿江数十里各渡口之首"，故在此设了一个渡口，又因为在长江之北，故被称为北渡口。马桑溪还有一条大路经杨家坪至重庆府，日久天长，北大渡口人烟集聚，餐馆、旅栈之类商业兴盛一时，成为沿江数十里渡口之首，故名大渡口，村落为大渡村。

后来马王乡一个乡绅捐出一笔钱买了两艘船，雇人在马桑溪免费拉大家渡河，马桑溪义渡之名开始传开。清光绪年间，九宫庙搞了庙会募捐，修桥补路后剩余了一些钱财，当时的巴县正堂张判将剩下的钱财买了一艘船，雇了一名船夫，于1899年3月12日，在马桑溪正式设立官方义渡。周围乡民们自发在渡口岸边修建了凉亭、安放了石凳。马桑溪义渡从最初一个人的义举，演变成了众人的义举。一个"义"字，让马桑溪渡口具有了独特的历史渊源与文化遗存。如今，义渡公园一块自然山石上刻着的"古道热肠"四个大字，正是义渡精神的内涵阐释。

1938年，抗日战争全面爆发后的第二年，随着东部城市的相继沦陷，为了保存民族工业的实力，中国的重工业被迫西迁，由宜昌水路运到重庆。说到物资和人员由宜昌西迁重庆的"宜昌大撤退"，就不得不提卢作孚和他的民生轮船公司。当时一边是日本军队的狂轰滥炸,一边是等待撤退的大量人员和设备,时间紧迫。卢作孚集中公司所有的船只,亲自指挥运输,且只收取低廉的运费,兵工器材每吨只收运费 30 元到 37 元,其他公物只收 40 余元,民间器材只收 60 余元到 80 余元。而外国轮船只运送,每吨运费要收 300 元到 400 元。民生公司在整个抗战期间也付出了沉重代价:116 名员工英勇牺牲,76 名员工伤残,16 艘轮船被炸沉炸毁,公司严重亏损。有人说西方的敦刻尔克大撤退是靠一个国家的力量、一个军事机构的指挥来完成的,而中国的宜昌大撤退,是由一个实业家指挥完成的,在中外战争史上,只此一例。

汉阳钢铁厂的设备由卢作孚的民生轮船公司从宜昌艰难运往大渡口马桑溪码头,在这里上岸,并组建大渡口钢铁厂,大渡口钢铁厂即重庆钢铁厂的前身。汉阳钢铁厂迁至大渡口之后,国民政府对渡口实行军事管制,切断了渡口的出入要道,渡口成为军

◆ 义渡古镇

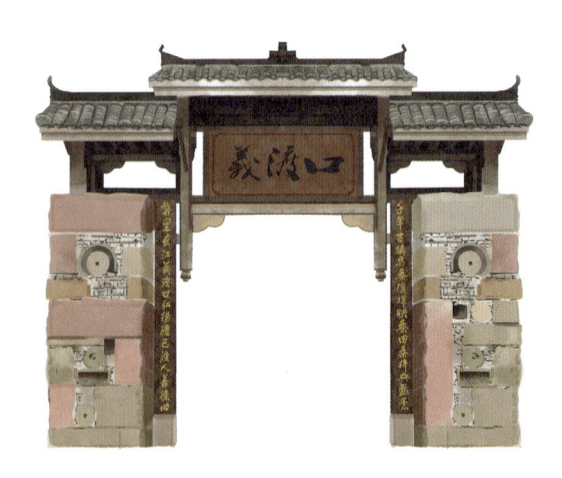

事工业重地，客商来往因此中断。为满足两岸人民往来需要，政府将商渡口迁到鱼跳岩。

如今，站在义渡公园义渡广场的悬崖边环顾四周，古老的长江水波澜不兴，偶尔还有一列绿皮火车轰鸣通过，马桑溪大桥上的汽车风驰电掣般飞奔。这个曾经以义渡闻名的古镇，重新唤起人们心中对"义"的怀念和追思。

◆ 九宫庙
九宫庙为什么没有庙

九宫庙，位于大渡口区九宫庙街道，但是现在九宫庙周围没有一座庙，那么九宫庙以前有没有庙呢？答案是肯定的，九宫庙以前是有庙的，而且香火旺盛，四面八方的信众都来此敬奉菩萨，以求平安。

据一本手抄的《巴县志》云，"城西南三十里，智里四甲，高四十丈，悬崖嵌空有九石，形似龟，四时常润，如欲行状，乃修真武殿压之"。乃取名"九龟庙"。清末改为九宫庙，又名灵岩寺，取神龟显灵之意。

由这段文字可以看出，"九宫庙"庙下面是悬崖，悬崖上有九块像乌龟一样的石头，一年四季都是湿润的，看起来像乌龟马上就要行走离开的样子，于是就修了真武殿压在上面，取名"九龟庙"。清末改名为"九宫庙"。

九宫庙一残碑记载:"九宫庙因设庙会,修桥补路所余金银租米,屡生弊端。巴县正堂张判用所剩财物,购船一只,雇船夫一人,以食米一斗五、工资钱六十文,于光绪二十五年(1899年)三月十二日正式义渡。"从这段文字可以确定清末九宫庙的确存在,而且已经从九龟庙改名为了九宫庙。

但是对于九宫庙或者九龟庙得名的原因,民间老百姓对改名却有自己的解释。九龟庙以前叫灵岩寺,有一天从大雄宝殿旁的院墙侧门爬进来了九只乌龟,它们爬到大殿基石处就不走了。把它们拿挪到其他地方,第二天它们还是会回到大殿基石那里。即使到了白天,寺庙里人来人往,喧嚣之声不止,这九只乌龟也不会离开寺庙半步。见这些乌龟如此执着,寺庙的僧人也不再驱赶乌龟,而是把乌龟喂养起来。住寺长老和尚和大家一商量,就正式改名为九龟庙。至于九龟庙为什么又改成九宫庙或许和道教有关。汉代徐岳《术数记遗》写道:"九宫算,五行参数,犹如循环。"还有我们经常说到的"九宫十八庙"等也许都与此有相同的含义。九龟庙由寺庙变成道观也有可能。

九龟庙香火旺盛的景象,延续了很多年,直到抗日战争全面爆发。重庆成了陪都后,汉阳兵工厂迁厂于九龟庙山崖背面,山崖周围住房极少,兵工厂又实行军事管制,因此九龟庙成了国民党驻军的所在地。九龟庙驻了国民党军队以后,原庙里的和尚都到朝阳寺去了,香火自然也就熄灭了。

解放战争快要结束时,九龟庙的国民党军队也离开了,这时庙内住着两个和尚,但是香火没有以前旺,他们只是勉强守着寺庙。60年代因规划建设，九宫庙被拆除，退出了历史舞台，从此九宫庙寺庙就不复存在了，只有地名而不见其庙。

◆ 马王场
历史从一柄手斧开始

1987年文物专家在马王场遗址出土了一柄弥足珍贵的手斧。手斧两面加工，刃部规整锋利，功能以砍砸挖掘为主。2013年，通过国际公认最权威、最精确的土壤年代检测分析，得出这把手斧产生于距今约100万~80万年前，是旧石器时代人们使用的。目前看来，这柄手斧是中心城区考古发现时间最早的物件，说明大渡口这一带是重庆中心城区域内远古文明的发祥地之一。

以前重庆人坐火车到成都的路上，在距离小南海车站不远的江中，有一个小小的岛子，叫龟亭山。龟亭山上游不远处有个回水沱，叫白沙沱。这里就是战国时期古巴人立市的"龟亭北岸"集市。1954年春，在铜罐驿冬笋坝发现了共81座墓葬群，出土了战国时期巴人墓葬船棺和青铜矛、青铜剑、青铜镞等。可见古代江州县沿长江地带不仅是巴国交通的重要江段，也是巴国先民生产生活的重要地带。

在大渡口区跳磴镇，有座金鳌山，因山形如鳌龟卧于长江江隈而得名。金鳌山山上有一座金鳌寺，相传用寺里的井水磨墨写字，便可以中状元。明清时期，方圆百里参加科举考试的学子纷至沓来，用寺里井水磨墨写字，希望能够考出好成绩。明末清初的巴县（今重庆城区）举人刘道开就住在金鳌寺附近。他曾为金鳌寺题诗"古寺藏山凹，到门方始知"。

清光绪年间，士绅于长江之北设义渡，摆渡过往百姓，不取分文。其规模恢弘，位居沿江数十里渡口之首，过往船只齐驶于此，史称大渡口。如今，来到大渡口义渡古镇，仍然可以看见马桑溪遗址和马桑溪渡口（即义渡）遗址。纤绳磨过的痕迹、拴绳子的柱洞，还留在礁石上。

抗战时期，汉阳铁厂西迁至大渡口，这就是重庆钢铁厂的前身。新中国成立后，重庆钢铁厂轧出新中国第一根自己生产的钢轨，全中国只有重钢有生产钢轨的能力，新中国第一条铁路——成渝铁路就是使用的这批钢轨。而"义渡"又将源源不断的钢材，输送到祖国四面八方。

今天在大渡口重庆工业博物馆中，那些凝聚着人们心血的历史记忆被妥善保存，如今大渡口正以大气开放的姿态扬帆远行。

重庆市地名文化故事

- 江北城
- 渡口
- 老城门
- 香国寺

区县地名

江北区 重庆最早的府城

◆ 江北区

江北区观音桥街道办事处 供图

简介

- 江北区，是重庆中心城区之一。江北区位于重庆市境西南部、中心城区北部，东、南、西分别与巴南区、南岸区、渝中区、沙坪坝区隔江相望，北与渝北区接壤。面积 220 平方千米。人口 92.58 万。

  江北区地处长江、嘉陵江之北，自西向东呈带状分布，长江岸线 53 千米、嘉陵江岸线 19 千米。主城绿肺铁山坪入选"重庆十大新名片"，鸿恩寺森林公园为主城观景台，五宝镇蕴含生态田园之美，镶嵌出一幅天然的"两江（长江、嘉陵江）三山（铜锣山、明月山、鸿恩寺城市山体）四景（街景、江景、绿景、夜景）五河（栋梁河、御临河、双溪河、朝阳河、盘溪河）风景图"。

地名由来

- 江北区，因处嘉陵江、长江合抱之北岸要冲之地，故名。东汉时巴郡和江州县治所曾一度迁驻江北嘴一带，名北府城，为建置之始。

  1929 年，重庆设市，改称重庆市江北市政管理处。1955 年 10 月重庆市区划调整时，正式定名为重庆市江北区，至今不变。

地名趣谈

- 江北城很长一段时间代表着江北区。那时重庆还没有修通大桥，出门过江都靠轮渡，以前是手摇小木船，后来换成机电牵引的大船。江北城水岸线长，码头众多，经济兴盛，很多的生活场景、文化遗存都和江水、码头有关。

江北城也是张仪筑城的选择地，后来大夏国的明玉珍把墓地也选在江北城的江北嘴，都说明江北城地理位置的优越。

今天江北城经过改造之后，宛如上海的陆家嘴，是重庆的金融中心。

◆ 江北城
记忆中的江北城

江北城似乎是一个存在于过去某个时空里的名字，它由十座城门合围而成，妥妥的一座城。那些充满诗意的地名丰满着它的历史内涵，至今还沉淀于老重庆人的记忆深处。而现在的江北故城已经看不见了，取而代之的是一座座高楼大厦，并且有了一个和上海陆家嘴类似的名字——江北嘴。

江北城历来是重庆江山形胜之地。据《江北厅志》记载，江北城"左观音梁绵亘江中，右岸石壁陡立，迤逦江岸，夹束江水，宛然迥然"。嘉陵江在此汇入长江口的北岸，与南岸区弹子石隔江相望，南以嘉陵江与渝中区分界，西接刘家台，北邻三洞桥。

清嘉庆三年，重庆府江北同知李在文召集民众兴筑土城墙，将江北城合围，并开设四城门，后来又陆陆续续扩建，最终形成了完整的江北古城。

有人说江北城的生活场景代表着最重庆的旧时光。孩子们在青石板上奔跑嬉闹，支在路边的蜂窝煤炉子冒着烟气，街边美食热气腾腾，人们在街边露天茶馆里悠闲地喝茶摆龙门阵，勾画出一幅恬静的生活画面。人们沿着高高低低的石梯穿过保定门，到江边汲水。这幅场景被徐悲鸿《巴人汲水图》记录下来，此画在2010年的拍卖会上，以1.7亿元的价格成交，刷新了当时徐悲鸿作品的拍卖纪录。虽然当时徐悲鸿是以沙坪坝的江边为原型构图的，但是这幅画生动地反映了重庆人的江岸生活场景。

大剧院

　　沿石梯而下，两岸舟船纵横，商旅来来往往，形成专业的街市，比如米亭子粮食市场，三洞桥竹器市场，兴隆街的铁器市场，江北嘴的水果市场，木关沱的食盐、糖烟副食店等。

　　江北城里有一条街，名字估计只有咱们重庆人才能明白，它就是撑花街。外地朋友应该是很难理解"撑花"这个词的，它其实就是我们所说的雨伞，因为撑开的雨伞看起来就像是一朵花。这条街上的住户大都以制作雨伞为业，就取名撑花街了，就像位于渝中区的筷子街一样。老江北城还有桂花街，因为清朝末年当地有一片桂花树而得名。

　　说到重庆，大家想到的一定是火锅。江北城码头可以说是重庆火锅的发源地，以前江北城刘家台一带有个杀牛场，毛肚等内脏售价很便宜，船工们就用毛肚等牛下水加辣椒、花椒等汤料烹制，由于味道鲜美，后来演变为小贩们担着挑子沿街叫卖的简易火锅"水八块"，再后来被宰房街马氏兄弟正式引入饭店，逐渐成为重庆主要菜品之一。

　　江北城的饮食文化别具特色，那些隐藏在撑花街、洗布塘街、戏园坝、汇川街、桂花街的美食，大家还有多少记忆？胖子妈田螺、刀削面、油茶、肉汤圆、熊鸭子、中月台的冲冲糕、刘家台的牛火锅都成了过去的回忆⋯⋯

如今，老城已脱胎换骨，原址上拔地而起的是充满时尚感的高楼大厦。大剧院、科技馆、福音堂、德肋撒堂、明玉珍睿陵、三洞桥民俗风情街、中央公园等公共文化设施展示着旧城新貌。那些具有丰富历史文化内涵、积淀深厚社会人文民俗的建筑，也随之成为老江北城的记忆符号，消逝在时光的长河中。

◆ 渡口
江北城的渡口

江北城位于长江、嘉陵江环绕交汇处。江北城水岸长，码头也就成了人们生活的重要场所。解放前唐家沱、寸滩、江北城、刘家台、香国寺、董家溪、猫儿石、石门、桂花园等几乎全是岸坡，大多是木船简易码头。每到枯水季节，岸上形成了一座座市场。轿子、溜溜马、鸡公车、板架车、独轮车等来来往往，人声鼎沸。江水上涨，市场便一哄而散，消失得无影无踪。

清代嘉庆年间，江北北岸已有木船渡口20多个，渡口分资渡和义渡，也就是收费的和免费的两种。其中鲁班渡、宝盖渡、莺花渡、罗伽渡、鄢花渡、沙湾渡、蛤蟆渡、溉澜溪渡等有名的渡口，兴盛一时。

莺花渡位于嘉陵江北岸，其位置大致在今天的金沙打铁街至刘家台一带，洪崖洞的对岸。

莺花渡何以得名？有一种说法是，莺花渡口有一块碛坝，春天枯水期，碛坝露出来时，碛上莺飞草长，百鸟争鸣，游客纷至沓来，他们或饮茶听风，或喝酒吟诗，久而久之便为其取了一个雅名"莺花碛"，莺花渡之名也因此而来。王尔鉴诗云："春江明似练，春日渡莺花。莺语随波转，花香逐浪奢。诗敲山寺里，酒醉野人家。薄暮归来晚，风吹一艇斜。"

夏天，洪水淹没了莺花碛，上涨的江水抵达临江人家的门前，家门前就可以钓鱼。古人谓：千家竹屋临河住，五里涛声入梦来。

抗战时期，重庆大量修建公路，莺花渡便被毗邻渡口的刘家台的车站取代。莺花渡这个富有诗意的名字渐渐被淹没在历史的烟云中。

现在江北区政府在旧莺花渡的地方栽植了很多桃树和樱花树，春天的时候，倒映在江面，是另外一幅景色。

说了江北城的渡口，就不得不说江北城的桥。江北城有河溪近十条，大都由北至南注入嘉陵江和长江。河溪之上著名的桥梁有三洞桥，此桥原名"拱北桥"，位于江北城文星门下，取"众星环绕拱卫北辰"之意。三洞桥一带活跃着一批杂耍艺人，其中最有影响力的当属应占武，诨名"九根毛"，世居江北三洞桥。"纸人抬碗"和"草绳变蛇"是"九根毛"的拿手好戏，他把一只碗盛满水，吹一口气，用纸剪的两个小人便可将碗抬起悬空。他将一根草绳几搓几搓，顷刻之间，草绳便变成了一条活蛇。这两招魔术，堪称绝技。"九根毛"的表演很随性，通常露天表演，高兴时分文不取，与老北京天桥艺人有异曲同工之妙。根据他的故事还拍过8集电视连续剧《九根毛》。

现在这里已经建成三洞桥风情街，在此可以瞭望弹子石商务社区。而其他的桥，比如通顺桥、大板桥、兴隆桥因为各种原因消失，其名字保留在历史的深处。

◆ 老城门
江北的老城门

"城门城门几丈高，三十六丈高。骑马马，坐轿轿，城门底下走一遭！"这是重庆人儿时耳熟能详的一首儿歌，说的就是城门故事。旧时的江北城，从码头望城门，觉得石梯之上的城门高大肃穆。从城门内向外望，是滚滚东去的浩荡江水。

清嘉庆三年，重庆府江北同知李在文召集民众兴筑土城墙，将江北城合围，并开设四城门，后来又陆陆续续扩建，共修建了金沙、保定、觐阳、汇川、东升、问津、文星、镇安、永平和嘉陵十门，并最终形成了完整的江北古城。

朗朗文星照九重，问津那许白云封。

镇安永远资神护，保定于今际世雍。

沿岸金沙随浪涌，汇川火井衬波浓。

觐阳红门东升处，恰对涂山第一峰。

这八句诗里藏着的正是江北古城其中的八道门的名字。而今江北古城的墙垣和城门大都消失，东升门和问津门只剩下了门洞，保留最完好的便是保定门和一段城墙。保定门遗址在今天江北嘴大剧院附近，在城墙上可以看对面的来福士广场和洪崖洞。保定门的名字取自《诗经》中的"天保定尔"，即"愿上天保佑你"的意思。

保定门紧靠老江北城下横街，从码头登上长长的石阶，穿过保定门之后就算是进了城，所以保定城门算是江北城水路的门户。那时江北城名气甚高的三大渡口是鲁班渡、宝盖渡、莺花渡，宝盖渡是从保定门到千厮门的渡口。

老江北人儿时最难忘的时光莫过于到保定门外的嘉陵江边挑水，到河边赶麻雀、游泳、钓鱼。江北城的江岸常常因洪水暴涨猛跌形成"河沙坝"，也叫"碛坝"。"碛坝"主要在觐阳门至保定门、金沙门和刘家台一带嘉陵江边的河坝，也就是现在寰宇天下到刘家台一带。长长的河滩堆积着厚厚的一层大大小小的鹅卵石，那时生活在江北城的人，大多有过筛鹅卵石的经历，用竹筛滤掉沙土，筛出鹅卵石拿去卖钱。

江北城的城墙和城门大多沿江而建，城墙蜿蜒兀立，厚实高耸。今天在保定门的城门遗址上，看滚滚江水，夕阳西下，那些条石缝长出根深叶茂的黄葛树，透出穿越时空的历史韵味。

◆ 香国寺

香国寺在哪里？恐怕很多重庆人都不晓得。如果说起另外一个名字：江北的华新街，却是好多人都知道的。

香国寺不是街，而是一座寺庙。寺虽不存，因寺庙而起的地名却留了下来。香国寺一名解放初期仍在使用，再后来它就叫华新街了。

香国寺建于何时，没有人能说得清楚。有人说和建文皇帝似乎有点关系。那时江北城才是城中心，香国寺周围比较荒凉，没有太多人居住。因为地旷人稀，又能俯瞰嘉陵江，所以香国寺的景色和莺花渡有得一比。清乾隆十六年八月，巴县知县王尔鉴慕名游览。时值八月，桂花正开，暗香袭人。王尔鉴与寺僧相谈甚欢。事后，王尔鉴写了《八月二日香国寺僧恒送桂花诗以视之》一诗，来记述这次香国寺之行。诗中说：

　　传闻香国寺，岩桂早花开。
　　欲遣吴刚去，相将老纳来。
　　清芬含宿露，疏影乱琴台。
　　俨到皈峰上，秋风坐把怀。

王尔鉴不是第一个到香国寺的著名官员，更早的是清康熙四十四年进士龙为霖。龙为霖是巴县人，出任过知府。有一天他邀友一道出游江北，玩到天黑，渡船已经收工，回不去了。于是打着火把找到香国寺借宿。他写了《宿香国寺》一诗记述此事：

　　杷炬寻山寺，江干一线通。
　　高楼停月小，疏竹倚天空。
　　香篆浮金鸭，灯花缀玉虫。
　　坐谈清净理，茗饮听松风。

香国寺不但桂花好，还有两棵果树让人稀奇。这两棵果树一棵是龙眼，一棵是荔枝，年年硕果累累。在当年的重庆城内以及周边的大小寺观，都没有这种树，所以很是稀奇。

清乾隆年间巴县知县张兑和听说香国寺有本地稀奇的龙眼、荔枝，也去游览一番，可他去时，这两株树的果子已经摘完。后来他也写了一首《香国寺》的诗来说这件事情：

言寻香国寺，落日翳孤墩。

万木临秋水，三江月到门。

人烟依磬夕，渔火隔林昏。

为问炎州果，何年结净根。

这炎州果，指的就是龙眼、荔枝。

至于香国寺如何就变成了华新街，和胡仲实、胡叔潜两兄弟有莫大关系。这两兄弟一心实业兴国，想建造一座现代钢铁厂，就筹措资金，在香国寺附近建了华西兴业股份有限公司。后来，刘湘的二十一军与华西兴业公司合资成立华联钢铁厂。抗战时期，华联钢铁厂在原厂的基础上开始扩建，一些工人就在香国寺附近修建住房，逐渐形成一条新街。这条街依华联而成，就以华联钢铁厂新街之意取名华新街。

华联钢铁厂是大后方官商合办的最大钢铁企业，抗战期间，在日本飞机的狂轰滥炸之下，钢厂工人仍然坚守岗位，产量逐年提高。比如1943年就生产了4000多吨钢以及100多吨钢铸件，有力地支持了中国的抗日战争。

重庆解放后，政府接管钢铁厂，官僚资本部分充公，私股与众股东协商按市价赎买。接管后钢铁厂改为国营，命名为重庆104厂，后更名为"重庆钢铁公司第三钢铁厂"，简称"三钢"。香国寺这个地名当然就不存在了。

重庆市地名文化故事

- 磁器口
- 青木关
- 井口
- 南开中学

区县地名

沙坪坝区

名流云集点学灯

◆ 沙坪坝区
沙坪坝区民政局 供图

简介

- 沙坪坝区，是重庆市中心城区之一。沙坪坝区位于重庆市西南部、重庆主城西部，地处重庆市主城核心区。东隔嘉陵江与江北区、渝北区相望，东南紧邻渝中区，南接九龙坡区，西依缙云山与璧山区毗邻，北与北碚区相连。面积396平方千米。人口147.73万。

沙坪坝区自周朝为巴国属地起，已有3000余年的历史，融巴渝文化、沙磁文化、抗战文化、红岩文化于一炉，是红岩精神的重要发祥地。沙磁文化区是抗战时沙磁地区的行政组成部分，是重庆抗战的突出重要战场，是大后方抗战精神的形象代表。为了弘扬抗战精神，沙坪坝历来有纪念沙磁文化的传统。抗战时以周恩来同志为首的中共南方局驻当时的沙坪坝红岩村，形成了著名的"红岩精神"。

地名由来

- 1937年，抗战全面爆发，国民政府迁入重庆，一大批政府机构研究院所及高等院校、工矿企业迁到磁器口地区，一批文化名人联合各界精英倡导成立"沙磁文化区"，协助巴县政府管理沙磁地区社会事务，形成享誉世界的抗战重庆沙磁文化区。1952年，正式定名为重庆市沙坪坝区，地名至今不变。

地名趣谈

• 从地域上来看，沙坪坝与渝中母城一陆相连，历史文化一脉相承；从地势上来看，沙坪坝背靠青翠歌乐山，拥有嘉陵江下游沉积出来的罕见平坝。这里是重庆城连接四川、陕西的陆上要塞，拥有重庆第一关青木关隘口。这里的江岸边有商业码头磁器口，是顺嘉陵江航道入重庆的重要中转地。抗战时期，国民政府教育部西迁，带来数十所名校及研究所入驻沙坪坝，从此为这片土地注入了重文重教的书香韵味，沿袭至今。

◆ 磁器口

◆ 磁器口
古镇背后的"沙磁文化"

磁器口古镇在成为一个著名旅游景点之前，早已是嘉陵江边的一座千年古镇。

磁器口古镇形成于宋真宗咸平年间，因附近山上供有"白崖神"，人称"白崖场"。到了明代，因传闻建文帝朱允炆伪装成僧人入川，当地开始流行起一个传言。

传言说，朱允炆顺着蜀道入青木关，下嘉陵江，最后隐于白崖场的宝轮寺为僧。

因为这个传说，宝轮寺又被称为"龙隐寺"，白崖场也变成了"龙隐镇"。

清代，嘉陵江航运渐兴，龙隐镇成为了川盐及其他货品的转运码头。据《巴县志》记载，"龙隐镇水陆交会，极便舟楫，为重庆城西之重镇"。

清康熙年间，福建的江姓三兄弟随湖广填四川的移民队伍一起到此定居，以烧窑生产瓷器为生，渐渐形成一个产业。随着重庆开埠，这里的瓷器由嘉陵江转运长江，因俗称"瓷器"为"磁器"，"磁器口"这个名字应运而生。

民国以前，磁器口、小龙坎一带属四川巴县，并不归重庆。直到 1938 年才划归重庆所辖，原因和重庆大学的首任校长胡庶华有关。

1929 年秋，国民革命军第 21 军军长兼四川善后督办刘湘，为响应社会舆论要求，着手创办重庆大学。创办之初的选址地点在菜园坝，1933 年迁入沙坪坝，直到今天重庆大学的本部校址都没有改变，一直位于离磁器口镇不远的山上。

1936 年，重庆大学首任校长胡庶华在校刊上发表了一篇文章，首次提出了有必要在重庆沙坪坝建立一个文化区，以复兴中华民族文化大计。文章一经刊出，便受到当时重庆各界名流的广泛赞同。

1937 年抗日战争全面爆发，国民政府宣布西迁，大批文化名流以及名校迁至重庆。1940 年，以中央大学、重庆大学、四川省立教育学院为核心的 5 所大学共同创办了《沙磁文化》月刊，宣告沙磁文化区成为现实。

抗战期间，为躲避战火迁入沙磁文化区的大专院校总计 16 所。从嘉陵江北岸的柏溪、磐溪到江南岸的化龙桥、李子坝一线；再到大坪、华岩、上桥一线，再加上歌乐山、青木关一线以及井口等地，形成了战时中国最大的文化区，成为了战时中国的教育中心。

著名的陪都八景中，有一景为"沙坪学灯"，指的就是当时重庆大学、中央大学、中央工校、南开中学以及树人学校等学校夜晚的读书灯光。

今天的人们游览磁器口古镇大多走马观花，少部分人可能会关注到它的码头文化和商业地位，却极少有人知道，沙磁文化对于今天的沙坪坝有多么重要的意义。可以这样说，正是由于当年沙磁文化的影响，才有了今天沙坪坝区在整个重庆市的文教中心地位，才有了今天的沙坪坝大学城和各大著名高校。

◆ 青木关
歌乐山上书声朗

"青木关，古关。县西北一百里，正里八甲宝峰山口。宝峰山上接缙云山直抵嘉陵，下连虎峰至于岷江，绵亘二百余里……走铜梁、合州以达川北，则青木关为一要隘。"这是清代《巴县志》对青木关的描述。

在重庆人的记忆里，青木关是歌乐山上一道难行的关口。山高，路远，道阻，不到万不得已时，人们不会选择穿越青木关这条道路。青木关给予当地人最大的谈资在于青木关中学，这是整个沙坪坝区响当当的名校之一。

时间回溯到抗战期间，地点来到陪都重庆时期赫赫有名的沙磁文化区。国民政府教育部在沙坪坝区寻得了一处好地方，这里山清水秀，绿树掩藏。既不怕日军飞机突袭，又幽静适合读书做学问。这里还有一个好听的名字，叫作"青木关"。

教育部定下了这块风水宝地，随之而来的是国立音乐院、国立中大附中、社教附中等20余所院校。一时间，青木关名流云集，名校云集，成为了抗战大后方的文化重镇。

国立音乐院是中国著名的音乐学府，当时的中国音乐界名流马思聪、王人艺、江定仙等60余位大师随校抵达青木关任教，其中还包括了中国舞坛宗师、中国舞蹈之母戴爱莲先生。国立音乐院西迁青木关期间，培养了著名指挥家严良堃，作曲家段平泰、吴文季、王振亚、金砂等数百名音乐人才。

师生们在青木关举办院校音乐会、毕业生演唱会等活动，还举办了我国音乐史上首次交响音乐会和民歌演唱会。《黄河大合唱》传入重庆后，就由国立音乐院师生在青木关率先唱响。著名的四川民歌《康定情歌》，经由国立音乐院师生在青木关改编，最终唱响全国。

当时的国立音乐院与教育部音乐教育委员会、民教馆文艺部一起出版了许多音乐刊物，如《乐风》《大道音乐》《民众歌曲》等，一方面丰富了战时人民的业余生活，一方面对战时音乐人才培养作出了巨大贡献。

与此同时，教育部下属的话剧社实验戏剧教育队以抗战为主题，创作了一批优秀抗战剧目。话剧社在青木关时，常为广大师生和当地民众演出。在演出形式上为求创新，话剧社还引入了四川方言，获得无数好评。

教育部位于青木关，而青木关与缙云山紧紧相连，当时的重庆有两处地方学府云集，文人齐聚，一处是青木关，另一处就是缙云山。今天的重庆城，有两个区县最具书香人文气息，一个是沙坪坝区，一个是北碚区。这中间的联系与道理，无须多言，值得细品。

◆ 井口
老街里印出《新华日报》

沿磁器口往嘉陵江上游而去，不久便到了井口。今天的井口，比起声名在外的磁器口，确实黯淡许多。然而若干年前，井口的地位与磁器口几乎相同，都是嘉陵江边的码头，都以转运瓷器为营生。

所谓"井"者，实为盐井矣。古时候人们逐水而居，有井的地方就有人定居。井口的井是盐井，井口码头最早是为盐运而生的。清代之后，因江氏三兄弟烧窑制瓷器，带动了周边一带皆从事瓷器产业，井口码头又成为了瓷器的重要中转地。

清末至民国，井口从一个小的场口渐渐繁华，形成两街两巷格局的井口老街。老街临江依山而建，青石板路直通江边，曾风靡全国的重庆江湖菜"烧鸡公"便成为此地一绝。

今天的重庆城很难再找到专卖"烧鸡公"的店铺了，这就如同井口曾经的繁华一般，消失在了历史的长河里。只余嘉陵江畔那段用青石板铺就，直插江心用以束水通航的"龙杠"，成为那段历史的见证。

抗战时期的井口，也被纳入了沙磁文化区。

1939年，日军开始对重庆进行空袭轰炸，原本位于解放碑的《新华日报》印刷厂被炸毁，《新华日报》被迫停刊。为了尽快恢复报纸的发行，印刷厂迁址到井口高峰寺。

中共南方局十分重视高峰寺印刷所的工作。迁址后正值重庆火炉一般的伏夏季节，周恩来顶着烈日与酷暑来到偏远的高峰寺，为全体职员带来一个消息：国民党利用《新华日报》停刊的机会，打算将全市报纸收归旗下，发行一份全市联合版报纸，以取代《新华日报》。全体职员听后群情激奋，周恩来鼓励大家拿出干劲来，用最快的时间恢复报纸出版，不让敌人的阴谋得逞。

在所有人加班加点的努力下，《新华日报》很快恢复了发行，当国民党当局又一次在大街小巷听到"新华扫荡中央"（国民党当局发行的报纸为《中央日报》《扫荡日报》，报童故意将三份报纸连起来叫卖）的报童叫卖声时，恼怒之心可想而知。

与此同时，井口高峰寺也成为了中共南方局的休养所，邓颖超、董必武及胡杏芬（《李知凡太太》作者）均在此休养过，著名历史学家吕振羽在这里撰写了《中国通史》，苏俄文学研究家、翻译家戈宝权也是在这里翻译、出版了《列宁文集》。井口高峰寺，一跃成为战时我党在重庆传播革命思想的主要宣传出版阵地。

◆ 南开中学
津南村的风流

1904 年，南开中学创始人张伯苓与南开校父严修远赴日本考察教育，回国后在天津创办了南开中学。1935 年，年近花甲的张伯苓先生看到战事一触即发，滋生了在大后方设立南开学校的想法，几经周折，最后选址在了重庆沙坪坝。

初建时，考虑到已在天津有了南开中学，张伯苓先生便取南开的"南"与重庆的简称"渝"，为学校命名为"南渝中学"。1938年因战事打响，天津南开中学停课，经南开中学校友总会建议，将重庆南渝中学改名为南开中学。

重庆南开中学作为战时中国基础教育的典范，曾接待过多位历史名人，蒋介石曾出席南开中学校庆，毛泽东、周恩来、华莱士等多次光临南开中学。著名的南开校训"允公允能，日新月异"一直沿用至今，具有划时代的精神内核。

提起南开中学，重庆人无人不知无人不晓。在重庆人的印象里，这是重庆中学界的顶级学校之一，重庆人按照编号习惯将之称为"三中"。

大多数重庆人都不知道，就在沙坪坝南开中学里，藏着一个"津南村"。在南开中学大操场的北面，掩映在树荫下，几排老旧的北京四合院外观的平房小院藏在高楼林立的夹缝中，这就是津南村。

津南村原是张伯苓先生为教职员工修建的宿舍，为纪念被日军炸毁的天津南开中学，取名"津南"。抗战期间，津南村一度成为抗战时期文人骚客的重要社交活动中心，张伯苓、马寅初、柳亚子等社会精英云集于此，周恩来、蒋介石、郭沫若、曹禺等也曾先后到此访友交流。

津南村最为风雅的一段历史，是在重庆谈判期间。毛泽东赴重庆谈判，前往津南村看望张伯苓和柳亚子，三人相谈甚欢。毛泽东诗兴大发，以一首著名的《沁园春·雪》相赠："俱往矣，数风流人物，还看今朝。"为示答谢与欣赏，柳亚子先生撰词次韵和之。此举成为津南村史上第一风雅美谈。

重庆市地名文化故事

- 黄桷坪
- 九龙镇
- 老成渝铁路
- 白市驿

区县地名

九龙坡区 有情怀的艺术殿堂

◆ 九龙坡区
陈林 摄

简介

• 九龙坡区，是重庆中心城区之一，地处重庆市西南部，长江和嘉陵江环抱的渝中半岛的重要组成部分。九龙坡区东与渝中区相邻，南与大渡口区接壤，西与璧山区、江津区相连，北与沙坪坝区毗邻，东、南隔长江与南岸区、巴南区相望。面积432平方千米。人口152.68万。

九龙坡区自然景观及人文资源旅游资源丰富，有华岩旅游区、海兰云天温泉度假区、重庆动物园、巴国城、白市驿森林公园、九凤山景区等；有中国曲艺之乡走马镇，中国民间文化艺术（楹联）之乡九龙镇；有全国重点文物保护单位重庆抗战兵器工业遗址群，市级保护单位刘伯承六店子故居、华岩寺等；有区级文物保护单位巴人船棺遗址、冯玉祥旧居；有羊溪河恐龙化石采集点、玉龙公园百万年旧石器遗址、马王场石器遗址、陶家东汉画像砖遗址等；有走马民间故事国家级非物质文化遗产，白市驿川剧、三耳火锅底料酿造技艺等14项市级非物质文化遗产，"大红袍"柑橘种植技艺、魏氏正骨术等62项区级非物质文化遗产。

地名由来

• 九龙坡区原名"九龙铺"，因境域内"九龙滩"而得名。明朝年间，"（九龙坡区）境内江中有滩，九石翘首若龙"，取名"九龙滩"，后建成码头，得名"九龙铺"。1945年8月毛泽东赴重庆参加国共和谈，座机降落在九龙铺机场，《新华日报》记者报道时误将"九龙铺"写为"九龙坡",因而传名天下。1955年10月，正式定名为九龙坡区，并沿用至今。

地名趣谈

• 在重庆主城，除了渝中半岛，人们还常提到另外一个半岛——九龙半岛。与渝中半岛因两江交汇而形成的原因不同，九龙半岛完全由长江水在这里转弯冲刷而成。曾经的九龙坡区，是整个重庆主城的重工业主阵地，随着现代工业转型与人们的生活需求，重工业已经不再适合存留在中心城区域了。离开了工业支撑的九龙坡区反复寻觅，找到了一条通往艺术的道路，老四川美院在这里浸润了一整条街区的艺术氛围；民间艺术九龙楹联从改革开放至今大放异彩；半退休状态的老成渝铁路披红挂绿，运营着一代人难以磨灭的情怀；大场口白市驿却独占温泉优势，让生活变成了一种享受。

◆ 巴人博物馆

◆ 黄桷坪

艺术就是一条街区

曾经的黄桷坪就是个大农村，一所美术院校，让这个地方慢慢焕发出艺术的氛围。四川美术学院，重庆人喜欢将它简称为"川美"，其前身为抗战期间李有行、沈福文等老一辈艺术家在成都创办的四川省立艺术专科学校，后更名为成都艺术专科学校。

1950 年由贺龙元帅任校长的西北军政大学艺术学院的部分骨干南下，在重庆九龙坡黄桷坪组建成立西南人民艺术学院。1953 年西南人民艺术学院与成都艺术专科学校合并，1959 年正式更名为四川美术学院，成为当时全国五大美院之一。

从成立到今，四川美术学院培养出了优秀艺术家如罗中立、高小华、张晓刚、徐仲偶等。其培养的艺术家在作品成交额上成绩斐然，据雅昌网公布的"中国美院财富权力榜"显示，川美青年艺术家作品年度拍卖成交额占 40%，位居各大美院之首。

自四川美院落户黄桷坪开始，每年 7 月，背着行囊的艺术集训考生形成了当地最著名的风景。他们中有留着长发的少年，有奇装异服的行者，他们以一颗炙热的心怀揣着艺术梦想，并将梦想扎根在黄桷坪的土地上。

2006 年，随着大学城新校区的启用，川美的大部分师生迁往大学城虎溪校区。留下的老校区渐渐冷清了起来，而艺术对黄桷坪一地的浸润也在此刻悄然发生变化。

从前美院的老校区有一个废弃的池塘，搬迁以前用来存放附近兵工厂生产的坦克，随着兵工厂的改制、搬迁，这里的仓库闲置下来。校区搬迁后，美院将它收了回来，通过艺术的魔力，改建成为了坦克仓库艺术中心。

除此以外，黄桷坪街区中一幢建于20世纪50年代的五层楼房也派上了用场。这里被称为501仓库，也曾是当年的战备物流仓库。如今的501仓库已经改造成为了501艺术库，是重庆的首个"画家村"。地下室被画家们改建成了艺术气息浓厚的酒吧，画家们在这里交流、商谈，形成了良好的业态环境与艺术氛围。

从501艺术库到黄桷坪铁路医院，有一条当今中国乃至世界最大的涂鸦艺术街，街上所有的房屋外墙都被涂鸦成艺术画作。涂鸦街全长1.25千米，被涂鸦包裹的建筑物37栋，包裹的下地各类管线约9000米，设置雕塑小品18座，是今天黄桷坪最为亮眼的艺术地标。

整个街区最有名的打卡地要数交通茶馆，这里散发着20世纪80年代的气息，老木梁房子，老木桌，老长凳，老吊扇，老茶缸……坐在这个茶馆里，仿佛穿越了时光，回到一个时间被凝固的年代。

◆ 九龙镇
艺术源自于生活

　　九龙楹联，重庆市"巴渝十大民间艺术"之一，一直在龙坡区九龙镇（今九龙街道）风行。自明清以来，以其传承时间久远，参与人数众多，生活气息浓厚，文字格调讲究，艺术载体丰富，在民间广为流传，并颇得同道好评。

　　多年来，九龙镇有数万群众参与到九龙楹联的创作中来，创作的作品中仅春联就有8千余副。其中有260余副作品被镂刻在木、石、竹、砖、不锈钢等材料上，为景点增色不少，例如，彩云湖公园的"先人后己，优乐攸关天下事，载月披星，慎助尽显古今情"。王秋阳先生的"物非庄取岂先手，义所当为不后人"。华岩攀岩公园的"奋勇凝神登顶易，握虚失足退身难"等脍炙人口。

　　明、清时期，因这里有场镇2个，码头5个，书院、书屋3座，交通便利，物产丰富，商贾云集，汇集了很多民间故事和各地文化趣谈，民俗文化气息浓郁。然而民众的创作激情被彻底激发，是在新中国成立后的改革开放时期。时代的发展为楹联的创作提供了取之不尽的创作素材和用之不竭的创作灵感。创作手法在传统中求新求变，表现方式多种多样，富于时代特征，令人耳目一新。

　　1975年，当时的九龙镇杨坪村团支部宣教委员李新华为村里写春联，从那之后，有组织的挥春活动坚持至今。当地政府为鼓励群众参加迎春征联活动，又设立了园丁奖、佳作奖等奖项，参与楹联创作活动的人越来越多，从最初的数人增加到1千余人。

自1982年以来，九龙镇每年开展迎春征联活动，并编印《九龙春联》，至2020年已编印38辑，一方面展示了广大创作者的智慧，一方面也传承着一方文脉。艺术既是"阳春白雪"，又是"下里巴人"，无论你是农民、工人、学生，还是知识分子、教师、干部，都可以参与到楹联创作中来。

◆ 老成渝铁路
艺术有时是情怀

在离黄桷坪艺术街区不远的地方，至今仍能看到老成渝铁路的身影。这里名叫铁路四村，仍有老街坊居住。铁路四村的铁轨共有四道，其中有两道至今仍通行慢慢悠悠的绿皮火车。

老成渝铁路是新中国成立后修建的第一条铁路，连接成都与重庆，共500余千米。这条铁路结束了成渝两地长期无火车通行的历史，实现了川渝两地人民的集体夙愿。

修建老成渝铁路的急迫需要，在20世纪初便已经显现了。清末1903年，四川总督锡良和湖广总督张之洞联名奏请清朝政府修筑川汉铁路。1909年川汉铁路动工，断断续续修了两年便停工了。1936年国民政府成立"成渝铁路工程局"续建成渝铁路，因抗战爆发和经费问题只修建了部分路基、隧道、桥梁。

抗战爆发后，国民政府以修建成渝铁路为名，向两地人民大肆搜刮财物，结果却只是在地图上画条虚线就敷衍了过去。新中国成立之初，百废待兴，面临财政困难的困局，但党中央为了西南人民，决定在极其艰难的条件下修建成渝铁路。1950年6月，确定了"就地取材"的修建原则后正式兴工，仅花了两年多时间，于1952年7月比预计工期提前3个月完成了成渝铁路的修建。

虽然这条铁路运行时间单程最长要花到30个小时，中间包含60个站点，从效率上来说并不优秀，但这条铁路的意义非常重大，它是连接川西、川东的交通大动脉，是川渝人民期盼了半个世纪的礼物，更是新中国大规模开展经济建设的序章。

今天的成渝两地，光是高铁线路就有三条，往返的高铁、动车班次每天多达几十趟，运行时间最短的不到一小时，最长的也不超过2个半小时。但有一趟绿皮列车，仍然在老成渝铁路上悠悠运行着，往返于四川内江与重庆，运行时间接近8小时。

掐好时间点，又运气好没遇上晚点的话，在铁路四村就能遇到这趟绿皮火车。不过这样的光景为时不多了，铁路四村作为当年的铁道家属区，已经鲜少街坊住在这里了，破旧的房屋早就进入了拆迁规划，马上面临消失的命运。

时代不就是这样前进的吗？废弃的铁轨，荒废的农田，破败的村庄，都将随着它们的时代一同远去。留下人们对那个年代的记忆与缅怀，化作一种称为情怀的遗憾，哀伤却美丽。

◆ 白市驿
艺术就是享受生活

艺术却不尽然是忧伤的，如同九龙坡的白市驿，一个被老天爷赏了饭吃，被天然温泉眷顾的古场镇。

白市驿位于九龙坡区西北部，曾经是成渝古驿道的驿站。往来的人一多，便自然形成了集市。因为这里天天赶场，人们就将它叫作"百日场"，又称"百市驿"。后因谐音讹传为"白市驿"，一直沿用至今。

白市驿的特产是温泉和板鸭。

关于白市驿板鸭，一个和张献忠有关的传说在当地童叟皆知。相传张献忠攻下重庆城后，常年受腐败明王朝欺压的百姓不悲反喜，有个胆大的大爷拉了一百多人的队伍去投靠找张献忠。为给张大帅献礼，队伍里有的人带上粮，有的人带上些衣服鞋袜，有的人带上宰杀好的肥鸭。

谁知他们进城才发现张献忠已经西行，一行人忙着往西边追，追到白市驿的时候，带鸭子的人怕鸭子变味，就拿篾片把鸭子绷起来，码上盐巴。重庆的夏天天气热，鸭子背在背上被太阳烤得焦干，鸭皮上直冒油，闻起来喷喷香。

终于追上了张献忠。张献忠把焦黄的鸭子命人煮了，大家一起分享，居然发现别有一番风味。张献忠说，这鸭子是在白市驿用篾片绷出来的，那么就叫它"白市驿板鸭"吧。抗日战争时期，飞机场的外国人、资本家等上层人物也争购并携带外地，"板鸭下美酒""板鸭馈亲友"的习惯,令"白市驿板鸭"之名不胫而走。如今白市驿板鸭成为重庆人喜爱的一道美食,以色、香、味、形俱全而驰名,成为与"北京烤鸭"(全聚德)"南京烤鸭"齐名的中国三大名鸭之一。

白市驿位于中梁山西麓,处于川东褶皱带,中梁山地底蕴含着天然地热资源。来自中梁山地底2000多米的地热温泉源头,为白市驿周边提供了源源不断的温泉资源。

在重庆,冬天里泡温泉已经成为了市民休闲的传统项目,在寒风里将身体浸泡进云蒸雾绕的温泉汤池中,赏着蓝天下满山黄棕的红叶,沁人心脾的蜡梅香味一阵阵飘散开来,是一种享受,也是一种艺术。

白市驿人称"川剧窝子",历史悠久。因古时文化缺少,看、听、打、唱川剧成为民间娱乐活动,上至达官贵人,下至平民百姓都喜欢。辖区按上、中、下街成立的3个座唱川剧组织(又叫"打玩友"或"打围鼓")历经近一个世纪,新中国成立以后得以传承。1992年10月被重庆市文化广播电视局授予"川剧之乡"。2011年4月,"白市驿川剧"列入第三批市级非物质文化遗产名录。

重庆市地名文化故事

- 涂山故事
- 黄葛古道
- 立德乐洋行
- 南山故居

区县地名

南岸区

消失的神话和残存的洋楼

◆ 南岸区
　　南岸区委宣传部　供图

简介

· 南岸区，是重庆直辖市中心城区的重要组成部分。南岸区位于重庆市境中部、长江南岸，东部、南部与巴南区接壤，西部、北部临长江，与九龙坡区、渝中区及江北区隔江相望。面积262平方千米。人口119.76万。

南岸区境内有51千米江岸线，为重庆水路要道，是巴渝文化的重要承载地，拥有禹涂文化、宗教文化、开埠文化、抗战文化等丰富的历史文化人文胜地，清代古巴渝十二景中南岸区独占四景，历史文脉保护良好。是"国家卫生城市（区）""全国文明城市""国家文化和旅游消费试点城市"，入选"第四批国家公共文化服务体系示范区公示名单"。

地名由来

· 南岸区因地处重庆市中心城区长江南岸而得名。

原属巴县。1929年（民国十八年）2月15日，重庆从巴县分离，正式建市，编制为国民政府二级乙等省辖市，归四川省管辖。市政府在玄坛庙设南岸市政管理处，至此首次以南岸为名。1935年2月，撤南岸市政管理处，设为重庆第四区，此为南岸设区之始。1955年10月，辖区正式更名为重庆市南岸区，地名至今不变。

地名趣谈

· 与解放碑隔着长江相对之处，就是南岸区。南岸区有着重庆人最喜爱攀爬的南山，南山下沿着长江一线，自古以来便码头众多，客船林立。这里的历史最早可追溯到大禹治水时期，这里是重庆开埠文化的亲历之地。这里藏着一条从云南出境，通往东南亚的南方丝绸之路。这里是抗战时期重庆作为陪都时，国民政府高官私邸最多最集中的地方。南岸区的人文厚重，曾经相比渝中区有过之而无不及，然而消逝的历史不再重来，今天的南岸区亦汇入百舸争流的发展浪潮中，挥别沧桑，重拾荣光。

◆ 南滨路

◆ 涂山故事
神话的佐证

南山是南岸区全区得以依仗的一座山。老重庆人从前不把南山统称为南山,而分称为涂山、汪山、南山。涂山指的是从上新街沿老君洞上山的那一带,临着江边;汪山是指今天的南山植物园一带,山势较高,幽静青翠;南山则指的是今天的抗战遗址公园一带。

涂山下有涂山镇,因涂山得名。老重庆人相信,这里就是大禹娶妻涂山氏所在地。

大禹娶妻涂山氏的说法,最早见于《尚书》,说大禹"娶于涂山,辛壬癸甲,启呱呱而泣,予弗子,惟荒度土功"。后来的《东汉郡志》里面标注了涂山的位置,称"涂山在巴郡江州"。

于是乎,南岸处处充满了关于这个说法的延展故事:涂山上的老君洞,就是史书上记载的涂洞;涂山下长江边上的弹子石,就是大禹的儿子启出生之地,弹子石等同于"诞子石"。

记载巴蜀传说最多的《华阳国志》是一本"神"书,它居然记载了大禹治水的详细过程:"禹治水至唐家沱下,遇石壁所阻,禹取于斧辟之乃得通。其声如铜锣。"今大的铜锣峡似乎也为这个说法提供了佐证。

人们于是展开想象与推演,说禹在开峡时使用神变的巨耙,在峡口挖了三耙,再拓宽水道,建起堤坝。第一耙筑成了上坝,第二耙筑成了下坝,第三耙在前两耙的土石基础上,垒起了一个小山峰，形成一个江心岛。江心岛处在涂山之阳，故而人称"广阳坝"。又说大禹治水出发前曾在湖边磨神斧，一磨就是七七四十九天，巨斧将一整座山峰磨平，生生磨出个垭口来，这就是传说中涂山湖与黄桷垭的来历。

不得不佩服古代劳动人民的想象力，以当时的科技水平，他们不但没有质疑大禹治水的种种超现实操作，还为其赋上了神话的色彩，并延伸出一系列与之相关的佐证。

长江三峡流传着的所有的大禹治水神话故事，以今天的科技水平来看，是具有一定现实意义的，如果将劈山的神斧、斩龙的巨刃看作超大型建筑工具，生生凿出一个长江三峡是存在可能性的。设想一下，如果让古代劳动人们凭想象力去描述三峡大坝工程，又会得出多少美丽的神话故事和佐证呢？

◆ 黄葛古道
消失不见的丝绸古道

大禹治水，娶妻涂山，生子启，这个神话为南岸增添了文明悠久的气质，而在今天的涂山脚下，有一条古道，则静静展示着一段可能被忘记的历史。

《史记》中曾含糊提到一条从成都出发，前往古印度的丝绸古道，人们将它命名为"南方丝绸之路"。大约十年前，南方丝绸之路因为一些零散的证据，才渐渐出现在人们的视野中，有了稍微清晰的样子。

这条路，曾名为"蜀身毒道"。蜀指的是起点，人们普遍认为起点在今天的成都。身毒，指的是古代印度。这条道途经哪里，由什么样的线路组成，各种说法不一而足。由于缺乏实质性的证据，还存在着许多争议，但从蜀入滇的事实是基本可以确认的。

曾经的巴渝十二景中，有"黄葛晚渡"一景。这里的渡口，便是涂山脚下的黄葛渡口。如果从渝中区太平门乘坐渡船到南岸区海棠溪渡口，沿着一条不知建于何时的古道缓缓上行，就可以经老君坡到达黄桷垭。若是乘坐另一班渡船，从渝中区南纪门到南岸区黄葛渡口，则可以经南坪场、土桥，走上一条入黔的快捷道路。

这条古道，重庆人称为黄葛古道，不仅是旧时市民从主城上黄桷垭的一条交通要道，还是清代及民国时期的驿站邮路。抗战期间，中国远征军就从这里出发，经贵州抵云南，出边境参加在缅甸的对日作战。

人们对黄葛古道比较认同的猜测是，这里在久远时代，可能就是南方丝绸之路的一个节点。川江带来了繁华的货物集散和商贸，江南的丝绸通过长江运往重庆，再通过黄葛古道几经周折进入云南。出云南出境前往缅甸，最后抵达印度。

然而一切证据都消失在了历史长河里。如今留下的，唯有这条古道最开头的一段，用于重庆市民的日常出行交通；唯有石板路旁静默坚韧的黄桷树，还保有过去的记忆，"幽幽南山上，黄葛古道来。青青石板路，商贾马蹄响"。

◆ 立德乐洋行
一部完整的开埠史

1890年,清政府签订《烟台条约续增专条》,同意"重庆即准作为通商口岸无异"。随后,在南岸玄坛庙狮子山下设置海关验关点,又称为海关外关,标志着重庆正式开埠。海关外关划定了11处来往船只的泊位,其中长江南岸就有8处,分别位于黄葛渡、盐店湾、龙门浩、羊角滩、狮子山、施家河、王家沱、窍角沱。

与此同时,重庆划出了第一个也是重庆历史上唯一一个租界——日租界。此后日本优舰丸、乌羽丸等军舰,长期游弋于长江水域重庆水段。直至1931年,爱国名将刘湘才接管重庆日租界,终结了这屈辱的租界历史。1902年,法国海军军官虎尔斯特在重庆南岸建立了法国水师兵营,至今在南滨路上仍存有遗址。

重庆开埠以后,在重庆开设的外国洋行总共有50余家,其中地址设在南岸的占了"半壁河山"。立德乐洋行便是其中最为著名的一家。

立德乐洋行是由英国冒险家商人立德乐开立的,作为英国蒸汽轮船——"利川号"的船长,立德乐早就对位于中国西部的重庆产生了浓厚兴趣。

1898年,58岁的立德乐从宜昌出发来到重庆,他首先看中了重庆优质的猪鬃,在重庆建立了猪鬃厂,将生产出来的成品通过自己的立德乐洋行进行出口销售。而后,立德乐洋行开始涉足包括运输、保险、煤矿、轮船等多个行业的进出口贸易,赚了个盆满钵满。立德乐本人也因此被英国《大不列颠名人录》称为"开发中国西部第一人"。

立德乐的成功，让其他西方商人看到了商机，他们开始在南岸区聚集。当时的南岸因为繁忙的洋行和工厂的业务，每天往来客船无数，比重庆的中心解放碑还要热闹。西方的先进技术、先进生产工具与市场化的商业理念开始推动重庆经济发展，推动重庆工业进步。

经济的发展又带动了教育、医疗和文化的发展。大量外国传教士、文化人涌入南岸，开办医院、教堂、学校。重庆人熟知的求精中学、广益中学等，都是在重庆开埠之后创办的，为后来重庆教育的快速发展奠定了基础。重庆仁济医院（即重庆市第五人民医院）首任院长，就是英国基督教伦敦布道会派遣的英籍医师樊立德。

今天的南岸区，已经远离了当年的喧嚣。在南滨路马鞍山片区，沿路可见当年洋行兴盛留下的痕迹。法国水师营旧址、立德乐洋行旧址、安达森洋行旧址，一座座人去楼空的建筑提醒着人们，不要忘记那段历史。

◆ 南山故居
战时陪都"名人堂"

今天的南山植物园一带,以前是一片荒地。1930年前后,留法回国的医学博士汪代玺购得附近山林,并在此兴建花园住宅汪家花园,此地遂得名"汪山"。

据传汪代玺热爱生活,不仅专门聘请专家为自己的花园精心设计园林,还种植了大量花草树木,修建起了今天的梅岭馆所、网球场、游泳池和跑马道,并创立了重庆第一家"生百世"旅游俱乐部,又称"日光浴俱乐部"。

过了几年,四川丝业公司的总经理范崇实也选址在南岸汪山修建别墅,同时种下玉兰、辛夷、杜鹃等花木,人称"范家花园"。两处花园为今天的南山植物园奠定了基础,成为植物园最早的雏形。

或许是汪、范二人引领了南山的风气,从此南山上开始了私家花园与洋楼的兴建之风。但凡在重庆上流社会小有名气的商人,如果不在南山上拥有一幢自己的花园别墅,那就太没面子了。

1937年,西班牙公使馆随国民政府西迁重庆,设办公机构于南山,以汪家花园的避暑别墅为办公场所。

曾留学法国,后从事军火买卖的商人朱星门在南山的私宅,是一幢哥特式建筑,1939年被苏联大使馆买下,加入俄式装修风格,苏联大使潘友新在渝期间均在此办公。1940年法国大使馆在南山修建回廊式两层砖石结构洋楼,原位于解放碑的法国使馆被大轰炸炸毁后便搬到这里办公，直至抗战结束。1943年，同样因为大轰炸，印度专员公署迁址南山，选用"生百世"俱乐部的一栋西式别墅建筑办公。

南山上除了汪山这一片洋楼，更为人熟知的是位于黄山的黄山官邸。黄山官邸是抗战时期蒋介石等人在重庆的住所之一，其中云岫楼是蒋介石的官邸，草亭是美国总统特使马歇尔的旧居，松厅为宋美龄的别墅，莲青楼为美军顾问团的住址。此外，松赖阁是宋庆龄的别墅，孔园是孙令伟孔二小姐的住所。另有何应钦寓所、侍从住所、周至柔旧居等建筑。

整座南山，洋楼别墅掩映于绿荫之间，是战时重庆作为陪都的历史过程中，不折不扣的重庆"名人堂"。

重庆市地名文化故事

- 卢作孚与北碚
- 金刚碑
- 温泉寺
- 缙云山

区县地名

北碚区
一个人和一座城

北碚区
王馨竹 摄

简介

- 北碚区是重庆主城中心城区之一，是两江新区、重庆高新区、中国（重庆）自由贸易试验区的重要板块，也是全市唯一的民营经济综合改革示范试点区。北碚区位于重庆市西北部、重庆主城西北方向，地处缙云山麓、嘉陵江畔。东与渝北区接壤，南与沙坪坝区毗邻，西与璧山区相连，北与合川区接界。面积 755 平方千米。人口 83.49 万。

北碚区人文底蕴深厚，自然资源丰富。20 世纪 20 年代，卢作孚、晏阳初等在北碚掀起乡村建设运动。抗战时期，老舍、梁实秋等三千名流会聚于此。新中国成立以后曾是中央西南局的夏季办公地点。有重庆自然博物馆、卢作孚纪念馆、四世同堂纪念馆、梁实秋旧居、晏阳初旧居、张自忠烈士陵园、复旦大学旧址、西部科学院旧址等自然人文景观和抗战遗址 104 处。有缙云山、北温泉、金刀峡等国家 4A 级景区 4 个，是巴山夜雨地和温泉故里。

地名由来

- 北碚，前身为白碚镇。清初在此地嘉陵江畔设有场集。该场集得名有两说，一说因江中有巨石好似巨鳖出水，故称"鳖背"，而后雅化为"白碚"；一说因江心有巨石称"碚石"，为白色，故得名"白碚"。无论古今汉语，"碚"只用于地名用语，如北宋欧阳修《虾蟆碚》自注："今土人写作'背'字，音'配'。"

清康熙年间设白碚镇，此为建置之始。清乾隆年间因白碚镇地处巴县县境之北，改名北碚镇，至此"北碚"得名。1955 年，改名为重庆市北碚区，地名至今不变。

地名趣谈

• 北碚，清末是缙云山下的一个小镇，人口不足两万，区内有一些简单的作坊式的小煤窑，经济不算发达。一百年前合川人卢作孚在北碚尝试新城镇建设，北碚作为一个城市粗具规模。抗日战争爆发后，三千名流汇集北碚，北碚的城市发展由此更上层楼。

北碚缙云山似乎是一座灵山，山下温泉寺见证了蒙古元帅蒙哥之死，而缙云寺是中国唯一的迦什道场。

"蜀山九十九，萃此九峰青。霞胃悬丹嶂，云开列翠屏。光华歌复旦，肤寸遍沧溟。更孕巴渝脉，人文毓秀灵。"这是王尔鉴对缙岭云霞的评价，其实也是对北碚最中肯的评价。

◆ 卢作孚与北碚

北碚的发展，离不开一个人——卢作孚。卢作孚是重庆市合川人，近代著名爱国实业家、教育家、社会活动家。民生公司创始人、中国航运业先驱，被誉为"中国船王""北碚之父"。

北碚始得名于清初，是一个规模不大的镇。处于缙云山与鸡公山之间，只有崎岖山路与歇马乡和璧山县的澄江镇相通，对外交通主要依靠嘉陵江，算不上富庶之地，当时整个北碚场镇人口不足两万。

20世纪初，江北、巴县、璧山、合川四县交界的嘉陵江小三峡地区，山高林密，匪患猖獗，各地纷纷举办团练自卫。1916年，川东道尹王陵基在此设特组峡防局。1927年，时任峡防团务局局长的卢作孚勾画了北碚城镇建设，后经国民政府批准，设置嘉陵江三峡乡村建设实验区，从此北碚进入快速发展阶段。

卢作孚曾有一张考察青岛时留下来的老照片，拍摄于第一公园。在日记中，卢作孚回忆了这次在青岛的考察，他直言青岛建设对他的触动："德国人为经营青岛的森林，曾搜求世界的树种而一一试验……一切建筑，依山起伏，房屋都配置得益，青山碧水，相衬之美，在数十里外，便可望见。来时令人向往，去时令人留恋。"

把北碚建设成一个花园式城市，是卢作孚的理想。从1927年到1935年，北碚累积植树量即达7万余株，还修建了北温泉公园、运动场、博物馆、动物园等。此外还兴办北川铁路公司、天府煤矿公司、三峡染织厂、农村银行等，一时间北碚热闹了起来。接着卢作孚又创办中国西部科学院（现重庆自然博物馆北碚陈列馆）、兼善中学、峡区地方医院（今天的第九人民医院）、图书馆、报社……短短几年时间，偏远的北碚乡村，已然具有现代化城镇的雏形。

抗日战争期间，重庆成了陪都，大量的人口迁入重庆。北碚进驻了大量科学文化教育机构，北碚曾被称作"东方的诺亚方舟"，宝贵的人才、文物史料和重要物资都在这座小城中尽可能地得到了保护和存续。在这小小的弹丸之地，先后涌进了几十个单位、3000多位各界名流。

郭沫若、老舍、林语堂、梁实秋等在北碚创作出《屈原》《四世同堂》《雅舍小品》等传世名作，田汉、曹禺、夏衍、洪深、阳翰笙等在北碚创作排演出《全民总动员》《塞上风云》等优秀剧目，梁漱溟、晏阳初在北碚继续实验乡村建设，陶行知创办育才学校……

◆ 四世同堂纪念馆

1942年，实验区改为北碚管理局，这使北碚成为了真正的县级行政区。1951年，川东行署区驻地迁到了北碚，北碚升级成了一个"省会"。

今天北碚街头，梁实秋的雅舍、老舍的旧居、吴宓旧居、傅抱石旧居等就隐藏在北碚的一砖一瓦一草一木中，从未褪色。他们为何而来？老舍在《北碚琐忆》中给了答案："这是个理想的住家的地方，具体而微的，凡是大都市应有的东西它也都有，它的安静与清洁，又远非重庆可比。"

◆ 金刚碑

金刚碑坐落于北碚缙云山下嘉陵江畔，这里山峦拱翠，古树参天，水流潺潺，别有一番自然之趣。传说佛祖释迦牟尼的大弟子迦叶尊者到缙云山建寺之时，有金刚力士前来相助，却不小心遗漏了块巨石在此，当地人俗称为"立石子"。那巨石有七米多高、二米多厚，状似一碑，直入嘉陵江。唐人曾题刻"金刚"二字，故而当地人称此地为"金刚碑"。

早在清朝康熙年间，小煤窑遍布缙云山南坡，煤炭必经过金刚碑嘉陵江出口运销外地，于是金刚碑形成运煤、销煤的水陆码头。

因水陆码头运输业的兴起，金刚碑其他行业也得到大力发展。

到清同治年间，成立了以煤、盐、船、驮、牛、马为首的行业帮会多种商号。客栈、茶楼、酒肆鳞次栉比，茶楼里有川剧、评书等演出。每个节气镇上居民都会举行各类民间活动，如划龙舟、放花灯、耍板凳龙等。民国时期，该镇已经形成了姚家院子、熊家院子、郑家院子等几个较大的民居建筑群。沿街河两岸有商店、货栈千余家，繁盛一时。

金刚碑因为其独特的地理环境，抗战期间吸引了大批科学、文化、教育、经济名流总共3000余人来此居住生活。国民参政会参政员章伯钧来到金刚碑建立利民制革厂，及时补充了抗战时期的军需用品的短缺。梁漱溟在卢作孚和卢子英两兄弟的支持下，创办了勉仁中学。中国第一位地质学博士翁文灏与裴文中在金刚碑工作了无数个日夜，最终发现了"北京猿人"头骨存在的证据。正中书局著名的散文学家缪崇群在金刚碑写了三部具有划时代意义的散文集《夏虫集》《石屏随笔》和《人间百相》，最后积劳成疾，38岁时病逝，葬于金刚碑。老舍写出巨著《四世同堂》，梁实秋完成《雅舍小品》，顾颉刚在金刚碑出版了《中国史纲》，曹禺在重庆北碚期间创作并演出了大量话剧。

书法家谢无量，大学者孙伏园、陈子展、吴宓等也在这里展开创作与研究。众多文化名人炒热了金刚碑。中国石油大王孙越崎，还在金刚碑创建了"中福公司"。民国时期的金刚碑，酒幡招展，人气兴旺，人文荟萃。曾有人笑称："莫看那时大家都穿着粗布衣，你在金刚碑茶馆头随便一坐，碰到的个个都是大腕。"

经历了民国时期的繁盛后，金刚碑逐渐沉寂了。20世纪50年代起，随着煤炭资源的枯竭和煤窑的关闭，越来越多的人开始慢慢搬出溪谷。今天重新修缮的金刚碑仍然保留了原本的建筑群体与风貌，是典型的川东传统建筑，房屋重重叠叠，错落有致，古镇与森林天然融合。在古镇外，就能看到嘉陵江，对岸温塘峡壁挂着"张飞古道"，参天高树，碧江绿水，风景独特。

◆ 温泉寺

北碚温泉寺一度大名鼎鼎，很多名人在此驻足，留下许多诗文和故事。温泉寺创建于南朝刘宋景平元年（423），一度庙宇辉煌，香火兴旺。温泉寺得名大约和附近有温汤（泉）有关。宋王象之《舆地纪胜·重庆府景物下》云："唐乾符中置温泉寺。"可见温泉寺在唐代已得此名。北宋景德四年（1007），温泉寺被朝廷封赐为崇胜禅院。

唐宋之际，文人墨客都喜欢游览温泉寺，留下不少诗篇，温泉寺"题咏甚众，诗碑林立"。北宋景德与大中祥符之间，推官彭应求去合州上任途中，夜宿温泉寺，题五律《宿温泉佛寺》诗于寺壁：

> 公程无暇日，暂得宿清幽。
> 始觉空门客，不生浮世愁。
> 温泉喧古洞，晚磬度危楼。
> 彻晓都忘寐，心疑在沃州。

嘉祐元年（1056），理学家周敦颐签巴川郡判官厅公事，舣舟温汤峡，读到此诗，心有感触，作序刻石立于温泉寺中，成为温泉寺历史上的一段诗韵佳话。《重庆府志》称："温泉崇胜寺在峡西南，题咏石刻林立。"至今还存有明代诗碑十数方，诗数十余首。

南宋开庆元年（1259），一个人的死亡让温泉寺留名史册。明万历《合州志》载："元宪宗为炮风所震，因成疾，班师至愁军山，病甚……次过金剑山温汤峡而崩。"

元宪宗即蒙哥，1258年率蒙军攻打合川钓鱼城，不幸中流矢重伤，最后在温泉寺去世，温泉寺见证了一段重要的历史。

明、清两代可算是温泉寺的黄金时代。温泉寺重新修葺，建有泡温泉的池子，池子上面建有亭子，无论天晴落雨，人们都可以下池子泡温泉，此外还利用地形打造出各种景观。温泉寺产业大，僧人多，富甲一方，人称"温三千，禅八百，杉木园的和尚惹不得"。

1927年，在著名的爱国实业家卢作孚先生倡导下，巴蜀各界名流募捐万余大洋，将温泉寺建成嘉陵江温泉公园，1948年改为重庆市北温泉公园，成了市民休息玩耍的好地方。而温泉寺的影响已不如前，成了北温泉公园内的一处景点。

◆ 缙云山

缙云山位于重庆市北碚区嘉陵江温塘峡，山间白云缭绕，似雾非雾，早晚霞云，气象万千。古人称"赤多白少"为"缙"，故名缙云山。乾隆年间巴县知县王尔鉴将"缙岭云霞"定为古巴渝十二景之一。

缙云山古名"巴山"，早在《黄帝内经》里就有记载。后因李商隐写过一诗"君问归期未有期，巴山夜雨涨秋池。何当共剪西窗烛，却话巴山夜雨时"，从此"巴山夜雨"天下闻名，而诗中的巴山指的就是北碚缙云山。

关于缙云山的来历，有这样一个故事。远古时期这里居住着两个勤劳善良的氏族，一个是巴族，一个是賨族。他们和睦相处，靠打猎和捕鱼为生。这里的山中终年流淌着一股温泉水，传说巴山上的人喝了这水，岁数都活得很长；洗了这水，从不生疮害病。

后来轩辕黄帝统一了中原，他的一个大臣被封为缙云氏。缙云氏生了一个名茶的儿子，这个儿子性情暴躁，常在外为非作歹。老百姓控告到轩辕黄帝那儿，黄帝大怒，准备处罚茶。而另外一个大臣高辛氏有八个同样不争气的儿子。缙云氏和高辛氏一商量，盘算出了一个帮助儿子解困的办法：让这九个不成器的儿子带兵去攻打巴族和賨族，抢夺仙水，将功赎罪。黄帝于是任命缙云氏之子茶为帅，高辛氏八子当先锋，率领上万兵士溯江而上，攻打巴族和賨族。巴族、賨族英勇抵抗，终因寡不敌众，最后剩下九位年轻的勇士。九位勇士继续奋战了七天七夜，拒不投降，还让进攻者死伤无数。荼帅大怒，就放了一把大火，将巴山的树木烧光了，岩石熔化了，动物烧死了，连巴山上空的云朵也被烤成绯红绯红的。待满山大火熄灭，九位勇士化成九座雄伟高大的山峰，挡住了进攻者的去路，它就是缙云九峰。从那时起，巴山上空的云彩，一早一晚，总是绯红绯红的，于是人们便把巴山称为缙云山了。

这样一座有灵气的山怎么少得了庙？缙云山上的缙云寺来头不小。该寺始建于南朝刘宋景平元年，即公元423年，受到历代帝王封赐。缙云山供奉的不是释迦牟尼佛，而是释迦牟尼佛的前世之师——迦叶古佛。迦叶佛，意译为隐光佛，即过去七佛的第六位，现在贤劫千佛中的第三尊佛，降生于释迦牟尼佛之前。"一切恶莫作，当奉行诸善；自净其志意，是则诸佛教"，即迦叶佛所说之戒经。缙云寺也是国内唯一的迦叶古佛道场。

缙云寺寺中自古有学习场所，名为"缙云书院"。1930年秋，太虚大师（1889—1947）"游化入川"，创办汉藏教理院，汉藏教理院号称世界佛学院四大分院之一。赵朴初先生就毕业于汉藏教理院。

缙云山上缙云寺与温泉寺、绍隆寺、白云寺、大隐寺、石华寺、转龙寺、复兴寺等并称"缙云山八大寺庙"，成为市民祈福、游玩的好地方。

重庆市地名文化故事

- 一段传说串起来的地名
- 温泉之都的冷热温泉
- 一碗水只有一碗水
- 新牌坊为什么没有牌坊
- 多功城

区县地名

渝北区
经济腾飞的枢纽之城

◆ 渝北区：江北国际机场

尹宏炜 摄

经济腾飞的枢纽之城　　渝北区

简介

- 渝北区，是重庆市中心城区之一，位于重庆市西北部，重庆市中心城区北部，东与长寿区接壤，南与江北区毗邻，西与北碚区相连，北与四川省广安市接界。面积1452平方千米。人口219.15万。

渝北区境内铜锣山、明月山、中梁山三山列屏，长江、嘉陵江两江环绕，物华天宝，人杰地灵。古往今来，群贤荟萃，涌现出明代六朝重臣蹇义、明朝翰林学士江朝宗、民国著名富商杨粲三、参与发起修建四川第一条民营铁路的留美硕士唐建章以及武术大师赵子虬等众多名人志士，红岩英烈王朴、时代楷模杨雪峰等英雄血脉相传，龙藏宫、中华职校遗址、于学忠将军故居留存至今。渝北非遗华蓥高腔、小河锣鼓、巴渝剪纸文脉绵延，古路慈孝文化代代相传。

地名由来

- 渝北区，因地处重庆市治地以北，以重庆的简称渝而得名。旧称江北镇（厅、县），因地处长江以北而得名。

隋唐直至清乾隆年间，本境俱为巴县地。清乾隆十九年（1754），析巴县江北镇建置江北厅。清乾隆二十四年（1759）巴县义里、礼里、仁里上六甲划入江北厅，史称"江巴分治"，江北版图基本形成。1913年，江北厅更名为江北县。1994年，经国务院批准，撤销江北县，设立重庆市渝北区，地名至今不变。

地名趣谈

· 渝北区位于嘉陵江北岸。渝北区内有火车北站和江北机场两大交通枢纽站，其中江北机场为国内八大机场之一，客运货运吞吐量位居全国前列，是重庆经济腾飞的双擎。

在广袤的渝北大地上，留下了许多自然和文化遗迹，如统景温泉风景区、洛碛新石器时期古人类活动遗址、汉代崖墓群、渝北多功城等。同时渝北境内还有丰富的非物质文化遗产，如木雕、小河锣鼓、羽毛画、渝北酒酿、翠云水煮鱼等。渝北大力打造特色农业，推广农旅融合产业，渝北成为市民休闲的最佳目的地。

◆ 一段传说串起来的地名

渝北区有很多地名都和明代第二位皇帝建文帝朱允炆有关。《明史纪事本末》记载,建文帝 1402 年 6 月由密道逃出南京后,关于其行迹有"西游重庆,东到天台,转入祥符,侨居西粤"的说法。

相传,建文帝一行从南京逃出后,沿长江而上,一路东躲西藏,于公元 1406 年 5 月,逃至重庆渝北太洪岗,取道进入太洪江,太洪江后来遂改为御临河。走到沱湾已疲惫不堪,此处峡谷深深河水汹涌,两岸峭壁树木参天,一行人于岸边休息。建文帝想到四年艰苦跋涉,复位无望,于是吩咐将士把兵器弃于沱湾,沱湾由此更名为箭沱湾,村子就叫箭沱村。他们骑的马放于大山,由此得名马岭坪,位于今江北区五宝镇驻地。

在御临河畔,有个河滩叫滚珠滩。相传,建文帝以僧人装扮来到河滩上,又渴又饥,便伏下身去喝水解渴,颈上佛珠不慎掉落水中,随河水流滚滚而去,此地由此得名滚珠滩,村子得名滚珠村,沿用至今。

在滚珠村上游十几里,有个黄印村。传说建文帝逃亡到这里,在河坝上歇息,打开包袱取行李,旁边 农大看见那包袱里面有一个用黄绸包着的四四方方的东西,像是一颗大印。后来这个消息被添油加醋地传开,从此那块河坝就取名叫黄印坝,村子就是今天的黄印村。

建文帝逃亡到沱湾后,穿越洞溪峡,沿河西岸逃向邻水县么滩。途中夜宿隆兴一小庙，黎明动身走到场外桥边，建文帝察觉到有追兵将近，于是又返回小庙，藏在神龛下石洞中，因而得以脱险。小庙后来取名为龙藏寺，经扩建后又更名叫龙藏宫，由此隆兴场也改名为龙兴场，就是今天的龙兴古镇。

在渝北区兴隆镇牛皇村，有这样一个传说。一天，一个和尚在亭里躲雨，路过的牧童立即将斗笠送给他，和尚却推辞不要。"客前礼先，家训流传。"牧童话毕，将斗笠塞给他后就消失在雨中。雨停后，和尚在木桥上碰见一个担着两个女孩的汉子，汉子放下担子跳到溪水里给他让道。和尚不解，汉子说："手礼相让，家训久长。"和尚进村后，一位老人将其引入院子，并为他沏茶。随后老人拿出一把竹椅，将一位老奶奶扶到椅子上。老人说："孝礼高堂，家训不忘。"

原来牧童、汉子、老人是祖孙三代人，姓李，四世同堂。和尚取笔写道："礼家李氏，姓李更知礼，逢君不识君，破亭残桥后，布衣慰吾心。"

和尚写完就离开了。不久，有官兵进村搜寻，老人方知和尚是避难的建文帝。此后，这个村落更名为礼朝屋基，汉子担二女避让之桥取名为双凤桥，村里的寺庙更名为牛（留）皇庙，礼朝屋基所在的村叫牛皇村。

"一望竟无涯，青山欲问答。不知花胜雪，还是雪飞花？"这是对印盒的三万亩李花竞相开放时最形象的描述。印盒现因印盒中心广场处的一座四四方方的小岛酷似建文帝途经此地遗失的装玉玺的盒子，故而得名印盒。

◆ 温泉之都的冷热温泉

重庆被誉为世界温泉之都,目前重庆中心城区发现的温泉已经超过 60 个,可以用"山山有热水,峡峡有温泉"来形容。在重庆"五方十泉"之中,统景温泉占据重要一席,有"统景温泉甲天下"的美称。

统景风景区有天然泉眼 25 处,冷泉温度多低至 20℃,温泉区间温度 35~62℃,日涌量达 1.8 万立方米。有涌沙泉、悬挂泉、珍珠泉、地震增生泉等多种温泉类型,是全国最大、最集中的温泉群。统景温泉肇始于何时已无从查考,但一则关于女娲传说的故事,则足以证明其历史之悠久。相传远古时女娲炼石补天,需要燃烧芦苇灰,结果熊熊大火把地下水烤得滚烫,从而在这里形成了大量的温泉。统景温泉资源尤其丰富,更因其流量大、水温高、水质优,且集"硫酸钙型温泉""重碳酸钙型冷泉"冷热双泉于一

◆ 统景镇

体，很多人喜欢来一场冰火两重天温泉之旅，统景温泉的地位不容撼动。

统景温泉面积大，有些荒草丛中也有温泉冒出来。比如统景镇草统路旁，人们无意间发现了一处野温泉，渐渐吸引了不少人来此泡脚。这处野温泉如同一条小溪，从一处通道涌出后，绵延流出三十多米，在水流两岸，大家以各种方式享受"上天的恩赐"，有的坐在小凳子上泡温泉，有的直接坐在地上泡，有的提桶接水加中草药泡，有的还带了些简单的饭菜，一边吃一边泡温泉。

统景温泉在统景风景区内。统景原名为桶井，因其绝壁峡谷酷似桶状，人入其间，有坐井观天之感而得名。后来因其风光秀美，能够统览山、水、林、泉、峡、洞、瀑诸景，桶井更名为统景，意谓此处集山川之秀、统天下之景。清王尔鉴将"桶井峡猿"列为巴渝十二景之一。

◆ 一碗水只有一碗水

渝北两路附近有个地方叫一碗水。

《江北县志》记载了一首关于一碗水的歌谣："好个兴隆在岩边，好只石鞋无人穿。好朵莲花无人戴，木耳飞过仁睦滩。两口喝干一碗水，坦坦平平下寸滩。"其中的一碗水与双凤桥一样，一直是两路地区的知名地标，在历史上的知名度，一碗水甚至超过双凤桥。

一碗水地处交通要道，此前重庆到邻水、川北、陕西的江邻路和到长寿、川东及湖广的江长路均要经过一碗水。南宋淳熙六年（1179）朝廷就在一碗水建场，场上有茶店、客栈，还有一个寺庙。庙里的神像脚下石头上，有一个小水凼，宛如碗形，终年盛满泉水，看起来就像一只装满水的碗，故名一碗水，场得名为一碗水场。

关于一碗水是怎么得名的，这里面还有一个传说。

据说在很久以前，这一碗水附近的山坡上有间小庙，庙里有个了然和尚，这了然和尚每日念佛诵经，十分虔诚，佛祖被他感动。有一晚上，佛祖就托梦给他：了然呀了然，今后你不用顶烈日、冒风雨出门化斋了，你只要在黄昏时分去山坡下取米就行了。

第二天黄昏时分，了然来到山坡下，果然就看见一个碗口大的石凼里出现一碗米，不多不少，刚好够他吃一天。从此，了然和尚再也不用风吹日晒去化缘了。渐渐地，了然和尚变懒了，诵经也不认真了，而且他觉得每天取米太麻烦，要是一次能多取点，就不用天天下山了。于是他拿起凿子和锤子把石凼凿大了些。结果第二天，当他拿着袋子去取米的时候，却发现石凼里已经没有米了，只有一摊水，了然将水舀起来，不多不少，刚好一碗。这就是一碗水地名的由来。

◆ 新牌坊为什么没有牌坊

"新牌坊没有牌坊,九宫庙没有庙,双碑没有碑",这是重庆人耳熟能详的言子。

实际上,新牌坊不仅是个地名,还真有牌坊存在过。从前渝北新牌坊附近有两座节孝牌坊,一座是龙溪节孝牌坊,建于1895年,因为建立时间比另外一座节孝牌坊晚,就被称为"新牌坊";另一座是人和节孝牌坊,这座牌坊是1825年由道光皇帝御批修建的,因为修建时间比前者早,也叫"旧牌坊"。那为什么现在新牌坊没有牌坊呢?因为"新牌坊"在1997年被迁到了如今的碧津公园内。"旧牌坊",也就是人和节孝牌坊,原本是在人和锦绣山庄内,2011年搬到了天宫殿公园。所以今天"新牌坊"这个地方,已经没有了牌坊,只是一个地名了。

迁到碧津公园的龙溪节孝牌坊名"诰封夫人蒙母王太夫人节孝坊",是当时政府拨银为蒙家建立的,用来奖励蒙母王太夫人在丈夫去世后,忠贞不渝,含辛茹苦养育唯一的儿子的事迹。搬到天宫殿公园的"旧牌坊"由道光皇帝御批修建,到现在为止已经有近两百年的历史,是"处士李廷表之妻余氏坊"。

据民国《巴县志牌坊》记载,重庆境内有119座牌坊。以表彰对国家有贡献、品德高尚的人。

重庆众多的牌坊中,照母山的节孝牌坊还有一段佳话。话说两宋年间,重庆璧山出了一位状元名叫冯时行,因在朝中为官时主张抗金,受秦桧构陷,被贬到了黎州做地方官。他携家带口赴任，经过大竹林的时候，母亲得了重病，他就在大竹林结庐精心照顾了三个月，但母亲病情不见好转，皇命又难违，冯时行一时左右为难。冯时行的妻子便劝他继续赶路，自己留下照顾母亲。后来母亲去世，葬于山上。冯时行得知母亲去世后也选择了辞官。公元 1159 年，宋高宗恩准他回乡守孝。于是他便回家为母亲守孝，其间不忘著书立说。于是后人根据这个故事，称此山为"照墓山"，后又改名为"照母山"，并建了一座节孝牌坊。

"渝北亦巴江分野，台留寡妇眷怀，今古表双清。"龙溪"新牌坊"上面还有这样的字迹。这里将贞妇蒙王氏和巴国著名的寡妇清媲美，说明蒙王氏的事迹在当时被广泛推崇。更为重要的是，文字中出现了"渝北"二字，在现存的文字资料中，这是"渝北"一词首次出现，让渝北"新牌坊"有了一层更深的意义。

渝北现存的大小牌坊不算少，现存的 6 米以上的牌坊就有 9 座，均为石牌坊，其中节孝牌坊 5 座，坊门 4 座。除了龙溪节孝牌坊，还有人和节孝牌坊、鸳鸯节孝牌坊、木耳节孝牌坊和木耳周氏节孝牌坊等。值得一提的是，龙溪节孝牌坊，也就是"新牌坊"，是渝北区目前保存最完好的石牌坊。

◆ 多功城

多功城，又称翠云寨，在渝北区鸳鸯街道翠云山顶，呈椭圆形，占地面积约 10000 平方米，始建于南宋咸淳六年，即 1270 年。多功城地势险峻，岩石高耸，筑城时以嶙峋的岩石为基，有"山石巉嵘，因岩为城"之记载。

说到多功城，就不得不提到朱禩孙。朱禩孙，四川阆中人，曾为四川安抚制置大使，据有关文献记载，多功城就是他修建的，现在的多功城的西大门还有"端明殿学士大中大夫四川安抚制置大使朱禩孙建"的题记。朱禩孙参与了对元军的最后战斗，城破自杀未遂，被迫投降。朱禩孙早年在成都居住，端平三年（1236）十月，蒙军攻破成都，展开惨无人道的大屠杀，朱禩孙侥幸逃出成都，后通过科举考试走上仕途。

多功城最早并非防御城堡，而是一座远近闻名的寺庙，名为翠云寺，建于 1021 年。后来因为战乱不断，翠云寺慢慢破败凋零。直到宋淳祐年间，由于此地地理位置特殊，修筑起了用于战事的多功城。

南宋末年，为抵御蒙（元）军入侵，在余玠的领导下，川峡四路境内共修筑了类似于多功城的防御寨（堡）数十处，现在保存较完整的有四川泸州合江县的神臂城、金堂云顶石城、苍溪大获城和南充青居城，重庆有合川钓鱼城、江北多功城、涪陵三台城、南川龙崖城、云阳磐石城、巫山天赐城、奉节白帝城、忠县皇华城和万州天生城等，形成了抵御蒙（元）军入侵的铁壁铜墙。

翠云镇是连接合川钓鱼城与重庆城的必经之道。因此，多功城不但担负着钓鱼城的兵援、物资供给，而且是迎敌的重要防线，其战略地位极其重要，多功城为抗击蒙军入侵作出了重大贡献。

　　随着合川抗蒙战争的结束，多功城沉寂了很长一段时间。若干年后，多功城又一次显示了它的军事地位，又一次发挥了它不可替代的重要作用。当时四川局势错综复杂，张献忠想在四川称王，夺取重庆城。

　　张献忠手下刘文秀率精兵三万，兵分两路，陆路攻佛图关，水路自嘉陵江而下，直抵重庆。他们的第一个目标就是渝北的多功城。

　　当时驻守川东的是明军参将曾英，他得知情报后，先将城内老弱送往涪州，只留下精锐部队，准备与刘文秀决死一战。他亲率五百轻骑兵，绕道潜入多功城，打了刘文秀一个措手不及，一举拿下多功城，趁机打败大西军。这次战斗是张献忠军自入川以来遭受到的最惨重的失败。

　　作为古代军事防御城池的多功城，是一座雄踞近八百年的孤城，一座古代军事城市的代表；在今天，它又是一座汇聚万象的新城。

区县地名

重庆市地名文化故事

- 李家沱
- 南温泉和东温泉
- 鱼洞和木洞

巴南区
忠勇守德尚文崇新的巴文化

◆ 巴南区：航拍龙州湾一景
郑彬 摄

简介

- 巴南区，是重庆市中心城区之一，位于重庆市西南部，东与涪陵区、南川区接壤，南与綦江区毗邻，西与江津区、九龙坡区、大渡口区相连，北与南岸区、江北区、渝北区、长寿区接界。面积1825平方千米。人口117.89万。

巴南历史文化悠久。作为巴国的发源地和传承地，巴文化源远流长，巴南区先后涌现"革命军中马前卒"邹容、近代民主革命家政治家杨庶堪、新中国首任女大使丁雪松等杰出人物。巴南区抗战文化、古镇文化、茶文化等异彩纷呈，拥有全国重点文物保护单位南泉抗战旧址群、中国历史文化名镇丰盛古镇，国家级非物质文化遗产和民间艺术"接龙吹打""木洞山歌"。

巴南区沿江、傍泉、依山、靠林、临湖、环岛，自然资源、旅游资源丰富，拥有60千米长江岸线、48条河流、96座水库，拥有120万亩森林，有南温泉、东温泉等优质温泉资源，有圣灯山国家森林公园等景区景点，有鱼洞乌皮樱桃、五布柚等地理标志产品，是西部第一个"中国温泉之乡"，"首批国民休闲旅游胜地"。

地名由来

- 巴南区，历史上叫巴县，系巴人立国之地。撤县建区后，因位于重庆市中心之南，故名"巴南"。

周赧王元年（前314）始置江州县，南朝齐改名垫江县。北周明帝武成三年（561）易名巴县，后虽境域时有变化，但"巴县"之名 1400 多年一直沿用。1994 年底撤销巴县，建立巴南区，治地不变。此时，"巴南"正式成为政区名称，至今不变。

地名趣谈

• 说到巴南区的历史，不得不说巴县。以前巴县管治的范围包括今天的巴南区在内的很大一部分区域。1754 年，重庆府同知移驻到江北城，并将当时属于巴县的江北镇改为重庆府江北厅，后改名江北县，史称"江巴分治"。也就是说重庆府下面有两个"主城"区：江北县和巴县。

巴县衙门在今重庆市渝中区解放东路太平门内。1939 年因为抗战需要行政区划调整后，重庆成了陪都，巴县衙门在渝中区行使管辖权就显得不合适了。巴县衙门最先搬到九龙坡华岩镇，后又搬到李家沱的马王坪，最后搬到鱼洞才算稳定下来。1994 年，巴县改名巴南区，至此得名 1400 多年的巴县成了历史。1994 年巴县改名时，有关部门曾经就"渝南"和"巴南"之中选哪一个作为区名进行过讨论，最后决定巴县改名巴南，因为重庆是巴国故地，巴文化需要传承，重庆 38 个区县中只有巴南区的名字中含有"巴"字，巴南理应是巴文化传承与延续的载体。

巴南区梳理出的"忠勇守德，尚文崇新"正是巴文化的精髓所在。巴蔓子将军借兵护国，以头谢楚，至忠至勇；《图经》称："巴王、濮王曾会盟于此，酒酣击剑相杀，并墓而葬。"所谓"会盟",便是双方首领谈判,谁知道双方首领都不肯妥协,谈判破裂后"酒酣击剑相杀",为了土地和臣民的利益,巴王可以牺牲自己的生命。

巴国故地,巴南!

◆ 丰盛古镇

◆ 李家沱

李家沱既是一个行政区域地名，也指巴滨路上长江边一处回水湾。在重庆相关的古籍中，并没有李家沱这个地名的记载。在清代巴县各里分布图中，李家沱区域只有一处叫青岩子的地方，并没有李家沱的相关记载。今天李家沱码头西侧青岩子石壁上，还有清代乾隆年间罗文耀留下的石刻墨宝"苍岩耸秀"四个繁体大字。

清代王尔鉴编写的《巴县志》卷一山川部分关于滩的记载里，写到"青岩子大水险"。长江李家沱（青岩子）这一段水流湍急，形成一个很大的回水沱，船只在此经常出事。老百姓为求平安，就在江畔岩石上凿刻出一人像，并时常来祭拜，祈求平安。今天还能看见石壁上的摩崖石刻。

清道光年间，据说有李姓兄弟在此设义渡，时间久了，当地百姓便称此义渡口为李家沱渡口。李家沱的行政名称或许因李家沱渡口而来。

说到义渡，还有一个人值得说一说，那就是今巴南区天星寺镇的乡绅廖春瀛。清道光十四年（1834），廖春瀛一口气捐出年收田租357石谷子的田土，后来又追加银子4712两，合起来凑成1.4万两的整数，添置36艘木船，在海棠溪正式设立义渡。政府为了表彰廖家为海棠溪义渡所做的贡献，曾准备把海棠溪渡口命名为"廖氏义渡"，但是廖春瀛婉拒了这个提议。

除了李家沱义渡，巴南的木洞和鱼洞也有义渡。

民国二十八年，巴县政府从解放东路的太平门内迁到人和场，即今九龙坡区华岩镇，民国三十年，迁驻李家沱马王坪。李家沱有一段时间还是九龙坡区的区府所在地。

从巴县政府迁入开始，李家沱的工商业渐渐发展起来，是重庆南部当仁不让的中心，那时有个流行的说法是"北有观音桥，南有李家沱"。李家沱比较知名的企业有毛纺织染厂、水轮机厂、六棉厂等。李家沱95%以上的居民都是工厂职工、职工家属和退休人员。

◆ **南温泉和东温泉**

重庆温泉享誉世界，有温泉之都的美称。巴南区温泉历史悠久且温泉资源丰富，有"中国温泉之乡"的美誉。在重庆"五方十泉"中，南温泉占有重要的地位，是重庆老五泉之一。

南温泉位于巴南区南泉镇花溪河畔，离市中心仅18千米。景区内有两个泳池，一个室内，一个室外，水温在39～42℃之间。南温泉资源最早被发现于北宋。明万历年间，当地人开挖温泉小塘，修温泉寺，经历代建设、修葺，至20世纪20年代景区温泉初步成型，命名为"渝南温泉公园"。1952年，被正式命名为"南温泉公园"。抗战期间，蒋介石、宋美龄、林森、孔祥熙等长期在此做温泉浴。解放后，朱德、刘伯承、邓小平、郭沫若、黄炎培、张爱萍、杨尚昆等人均到此泳浴过。

南温泉后面有建禹山，传说这里是建文帝避难修行之处，故又名建文峰。峰顶有建文庙，庙中还有让皇殿，庙旁有传说中建文帝用来煮茶的"玉泉"。

走出南温泉公园后门，沿着一条山坡小路约走15分钟便能见到一个溶洞，洞口有一座仙女塑像。相传建文帝避难于建文峰修行时，每天都会得到一盘鲜桃，随行太监非常惊奇。建文帝说："桃是住在山下岩洞里的仙女送的。"而当时正好有一个村姑在山下的洞里修道，后来这个村姑果然得道成仙，所以该洞取名为"仙女洞"。

建文峰的半山腰还存有抗战时期的遗址——孔园，孔园是当时中华民国行政院长兼财政部长孔祥熙的官邸，又名"孔公馆"。孔园是一幢中西建筑风格结合的两层楼房。站在宽敞的阳台回廊上，能俯视整个南泉。孔公馆旁边有林森的听泉别墅。

巴南区有很多温泉，现在开发出来的有八大温泉，设施配套都不错。以前这些温泉或以自然流淌的方式出现，或深埋地下、因施工而被发现。巴南的东泉曾经有一段时间是自然流淌着的，附近的人们都会来泡，这种自然形成又不收费的温泉俗称"野温泉"。当地人们去泡温泉时，会在路口挂上自己的衣服，如果是男子先到，妇女们自然去另一处温泉泡澡，反之亦然。在没有游泳衣的时代，人们泡澡必然是裸泡的，但不是混浴。今天东泉仍有许多"野温泉"，有的被简单修葺的砖墙围住，上面搭建遮雨棚，一股热气腾腾的泉水汩汩冒出，这样的温泉也是免费享受的。

巴南的温泉是值得一泡的，尤其在寒冷的冬天，冷热交替的感觉是绝妙的体验，也是强健身体的最好选择之一。

◆ 鱼洞和木洞

巴南有两个地名很有趣,一个是鱼洞,一个是木洞。

鱼洞得名是因为此地有一片岩石,岩石底部可能是被江水侵蚀,形成一斜洞,鱼喜欢藏于其中,于是称为鱼洞。斜洞旁边的箭滩河在此汇入长江的溪口也因此得名"鱼洞溪"。

晚清第一词人赵熙由泸州坐船去宜昌,途经巴县鱼洞时,看到鱼洞溪江岸风景优美,人与自然和谐共生,心旷神怡,遂提笔写下七绝《鱼洞溪》,为我们展现了百余年前的鱼洞之美。

青山渡口列茅茨,红树苍松点鹭鹚。
野老自工田舍计,行人过此望仇池。

赵熙诗中所说的青山渡口就是今天鱼洞老街公园旁的码头。鱼洞老街位于鱼洞箭滩河与长江交汇处,长江河道在此弯折,形成了天然的"U"字形,鱼洞老街也沿河岸而建。

鱼洞自明朝设水驿开始,逐渐兴盛起来。抗战时期,重庆成了陪都,大量人口涌入重庆,鱼洞也由于居住人口猛增而繁荣一时,鱼洞遂成为重庆小有名气的水码头。

江中有岩洞,鱼在洞中游,鱼洞因此得名。而木洞呢?难道是洞里有木头?那木头又怎么会在洞里呢?传说很久以前,人们在木洞一处山洞里发现许多又大又直的木材,人们认为这是鲁班遗留下来的,称其为神木,然后焚香礼拜将神木取出,用作修建馆学和寺庙的栋梁之材,"木洞"因此得名。

"蹙浪喷江门,幽洞冒琼树。寒林碧参差,秋嶂莽回互。"公元1504年的某天，被贬入川的"明前七子"之一，著名文学家王廷相乘舟经过木洞写下这首诗，诗中也提到木洞的由来，可见木洞之名早就存在。

木洞，北靠长江，东连丰盛，西临广阳，五布江河绕镇汇入长江，自古是水路连川、陆路进黔的货物中转重地，明代设置木洞水驿和木洞里。

唐代大诗人王维曾经路过木洞，面对江面商船云集，远山树木繁盛，石桥隐约其间的景色，写出了"水国舟中市，山桥树杪行"的诗句。

明末清初"湖广填四川"时，有大量湖北麻城、孝感的移民来到木洞定居，木洞人口规模迅速增长，经济快速发展，最终形成了"一里码头五里街"的繁华景象，三百多年来富甲一方。

木洞的繁荣不仅仅体现在经济上，从木洞走出的名人也不少。志在推翻清王朝的革命先驱杨庶堪、新中国第一位女大使丁雪松、著名作家李华飞等均为木洞人。范绍增是著名的抗日将领，国民党第88军军长。人们称他"哈儿师长"，哈儿是重庆方言，书面语为"傻儿"，有傻乎乎、憨厚的意思，但范绍增并不傻，他打起仗来勇猛无比，关于他的电视剧《傻儿师长》《傻儿军长》《哈儿传奇》等相信很多人看过。他出川抗日前，曾在木洞住过，他住过的公馆现在还保留着。

重庆市地名文化故事

- 长寿三杰
- 三倒拐古街
- 从乐温到长寿

区县地名

长寿区
物阜民丰的长寿之乡

长寿区

长寿区民政局 供图

简介

- 长寿区，是重庆陆路的交通枢纽和长江上游的重要港口，属于三峡库区生态经济区，是全国唯一以"长寿"命名的区（市、县）。长寿区位于重庆市境中部、重庆市中心城区东北，东与垫江县接壤，南与巴南区、涪陵区毗邻，西与渝北区相连，北与四川省广安市邻水县接界。长寿区面积1424平方千米。人口69.30万。

长寿自然文化资源禀赋得天独厚，长寿湖、大洪湖、菩提山、桃花溪等自然景观名扬天下，秦代女实业家巴寡妇清、宋代理学大家谯定、现代武侠小说开山鼻祖还珠楼主李寿民等皆为长寿人，以"长于文，寿于和"为核心理念的长寿文化融汇古今。近年来，重点打造的"天赐长寿湖""菩提长寿山""滨江长寿谷"三大百亿级景区独具魅力，长寿湖、长寿菩提古镇、长寿菩提山均获评国家4A级景区，共同入选全市十大旅游度假区。

地名由来

- 长寿区，古称"乐温"，因其地常温，禾稼早熟，民乐之，故名。唐高祖武德二年（619），从巴县析置乐温县，此为建置之始。明洪武六年（1373），以"县北有长寿山，居其下者，人多寿考"，将乐温县改名"长寿"。地名沿用至今，600多年不变。

地名趣谈

长寿县

[清] 陶澍

水曲流巴字,山长幻寿文。

峰峦曾不断,点画若为分。

毅魄嗟猿化,炎黎尚鸟耘。

悬崖碉寨满,指点认斜曛。

陶澍这首《长寿县》指明了长寿区的域特征和城市内涵:河流如网,人寿如山,山水生辉,人文多彩。

长寿区地处重庆腹心,万吨级轮船全年可通江达海,渝怀、渝利、渝万铁路和渝宜、长涪、三环高速交织交会,是重庆水陆交通的重要枢纽。

长寿区内有西南地区最大的人工湖长寿湖、汉代长江北岸赤甲山古战场、唐初永安县治地阳关城遗址、宋代佛教建筑东林寺古刹、菩提山、三倒拐古街,更有闻名于世的御临河畔生物进化活档案"长寿化石村"。

20世纪60年代,朱德视察长寿,对处处寿星的奇迹大为惊叹,于是饱濡浓墨,挥毫题诗:"长江北岸长寿县,九十老人寻常见。七十老人不稀罕,百岁老人仍康健。"

◆ 长寿三杰

长寿历史上名人众多,其中影响深远的有三位,他们也被称为"长寿三杰"。

第一位是巴寡妇清。巴寡妇清是巴郡枳邑枳里乡人,姓不可考,遂以巴为姓,称为巴清。她可以说是那个时代最成功的女企业家。巴清在丈夫死后,继承家族企业,将丹砂开采、水银炼制业务发扬光大,是秦始皇陵里大量水银的主要提供者之一。秦始皇修建长城时,她又捐出巨资,赢得秦始皇的赞赏。因其在政治军事国家建设上的特殊贡献,与另外一位大商人大牧主乌氏倮被国家大力表彰、礼遇。

统一六国之后,秦王嬴政将她留在咸阳客居。巴寡妇清死于公元前220年,葬于秦国都城咸阳附近。秦始皇为表彰其守贞之节,封其为贞妇,下令在其葬地筑"女怀清台",以昭天下。相传女贞子、女贞花就是因她命名。巴寡妇清的事迹分别载于司马迁所著《史记·货殖列传》和晋人常璩的《华阳国志·巴志》中。

第二位是开创"涪陵学派"的儒学大师谯定。谯定,字天授,人称涪陵先生,又称谯夫子,著有《易传》(又称《谯子易传》)。谯定曾赴洛阳师事程颐,成为程颐川籍门人中造诣极深的学者。后程颐被贬涪州,二人便联袂讲《易》于涪陵北山之穴(即今之点易洞),创办白岩书院,使程学在巴蜀传播。刘勉之、胡宪、冯时行、张浚传其学,朱熹为其再传弟子,朱熹之后再传铜梁人度正和阳枋。谯定是程朱理学形成和传播中一个关键人物。谯定后返回家乡长寿，设帐于但渡乡，培养了大批著名的理学家。谯定之学取儒、释、道三家之长而自成一家，为宋代巴蜀理学四大学派之一的"涪陵学派"的开创者。谯定及其"涪陵学派"，从谯定在洛阳和涪陵师从程颐习传算起，到南宋末年阳枋辞世，前后共经历五代学者，近两百年，为中华文化作出了重要贡献。

第三位是近代人李寿民，现代武侠小说开创者，笔名还珠楼主。今重庆市长寿区人，曾被誉为"现代武侠小说之王"，代表作品《蜀山剑侠传》。李寿民与"悲剧侠情派"王度庐、"社会反讽派"宫白羽、"帮会技击派"郑证因、"奇情推理派"朱贞木共称武侠小说"北派五大家"。

李寿民的作品"蜀山系列"，有正传、外传、别传、前传、后传等达到了30多部。毕生著有武侠小说36部（系列）：《蜀山剑侠传》《青城十九侠》等11部出世仙侠（剑侠）系列小说，述正邪两派剑仙间善恶之争，文笔优美，想象瑰丽，且融合儒、道、释三教哲理于一体，寓意深远；《云海争奇记》《兵书峡》等25部入世武侠小说，提倡崇善除恶、诚友义侠，彰显人的价值尊严。这些作品通俗易懂，广为流传，深受大众喜爱。李寿民的武侠著作开创了一个流派，启迪了后来郑证因、朱贞木、梁羽生、金庸、古龙等武侠名家的写作。

◆ 三倒拐古街

在长寿旧城区长江边上有一片明清街市建筑群，它就是三倒拐。与重庆磁器口街一样，是中国历史文化名街。

"爬三倒拐通身汗，下三倒拐脚打颤。"这是当地人传诵一时的俗语。三倒拐（含和平街）全长 2.5 千米，高差 165 米，石梯 5000 余级。街随山走，三拐六段，因走在这条街上会遇着三道急弯，所以俗称"三倒拐"。

明清时期，三倒拐无公路汽车，运输全靠人力、骡马每日往来。客商小贩、滑竿轿夫、挑夫行人摩肩接踵，街道两边各种店铺林立，一派热闹景象。

三倒拐的南侧，有一座名叫定慧寺的古刹。定慧寺始建于宋代，重修于明清时期，为砖木结构的二层阁楼式建筑。其地理位置虽毗邻热闹的三倒拐，但又闹中取静，看出去是烟波浩渺的长江。寺院有大口铜钟一枚，每至晨昏，寺僧撞钟报晓，声传百里，是为"定慧晓钟"，"定慧晓钟"为长寿老八景之一。

三倒拐左边文庙右边武庙，往远处看去，洞沟峡谷，瀑布飞泻，白塔夕照，与怀清台遥望，自成一派风景。

1964 年缆车站建成通车，三倒拐古街慢慢沉静下来。人们大都选择坐缆车出行，这是西南地区轨道最长、坡度最大、运行时间最久的客运缆车。

以前三倒拐街上有长寿土特产雪豆腐制作坊，有自产自酿的酒馆、卷烟厂、布鞋厂、老相馆、川剧院、面粉厂、盐茶店铺、铁匠铺，各种商品琳琅满目。

20世纪50年代，三倒拐居住着数千人，这里是连接新城旧城的必经之道，也是长江岸边通往县内其他地方和垫江、梁平、邻水、大竹、涪陵等地的必经之路。从重庆或宜昌、汉口、南京、上海等地借水道运至长寿的盐、糖、花纱、百货，或经长寿船运外地的大米、粮食、土特产品，都要经三倒拐转运进出。

三倒拐中部原有一座武庙，抗战时期曾作为国民政府第十一陆军医院，专门接收在前线负伤的军人，许多从前线下来的伤员治好伤后就在三倒拐定居下来。

三倒拐不仅记录了长寿数百年的兴衰，更是巴渝市井文化、民俗文化、乡土宗教文化、码头文化、三峡文化的缩影。

◆ 从乐温到长寿

《蜀中广记》之《重庆府·长寿县》记录"乐温山"时引《乐温志》云："乐温山下有乐温滩，在县南四十里，元时置涪陵巡检司，因唐县址也。地气常温，禾稼早熟，因之得名。以此山人多耆耇（长寿之意），亦名长寿山。"从这段话里，我们可以得知，古时长寿（乐温），气候适宜，物产丰富，所以人多长寿。

"乐温"改名"长寿"，大家公认的说法是明大夏政权的丞相戴寿见乐温"城北有长寿山，居其下者，人多寿考"，就奏请天子

· 长寿湖

将乐温改为长寿。长寿山景区寿山上有一片寿字碑林，里面安置了大大小小形态各异的石块，上刻着历代书法家所写的不同字体的"寿"字，其中有王羲之、颜真卿、欧阳询、米芾、苏东坡等大家的书法珍品。

"菩提山上灯一盏，照得北观起烟霞。策马拂烟寻胜迹，觅龙分水涤尘颜。"这首不知道是谁写的诗，但在长寿流传很广。

菩提山是长寿老八景之一，由明朝僧人大智铸铁柱一根，长16米有余，高插峰顶，燃灯于上，夜间灯光四射，灿若星辰，远近可见。民间老人们有个传说，菩提老祖挑着担子路过此地，时值正午，于是放下担子，在黄葛树下摇扇歇息，见此地风景绝佳，决定长居此地。他挥出双手，将那副担子变成了三座山，扁担变成了黄草山，两个箩篼分别变成了晶山（菩提老祖在此布道，又名菩提山）和畾山（现渡舟镇界山）。菩提老祖喜欢的地方想必有奇妙之处，这奇妙处或许也是这里人多高寿的原因吧。

长寿湖是国家"一五"期间狮子滩水电站拦河大坝建成后形成的人工淡水湖。长寿湖水域面积65平方千米，有岛屿200多个，从空中俯瞰，由八个湖汊围合而成的众多岛屿、半岛，形成了一个天然的"寿"字,像一颗璀璨的明珠镶嵌在碧波万顷的长寿湖核心景区。

历史上凡是叫过长寿的地方,都曾经因为重庆的这个长寿而改名。如湖北钟祥,自西魏大统十七年(551)置长寿县,唐宋因之,存续时间长达800多年,明朝初年废止,显系让名于重庆的长寿。黑龙江延寿,清末曾经置长寿县,民国初年,因与重庆的长寿重名,于是从长寿改为延寿。

长寿最长寿的人当属儒学大师谯定,陆游作为谯定再传弟子,其《剑南诗稿·寄谯先生诗序》中,称谯定"其百三十岁犹存",果然长寿!

重庆市地名文化故事

- 黑石山上的聚奎书院
- 四面山的爱情天梯
- 石蟆镇川主庙会
- 白沙古镇

区县地名

江津区

莲的底蕴成就千年古城

◆ 江津区
　江津区融媒体中心　供图

简介

- 江津区，是重庆辐射川南黔北的重要门户。江津区位于重庆市西南部、长江之滨，东邻巴南、綦江区，南靠贵州省习水县，西接四川省合江县和重庆市永川区，北接璧山区、九龙坡区、大渡口区。面积3218平方千米。人口135.96万。

  江津区历史悠久、人文荟萃，是中国长寿之乡、武术之乡、楹联之乡（中国楹联文化城市）、花椒之乡、中华诗词城。江津是明代文渊阁大学士、工部尚书江渊和宋代首筑重庆"九开八闭"坚城以抗元兵的彭大雅的故乡；是聂荣臻元帅的故乡、陈独秀晚年寓居地，诞生了卞小吾、漆南薰、冉钧等仁人志士、革命先驱；孕育出了联圣钟云舫，"白屋诗人"吴芳吉。

  江津区名胜古迹众多，有建于明代的江公享堂、建于清代的白沙聚奎书院，张爷庙石门大佛寺等。江津区境内有天下第一长联、天下第一奇联、西南第一庄、西蜀第一禅林、长江第一大佛。

地名由来

- 江津区，前身为江阳县，以地处长江要津而得名。

  南北朝后期，西魏废帝期间（552—554），西魏趁南梁侯景之乱出兵攻占巴蜀，以此地处长江之阳（北岸），设江阳县。县治在今江津顺江。此为江津建置之始。

  隋文帝开皇十八年（598），因江阳县地处长江之要津，改名为"江津"。此后江津虽然几经分合，在行政归属上多次变迁，但"江津"之名沿用1400多年不变。

地名趣谈

• 江津位于重庆的西南部，是长江上游航运枢纽和物资集散地。早在公元前古巴国都江州（重庆）时，就是巴国重要的贸易集市。现有两条高速公路、两条高铁过境，是川东南、黔北通往重庆的必经之地。

江津是古代重庆文化发源地之一，遗存众多文化瑰宝。其中，名人文化、爱情文化、长寿文化、古镇文化、诗联文化、抗战文化等尤具特色，彰显了"四面山水，人文江津"的独特魅力。

江津地灵人杰，这座城市与莲花似乎有不解之缘，位于江津区几江镇东门外的莲花石，因其宛若一朵朵盛开的莲花而得名。江津石门大佛寺内主供的就是一尊脚踏莲花的水月观音造像，观音造像慈眉善目，端庄娴静，头戴宝冠，雍容华贵中透露着自由自在，是中国最大的水月观音像。还有人说江津主城就像一朵盛开在江州的莲花。

周敦颐说："予独爱莲之出淤泥而不染，濯清涟而不妖，中通外直，不蔓不枝，香远益清，亭亭净植，可远观而不可亵玩焉。"江津人的性格中就有莲的特点、戆直、雅致、包容。而佛教里的莲花还有慈悲和关怀的意思。基于这样的文化基因，所以才有苏轼的儿子苏迈移居江津、杜甫的十三世孙杜莘老迁居江津的故事，中国共产党的创始人之一陈独秀晚年也寓居于此。

◆ 黑石山上的聚奎书院

江津人崇文是出了名的，重庆最早的五举书院就创立于江津，比涪陵的白岩书院还要早。到了清朝末年，江津成为了重庆府中书院最多、学风最盛的县。

明代时，黑石山上曾有宝峰寺和川主庙，香火颇盛。据传清同治年间宝峰寺住持因犯事被驱逐，寺庙渐渐没了香火，僧人们纷纷离去，这个寺庙也就空了，后有识之士在这里设立了义塾。再后来白沙盐商邓清涟与时任白沙团总的张元富在义塾的基础上募资修建书院，后又经江津知县国璋出面劝募，聚奎书院才于1880年正式建成。

"聚奎"是聚天下英才的意思，"奎"主文章，有人才之意。聚奎书院大门石刻对联："知国家大事尚可为也；得天下英才而教育之。"院内石柱联为佛学大师欧阳渐题："是英雄铸造之地；为山川灵秀所钟。"表达的也是这个意思。

聚奎书院山水亭台错落有致，给人一种江南山水园林的即视感，校友吴芳吉在周游全国各地后赞扬聚奎校园说："就同等学校言之，见闻所及，更无风景佳丽胜于此者。"

聚奎书院人才辈出，最出名的当属"聚奎二杰"，即著名诗人吴芳吉、考古学家兼书法家邓少琴、国画家张采芹，三人中最出名的就是吴芳吉。吴芳吉世称白屋诗人，其才华卓绝，为20世纪20年代中国著名诗人。他写的《婉容词》被传诵一时。

抗战时期江津白沙作为陪都重庆的后方，成为陪都三大文化区之一，许多文化名人都和这里有过交集。抗战时期，陈独秀、于右任、文幼章等著名教授、学者、作家、文学家、教育家以及各界知名人士在此登台讲学或演讲，被誉为"川东第一大礼堂"。1940年，陈独秀曾在书院正门内右侧小屋小住一二月，并在此作了他人生最后一次讲演，他说："行无愧怍心常坦，身处艰难气若虹。"

抗战后，举行建院60周年纪念，台静农教授赞道："聚奎能屹然一隅，延续至六十年之久者，诚我国近代教育史所罕见。"

聚奎书院现在为聚奎中学所在地。

◆ 四面山的爱情天梯

爱情天梯是刘国江老人为妻子手工凿成的6208级上下山阶梯，位于重庆江津四面山景区中山古镇常乐村。二位老人因爱情故事被评选入2006年首届感动重庆十大人物，其爱情故事同年又被评选入"中国十大经典爱情故事"。

20世纪50年代，20岁左右的重庆江津中山古镇高滩村村民刘国江爱上了大他10岁而且还有4个孩子的寡妇徐朝清。为了躲避世人的流言，他们携手私奔至海拔1500米的深山老林，自己开垦田地耕种，另靠野菜养大7个孩子，点的是自己做的煤油灯，住的是简陋的泥房——刚到山上时没有泥房子，住的是山洞。

他们的日常生活简单而执着，每天刘国江忙完了地里的活路，都会拿着铁榔头带着几个煮熟的洋芋出门，在悬崖峭壁上凿路，刘国江希望为妻子凿出一条方便上下山的路。整整50年，铁錾凿烂了20多把，刘国江一手一手凿出了6000多级的阶梯，每一级的台阶都不会长出青苔，因为只要下雨后他都要用碱清理。这6000多级的石阶被人们称为"爱情天梯"。而他，也从一个年轻小伙变成了一个白发老翁。

"我心疼他，可他总是说，路修好了，我出山就方便了。其实，我一辈子也没出过几次山。"摸摸老伴手上的老茧，她流着泪对山外来采访的人说。

后来刘国江因为脑血管破裂，陷入昏迷，六天后去世。去世之前，他还用颤抖的手指着墙角的铁锤。徐朝清突然明白他的心思，她将铁锤拿来，又找来一根铁錾，放在老伴身边，刘国江终于安静下来。

"以前一起在山上好安逸哦。怕庄稼被偷，他经常去撵野猪、赶猴子。有一回飞了只老鹰来，把唯一一只下蛋的母鸡叼走了。他怄得很，担心我没得鸡蛋吃了。"回想起当年的生活，徐朝清难掩喜悦的心情。

"爱情天梯"的尽头是刘国江的墓地。凄婉的哀乐中，徐朝清又哽咽着轻声唱起那首她以前和老伴最喜欢唱的山歌——《十七望郎》：

初一早起噻去望郎
我郎得病睡牙床
衣兜兜米去望郎
左手牵郎郎不应

右手牵郎郎不尝

我又问郎想哪样吃

郎答应：百般美味都不想

只想握手到天亮

……

◆ 石蟆镇川主庙会

  石蟆镇境内下场口一大巨石状如蛤蟆，俗称"蛤蟆石"而得名。石蟆镇处江津之西南，渝、川、黔接合部，拥有重庆三环、成渝环线两条高速公路和长江黄金水道 38.8 千米，是长江入渝第一镇、中国历史文化名镇，是重庆市橄榄之乡。石蟆自元末建场，至今已有 700 来年历史。

  石蟆清源宫始建于公元 1510 年，距今已有 500 余年历史，是渝西南保存最完好的文物古迹之一，因供奉川主李冰父子，祈求风调雨顺、五谷丰登而闻名。所谓"川主"，又称川祖，灌口神。是流行于巴蜀地区以及其他巴蜀移民聚居地的重要民间信仰，起源于人们对秦蜀郡太守李冰及其子的信仰崇拜，是一种以巴蜀治水文化为核心内容的民间信仰，求川主保佑巴蜀免于水旱灾害。

  石蟆镇清源宫内曾供奉一座江中沉木雕刻的"大老爷菩萨"。这块木头是在四川合江县石柱寺旁的龙王潭发现的，后来这块沉木被切分为三段，雕刻成三个菩萨，按大小命名。"二老爷菩萨"被供奉在石蟆稿子坝，"三老爷菩萨"被供奉在江津塘河场。据说这三个川主菩萨都非常灵验，每次遇到旱灾，当地百姓就将菩萨老爷抬到合江县沉木发现地求雨。"大老爷菩萨"最为灵验，求雨的队伍还没有返回石蟆，雨就落下来了，而且雨水不大不小，刚好润物无声。"二老爷菩萨"的脾气要大一些，抬他求雨，一般都会是倾盆大雨，把求雨的人淋成落汤鸡。"三老爷菩萨"脾气更大，抬他求雨，经常会电闪雷鸣，狂风暴雨。

据说，1944年开春，120多天滴雨未下，老百姓不能春播。大家抬着"大老爷菩萨"去合江求雨，沿途江津和合江各家禁杀三天。长长的求雨队伍如果要落轿休息，都以香案相迎，仪式肃穆。次日返回时，果然天气变了，乌云密布，三天后，大雨终于落下来了。

清源宫由此名声更大了，引得四方信众都来祈福。有求子女学业进步的，有求老人身体安康的，有求升官发财的。现在清源宫庙会文化节已成为了清醮会、上九会、川主会、灯杆会等四大文化的节日。

◆ 白沙古镇

白沙古镇，因阳光照射下江边沙子呈白色而得名。古镇位于江津区西部长江边，距江津城区 45 千米。素有"天府名镇""川东文化重镇"之美称。

白沙镇历史悠久，早在东汉就有人聚居，形成村落。唐朝时期曾在此兴建大圣寺，《蜀中广记》《太平广记》等卷中均有关于白沙大圣寺的记载。而白沙有典可考的建镇在北宋雍熙四年，即公元 987 年，距今已有千年之久。元末明玉珍以重庆为国都建立大夏政权，把江津改为畿甸邑，白沙镇随之而成为"畿甸"之地。万历九年（1581），白沙设置水驿，白沙水驿与僰溪水驿、汉东水驿、白渡水驿并称为江津的四大水驿。清代中后期以后，白沙古镇凭借水驿之利成为川东、川南一大水路要津，更是川黔滇驿道上的一个重要集镇。抗战期间，江津的白沙坝与沙坪坝、北碚夏坝、成都华西坝一起，并称大后方的"文化四坝"。

有人说白沙镇是因酒而得以建制。古代巴国因盐业而富裕，又得水利之便，粮食充足，自古有酿酒之风。巴人的酿酒工艺高妙，所酿之酒清澈见底，这在古代大多数都是酿浊酒情形下，显得尤为珍贵。宋时，白沙镇的酿酒业已经颇具规模，官府设置了专门的酒官管理酒类的生产与税赋。明朝嘉靖年间，《江津县志》记载：江津产酒甲于省，白沙烧酒甲于津。到光绪年间，镇上的酿酒槽坊一家连着一家，沿长江岸铺满了五里地，被称为"槽坊街"。

清末诗人赵熙曾到白沙镇喝酒，作诗赞誉："十里烟笼五百家，远方人艳酒堆花。略阳路远茅台俭，酒国春城让白沙。"

四川泸州、宜宾属于浓香型白酒的大本营，贵州习水县和茅台镇是酱香型白酒的地盘，而重庆白沙镇是西南清香型高粱酒的发源地。这几个地方相距不超百公里。

白沙古镇依山傍水，自然环境优美。古朴典雅的明清寺庙、学子书院、古街老巷令人向往。这里留下了许多名人的足迹，有爱国诗人吴芳吉，历史学家邓少琴，国画家张采芹，爱国抗日将领夏仲实，油画家陈可之，作曲家王锡仁，前国家女排主教练邓若曾，原国防科工委主任丁衡高上将，原全国人大常委会副委员长、中科院院士周光召等。中国共产党创始人之一陈独秀、原国民政府军委副委员长冯玉祥将军、蒋介石夫人宋美龄等也曾在白沙留下了逸闻趣事。

白沙古镇的建筑依山就势，利用南高北低的特点，曲折蜿蜒，空间上极富变化，景观上生动自然。白沙古镇有 94 处文物保护点，其中包含国立中央图书馆、国民党党史编撰委员会、国立女子师范学院等市级抗战遗址。

重庆市地名文化故事

- 周敦颐和养心亭
- 钓鱼城
- 涞滩古镇和二佛寺
- 龙多山

区县地名

合川区
巴国故都的文脉书香

◆ 合川区
刘勇 摄

简介

- 合川区，是重庆六大卫星城市之一，是重庆主城都市区重要战略支点城市。合川区位于重庆市西北部，东南邻渝北区、北碚区，南接璧山区，西连铜梁区、潼南区，北接四川省蓬溪县、武胜县、岳池县，东北连四川省华蓥市。面积 2344 平方千米。人口 124.53 万。

合川是巴文化的发源地之一，建置已有 2300 多年，历为州郡治所，曾为巴国别都。合川理学文化、廉政文化、龙舟文化久负盛名，孕育了史学家、实业家张森楷，著名爱国实业家、教育家卢作孚，唐朝名相张柬之、理学鼻祖周敦颐、一代廉吏于成龙曾在合川为官，人民教育家陶行知、无产阶级革命家赵君陶曾在合川创业。钓鱼城遗址是国家重点风景名胜区、全国重点文物保护单位，被誉为"东方麦加城""上帝折鞭处"；涞滩古镇是全国首批十大历史文化名镇、中国禅宗古镇，拥有全国最大的禅宗石刻摩崖造像群。合川特产"合川桃片"闻名全国。

地名由来

- 合川区，因嘉陵江、涪江、渠江三江交汇而得名。西魏恭帝三年（556），以三江交汇更名合州。1913 年 3 月，合州改名合川县。此后以"合川"为名，至今不变。

合川历史上最早的名称为"礜（音叠）江"。清代经学及文字音韵训诂学家段玉裁注云："礜江县在今四川重庆府合州，嘉陵江、涪江、渠江会于此入大江。水如衣之重复然，故以絜江名县。"但因传写之误，"絜江"被写作"垫江"，后世历代史籍也皆以垫江为合州的古称，致使后来之人只知"垫江"而不知"絜江"。

地名趣谈

- 合川为三川交汇之处，曾为古巴国之国都。

在合川钓鱼城下的学士山上有一座八角亭，宋代著名理学家周敦颐曾经在此开馆授学、著书立说，写下《养心亭记》等名篇。而山顶就是大名鼎鼎的钓鱼城古堡，合川人民在余玠的领导下，抗击蒙（元）军，独钓中原。

钓鱼城的地理位置注定了它的不平凡。《舆地纪胜》云：合川县钓鱼山上有座双墓。《图经》称："巴王、濮王曾会盟于此，酒酣击剑相杀，并墓而葬。"所谓"会盟"，便是双方首领谈判，谁知道双方首领都不肯妥协，谈判破裂后而"酒酣击剑相杀"，喋血当场。据传巴、濮二王因在山上会盟互刺而死，天帝怒其血秽染胜地，罚二王于坟底悔过。凡二王悔过祈告天帝时，则以烟雾为信号，天帝得报后即命雨伯施水冲洗山上血污，以赎二王之罪。文人将钓鱼山的地形环境与神话结合，命名该处为"鱼城烟雨"，是合川八景之一。传说总归是传说，但是合川城区下雨前，钓鱼城必出现征兆，就是双王坟下会喷出雾气，似鱼嘴在吐烟雾，由小到大，随后笼罩全山，接着雨就落下来。

合川北城蟠龙山上，草木树林茂密，自然生长，远看似乎像"天下太平"几个字，于是此地被评为合川八景之一的"瑞映清风"。

　　三川依旧流淌，合川平地高楼，历史的印记似乎正以另外一种形式融入这片土地之中。

◆ 钓鱼城

◆ 周敦颐和养心亭

在合川钓鱼城下的学士山上,有一座八角亭。据明清《合州志》记载,八角亭始建于北宋嘉祐元年(1056),是合川名士张宗范的私家亭园,后张宗范将其拿来作讲学之用,时任合州通判周敦颐亲自为该亭题名为"养心亭"。

周敦颐利用儒家传统学说,吸收佛、道思想,创立理学一派。周敦颐在此讲学,对宋代四川理学的兴起发挥了重要作用,使理学在巴渝大地得以广泛流传。他的学生程颢、程颐得其教诲,开程朱理学之源。

嘉定十四年,即1221年,合州学士山养心亭遗址出土了周敦颐所作的《养心亭记》石碑。魏了翁知道了这件事,立即上疏朝廷,请求为周敦颐、程颢、程颐、张载加封谥号,促使理学成为"正学之宗"。后此地建立了祭祀周敦颐的祠堂,并在原养心亭的遗址上建养心堂,作教学之用。

哲宗绍圣四年,即1097年,程颐被贬逐涪州,他在涪陵住了两年多,完成了《伊川易传》,与长寿人谯定等共创白岩书院。谯定授学于蜀人张浚、冯时行、张行成及闽人胡宪、刘勉之等人,而胡宪、刘勉之又传朱熹。朱熹是理学集大成者,他的第一高徒即为铜梁人度正,度正再传黄西甫、阳枋等人,阳枋也为铜梁人。理学在合川的开端和发展由周敦颐起,程颐和魏了翁起到了举足轻重的作用,影响朱熹和陆九渊学派的关系以及宋代理学向明代心学的转变。为中国学术思想的交流与繁荣作出了巨大的贡献。

后来魏了翁出使川东时，在合州建濂溪祠纪念他。明成化年间，合州知州唐珣在旧址上重建八角亭，并在亭内墙壁上彩绘周敦颐画像供奉。此处后改建为濂溪书院，再改为合宗书院，是现在合川一中的前身。

周敦颐在《养心亭记》一文中写道：修养心性不仅是节制欲望，而且要没有贪欲。能真正没有贪欲，就能立真诚、明事理。有真诚的本性，就能成为贤人。明事理，就能达到圣人的境界。所以，圣贤不是天生的，必定要努力修养心性才能达到。

一座养心亭，屹立千年，是一次心灵的涤荡，一场精神的畅游。钓鱼城下，学士山上，周敦颐的养心亭飞檐翘角，濂溪书院文脉永存。文化的传承当跨越地理和时空限制，成为人类共有的精神财富。

◆ 钓鱼城

钓鱼城在嘉陵江北岸，传说有一巨神在这儿钓嘉陵江中的鱼，以解一方百姓饥馑，山由此得名，城自然也由此得名。钓鱼城峭壁千寻，古城门、城墙雄伟坚固，嘉陵江、涪江、渠江三面环绕。让钓鱼城闻名于世的是它在世界战争史上创造的奇迹。

宋理宗淳祐二年，即公元 1242 年，余玠任四川安抚制置使兼重庆知府，积极准备抵御蒙古军南侵。冉琎、冉璞兄弟献计余玠，主张"徙合州城"。他们分析:"蜀口形胜之地莫若钓鱼山,请徙诸此,若任得其人,积粟以守之,贤于十万师远矣,巴蜀不足守也。"余玠采纳了冉氏兄弟计策。密奏朝廷,任冉琎为承事郎,代理合州知州;冉璞为承务郎,当理合州通判。

钓鱼城之战又称合州之战。1258 年,蒙古侵略大军进逼四川,蒙哥派南宋降人前去招降,王坚严词拒绝并杀了使者。蒙哥遂决心用武力征服钓鱼城。次年正月,即 1259 年,蒙哥分兵进攻合州、忠县、涪陵,断绝下游宋军的增援,使钓鱼城完全孤立无援。但是,蒙军连续攻打钓鱼城及其周围的营寨却都被击退。四月,蒙军绕道西北攻外城,虽然曾一度登上城头,但仍被击退,蒙军前锋主帅汪德臣受伤而死。七月,蒙哥在督师攻城时负伤,蒙古大军被迫撤退,最后蒙哥死于北碚温泉寺。此后数十年里蒙古军队与坚守钓鱼城的宋军还有过多次战斗,但是都没有攻克钓鱼城。直到南宋灭亡后,忽必烈建立元朝,答应绝不伤害城中百姓,守将王立这才弃城投降。

1235 年宋蒙战争全面爆发,1236 年阳平关之战后,整个四川地区几近沦陷。1242 年余玠入蜀主政,至 1279 年崖山之战宋室覆亡,延续近半个世纪的战争是蒙古势力崛起以来所遇到的费时最长、耗力最大、最为棘手的一场战争。而长达 36 年的钓鱼城守卫之战,更是南宋王朝与蒙古之间的生死决战,影响了中国历史和世界历史的走向,创下了中外战争史上罕见的以弱胜强的战例,钓鱼城因此被誉为"上帝折鞭处"。

陈毅元帅曾有一首诗:"钓鱼城何处?遥望一高原。壮烈英雄气,千秋尚凛然。"

钓鱼城为什么能坚守这么长的时间？除了钓鱼城有利的地形、军民齐心协力之外，传说还和当地的一道美食有关，那就是合川肉片。合川三面临水，空气湿润，食物容易发霉，不容易储存。守城的军民将肉片腌制、切片，裹以米浆面粉，放入油锅里炸成金色，于是一种营养、方便的军粮就做成了。合川肉片便于携带，随时可食用，因此成为守城军民的应急粮食之一。

◆ 涞滩古镇和二佛寺

涞滩古镇位于合川城区东北 28 千米处，在渠江西岸的鹫峰山上，三面悬崖峭壁，是首批历史文化名镇。

涞滩场建于北宋乾德三年，即 965 年，距今已有一千多年历史。这个名称一直沿用至今。

涞滩镇位于鹫峰山上，山下是秀丽的渠江。渠江古时候叫涞水，而此地江段有巨型石滩绵延江中，得名"涞滩"。水运时期，渠江是古代川东北通往成渝地区的交通要道，唐代以来，涞滩恃渠江水运之利和滩头之险，成为往来客商的歇脚处和物资转运站，逐渐演变成为一个江边集市，成为著名的"水码头"。

涞滩古镇四座城门呈"十"字对称，周围寨墙全部是半米多长的条石砌成，形成了环绕着整个古寨的防御设施，直至今天依然坚固，这是川东地区唯一保存完好的古代防御设施。如今古镇内依旧保存着旧时面貌，狭窄弯曲的石街小巷和400多间民居也基本保持了明清时代的原始风貌，古朴而典雅。

涞滩古镇分上场与下场，上场坐落在雄视渠江的鹫峰山上，山上有一座寺庙，原名鹫峰禅寺，就是后来的二佛寺。

二佛寺始建于唐代，依崖而筑，建构奇妙。寺内有释家说法道场摩崖造像1700余尊，气势庄严辉煌，是全国最大最完整的禅宗石刻造像群。至于二佛寺因何得名，明正德十三年《重建鹫峰禅寺记》碑文说明了原因。当时四川有大佛三个，涞滩镇鹫峰禅寺大佛算第二大的佛，因此命名二佛寺。至于当时谁是第一大佛，应该是今天的乐山大佛。

二佛寺不仅仅是一座寺庙，经过人文的渲染，它还有自己独特的文化基因。公元881年，黄巢农民军占领长安，僖宗李儇逃到成都避难。僖宗为消弭兵灾，求助于神灵，特授孙樵上柱国勋级，赐绯鱼袋，于合州涞滩鹫峰禅寺求福。孙樵是唐宣宗大中九年进士，官中书舍人。孙樵办完皇帝交代的任务后，被合川的景致吸引，前往龙多山，"泊车而休，登降信宿"，在合州及赤水县地方官员的陪同下，饱览三日，写下了一篇脍炙人口的《龙多山录》。

◆ 龙多山

"山不在高，有仙则灵。"这可能就是对龙多山最好的注释。龙多山，原名紫薇山，唐朝武则天称帝时曾敕令山僧建"放生池"，更山名为龙多山。唐玄宗时，山僧曾"奉旨醮祭"。龙多山曾是古代巴国与蜀国的界山，现在是潼南和合川的界山，山下有旧赤水县遗址，山上佛教、道教并存。

对于龙多山，古时文人墨客多有著文，其中孙樵的《龙多山录》、李稹的《集圣院记》、冯时行的《龙多山鹫台院记》、刘望之的《龙多山》七言诗，是最重要的篇章。

龙多山有许多传说。相传西晋永嘉三年，即公元309年，有广汉仙人冯盖罗在龙多山上炼丹，一日全家17人从龙多山飞仙石飞升仙去，从此龙多山闻名于世。

龙多山最精华最珍贵的是千余年以来所留下的古石刻艺术。龙多山上的石刻碑记主要集中于东崖一带，时人称之为"碑林"。

龙多山有记录的最早的石刻作品为东晋所刻，但是痕迹现在已不可寻，现存的石刻多数为唐宋明清的遗存。

龙多山摩崖造像现存76龛，造像1742座。其中千佛龛最引人注目，但因风化和人为破坏，多数残损不全。唐代凿造的"十佛龛"和"弥勒佛龛"为珍品。

现在龙多山最热闹的活动是农历三月三的庙会，合川、潼南等周边几万信众都来参加，焚香祈祷，在这几日里，龙多山人山人海、水泄不通。

重庆市地名文化故事

- 跳石河畔
- 朱沱镇
- 茶山竹海
- 松溉古镇

区县地名

永川区
满城物产说掌故

◆ 永川区
刘洪兵 摄

简介

- 永川区，是成渝地区双城经济圈枢纽节点，重庆主城都市区重要战略支点。永川区位于重庆市境西南部、长江上游北岸，东接璧山、江津区，南与四川省泸县、合江县相邻，西连大足、荣昌区，北与铜梁区接壤。面积1576平方千米。人口114.89万。

永川区是国家高新区、国家新型工业化产业示范基地、中国优秀旅游城市、中国书法之乡、中国最具幸福感城市，有古昌州八景——"三河汇碧""桂山秋月""竹溪夜雨""铁岭夏莲""八角攒青""石松百尺""圣水双清""龙洞朝霞"，拥有西南地区首家国家级主题公园乐和乐都、国家级森林公园茶山竹海、全国乡村旅游示范区黄瓜山，有永川秀芽、永川豆豉等全国驰名的特色产品。

地名由来

- 永川区，因"城区三河汇碧、形如篆文'永'字"而得名。

唐代宗大历十一年（776）析泸州、璧山两县地置永川县，此为建置之始。后虽在元代并入合州近百年，但永川之名沿用至今1200余年不变。

地名趣谈

- 永川地处重庆西部，长江上游北岸，是成渝双城经济圈中的重要枢纽地。地势开阔，境内水系发达，森林覆盖面积广阔，气候宜人，交通便利，故而这里自古以来便是物产丰富的富饶之地。这里有远近闻名的永川皮蛋，有川菜常用调料永川豆豉，有绿茶名茶代表永川秀芽，有适宜众多烹饪方法的松溉盐白菜，还有黄瓜山脆梨、来苏香肠、何埂俏表嫂大头菜、五间西瓜、青峰高粱酒等数不过来的特产。每一种物产都与当地的某个地名息息相关，每一种物产的背后，都藏着不为人知的老掌故。

◆ 跳石河畔
永川豆豉满颊生香

在永川区胜利路街道有一条小河,名为跳石河,是小安溪河其中的一段。

永川著名的豆豉,相传最早就是在这里产出的。

相传古时候永川城中有位姓崔的大户小姐,聪明能干又饱读诗书,父亲早逝导致家道中落。为谋生计,崔氏便与丈夫在城东跳石河畔开了间饭馆。

公元 1644 年(明朝崇祯十七年),有一天崔氏正在店里蒸黄豆,黄豆刚煮熟起锅,外面突然人声鼎沸,路人奔走相告,说是张献忠的部队来了。崔氏害怕官兵抢人抢豆,慌乱中将冒着热气的黄豆倒于后院柴草下,带着孩子夺门而逃。

山中躲藏了半月,崔氏一家才返回店里。刚进店就闻到后院有股奇异怪香,崔氏循香查看,发现香味来源于半月前倒在柴草堆里的煮黄豆。可那哪里还有黄豆的样子!豆子变得黑糊糊的,上面生满了霉菌,变成了"毛霉豆"。

崔氏本想扔掉这卖相可怕的"毛霉豆",又觉得有些可惜。明末年年征战,民不聊生,食物甚是稀缺。崔氏心想,这豆子发出的味道倒是极香,或许可以一食。她捡出"毛霉豆"清洗干净,采用腌盐菜的办法,将豆子码上盐,封装进坛子里。

第二年春天,正是青黄不接之时。崔氏想起来那坛"毛霉豆",试着端到饭桌上。经过长时间的发酵,"毛霉豆"褪去了

"毛外衣",变成了色泽晶莹、光滑油黑、清香散粒、化渣回甜的美味,一家人争相食之。

自那之后,崔氏便在自己的饭馆中推出这道菜品。有一天,一位路过的外地商人品尝后赞不绝口,追问这道唇齿留香的菜名。崔氏觉得"毛霉豆"这三个字有些上不得台面,正思索间,忽闻门外邻居小孩说自己掉了牙,又想到客人说"毛霉豆"唇齿留香,急中生智,冲口而出"豆齿"两字。外地商人将"豆齿"误会成了"豆豉",一路走一路宣传跳石河的豆豉。永川豆豉就这样登上了历史舞台。

◆ 朱沱镇
汉东遗址

在永川境内的长江边上有一个朱沱镇。在朱沱镇的汉东村,考古学家发现了一个古代城池的遗址——汉东城遗址。遗址内出土了涵盖了新石器时代、商周、汉代、唐宋元明清等各个时期的文物,专家将其认定为"通史式古城遗址"。

据《江津县志》《新唐书》等文献记载,汉东村曾是唐代设立的万寿县县衙所在地,1979 年朱沱镇从江津县划归永川县管辖。

在汉东村考古发现的出土瓷器,具有十分重要的考古价值。这些瓷器多集中于唐、北宋早期,造型精美,工艺精湛,其中有不少来自景德镇窑、湖田窑、龙泉窑、耀州窑等名窑。这就与重庆本地其他遗址多出土涂山窑或邛窑瓷器大为不同。

与出土文物一起进入考古学界视野的，还有汉东村遗址的构建格局、道路交通、房舍以及地下排水系统，其规模完整，表明了汉东城在宋代时已经相当富庶。

于是，一座千年古城的样子复原在人们面前。

汉东城临长江而建，方圆40万平方米，核心区域2万平方米。城中建有一纵四横五条街道，街道由巨石砌成，宽约4米。四条横街都通向江边，故而，这是一个依赖水运的港口重镇，从这里沿水路出发，上可达四川合江、泸州，下可抵江津。

城中有居民区、商业区、宗教活动区和手工业四个功能区，在居民区，寻常人家居住的房舍多为"两室一厅"。整个古城设有精妙的排水系统，大部分街区设有排水沟；民房内设置下水管道，排污水至长江。管道由陶制而成，像竹节一样段段相连延伸。

汉东城兴于唐，唐代置万寿县，汉东城成为县衙所在；衰于北宋，北宋时撤县，万寿并入江津县，原县辖属地及县衙所在地汉东城，为江津县下辖，成为汉东乡。自此以后，汉东城逐渐没落，最终被黄土深埋地底。

◆ 茶山竹海
掐尖采摘永川秀芽

在永川城北有个茶山竹海风景区,是张艺谋电影《十面埋伏》中竹林打斗场景的拍摄取景地。茶山竹海位于永川境内的箕山山脉,最高峰薄刀岭海拔1025米,是整个渝西片区的最高峰。

箕山,是永川的五大茶山之一。与皮蛋、豆豉一起红遍川渝的永川秀芽,是川渝两地的绿茶知名品牌。永川秀芽的产区主要分布在永川区的云雾山、英山、巴岳山、箕山和黄瓜山。

1959年,重庆市农业科学院茶叶研究所为献礼国庆10周年,决定研制生产一款具有当地特色的茶叶。当时研制出来的茶叶被称为"银芽",由朱德元帅亲自品尝,朱德饮后用家乡话赞叹道:"还是这个茶叶好。"

◆ 竹海

1962 年，因科研需要扩大茶园，茶研所搬迁至茶产地永川。国内著名茶学专家陈椽教授正式为其命名为"永川秀芽"。当时的永川秀芽只有几个专业师傅少量精细制作，产出仅用于评奖和教学等科研领域。这也造成永川秀芽珍贵难得，塑造了品牌形象，一时间川渝两地人人知晓永川秀芽，却求而不得。科研人员和茶厂都不能见其真身，更别说观看制作了，都将它视为神秘高贵的产品，偶得一罐，便束之高阁珍藏起来，哪里舍得喝。

　　直到 2003 年，永川政府为发展茶经济，在首届中国（永川）茶旅会上隆重推出永川秀芽。政府的引导加上市场经济与科技推动，现在的永川秀芽采用机械化批量生产，保证品质、水准统一，永川秀芽"旧时王谢堂前燕，飞入寻常百姓家"。

◆ 松溉古镇
人人都爱盐白菜

　　永川境内的长江边上，还藏着一座历史文化古镇松溉古镇。清光绪《永川县志·舆地·山川》记载："沱上北岸，有后溪水来注之。东岳沱之前，曰哑巴溉，水最险恶，往来舟子不敢作欸乃声，故此以名。"故而松溉一词，原取名自境内的松子山与溉水。

　　松溉的溉，即灌溉的溉（gài），但当地人不这样读，他们读作松溉（jì）。究其原因有两种说法，一说是古时当地出了一位举人，回乡时把溉错读成了"既",因此便延续了下来。一说是乾隆帝乘船经松溉时,误读地名为"松既",皇帝之错谁人敢纠?大家也就跟着将错就错了。

历史上的松溉,是永川、荣昌、隆昌、泸州、铜梁、大足、内江一带商贾来往重庆的必经之地,也是重要的物资集散枢纽。

松溉古镇并不大,镇上仍有原住居民在此生活。除正街外有条解放街,解放街上有处院子,名为陈家大院。

据陈氏家谱记载,清晚期,陈氏先祖陈朝钰只身一人,从巴县冷水场到永川松溉镇做学徒学经商。经过几年时间的打拼,定居松溉,置地兴业,当上了"源顺庆"掌柜。陈朝钰去世后,其子陈开宗子承父业,购置地产,开设"怡庆长"商号,续建陈家大院。

陈家大院是永川当地最为有名的名门大院,微生物学家陈文贵和国际影星陈冲就是陈家大院的后人。

古镇中有一处陈少南故居,四合院的布局属典型川东民居院落,采用抬梁、穿斗木结构形式,枣红色门窗,青砖墙体,小青瓦屋面。陈少南是南宋昌州永嘉县人,年少考中进士,曾官拜礼部尚书郎。南宋时金国入侵,陈少南大胆直言,坚决主战,不料被主和的秦桧陷害,一路被追杀的陈少南逃到永川松溉,最终在此隐居下来。陈少南被称为"松溉教育史上第一人"。他在松溉开馆办学,对松溉教育影响很大。

松溉古镇最有名的物产是松溉盐白菜。川渝一带,民间一直有腌制咸菜的传统,对咸菜的制作有非常丰富的心得。四川泡菜采用盐水泡制,资中冬尖、涪陵榨菜、松溉盐白菜等采用的方式是脱水、封藏而制，又在制作工艺上各有秘方。

松溉盐白菜取料为山东大白菜，当地人称"黄秧白"。每年立春前10天左右，将菜叶洗净、破蔸、浸泡、除残、压榨后，拌上食盐、花椒和中药配料，采用豆豉层层封藏，送入发酵仓内发酵。

一年后开封，取出清洗、晾干，包装成型。盐白菜充分吸收了豆豉的酱香味，变得酱香浓郁、可口美味，是川渝两地以及长江下游地区，人们餐桌上最爱的腌菜之一。

重庆市地名文化故事

- 太平场的雷劈石碑
- 凤嘴江畔的尹子祠
- 龙崖城
- 金佛山的来历

区县地名

南川区

摩登与古韵相济的卫星城

◆ 南川区
陈荣森 摄

简介

- 南川区，属于重庆主城都市区，是全市四个同城化发展先行区之一，具有区位条件优越，生态环境优良，文旅资源优厚。南川区位于重庆市南部，地处渝、黔两地交会点，东与武隆区、贵州省道真县接壤，南与贵州省正安和桐梓县毗邻，西与巴南区、綦江区相连，北与涪陵区接界。面积 2602 平方千米。人口 57.24 万。

南川区历史文化厚重，旅游资源得天独厚，是国家大都市中的"避暑天堂""天然氧吧"，也是首批国家全域旅游示范区、国家中医药健康旅游示范区创建区县。全区 3A 级以上景区 7 个，有雷劈石崖墓群、龙崖城、尹子祠、普泽寺大雄宝殿、太平廊桥、南川天主堂、张之选碉楼等历史文化遗存。境内金佛山为国家 5A 景区，被誉为"南方如初佛地，巴蜀第一名山"，享有"天下第一桌山""地球生物基因库""中华药库""南国雪原"等诸多美誉，是重庆主城都市区唯一的世界自然遗产地。

地名由来

- 唐代綦江县曾名南川县，黄氏《今水经考》载："水为南川江，故县名南川，以岷江自西趋东，此水在其南也。"南江在綦江县称綦江河，"南川者南江之别名也"。所以，南川县有同名异地之历史。

唐太宗贞观十一年（637），析巴县置隆化县，开启县治之始。元世祖至元二十二年（1285），置南川县，南川正式成为政区名称，至今 700 多年不变。

地名趣谈

- 走在南川的市中心,一边是高楼大厦,一边是古朴的尹子祠。有几百年历史的尹子祠三面环水、青砖绿瓦,是南川的地标。凤嘴江上百年龙济桥与现代凤嘴江大桥相得益彰,雷劈石崖墓的古朴石碑与现代沈尹默的书墓表跨时空交集。马嘴山上抗元古堡龙崖城依然挺立,80年前南川上空抗击日军的轰鸣声仿佛还在耳边回响。金佛山上金佛寺,一道高空缆车分割云山雾海,野生大树茶、银杉、珙桐静默了上万年,白颊黑叶猴、金佛山小鲵等构成了罕见的生物多样性景观。金佛山上的霞光金碧辉煌,南川城的三江水源远流长,古韵与现代融合,让南川有了别具一格的气质,它悠然、质朴、风光旖旎,是人们喜爱的休闲之地。

◆ 太平场的雷劈石碑

南川太平场镇的公路边，有一条小溪，叫河沙溪。溪流一路向北，汇入黎香溪，在涪陵蔺市注入万里长江。河岸风光秀丽、古朴，令人心旷神怡。

太平场的雷劈石因何得名？这里还有一个传说。原来女娲娘娘补天时不慎掉落了一块石头，这块石头恰好落入了河沙溪。这块石头表面看起来和普通石头没什么两样，但是被女娲娘娘炼制过，已然不是普通石头，它已经幻化成有灵魂的石头，还自封河神。这块自封为河神的石头可以变化成各种形象，也可以忽大忽小。它时而堵塞河流，掀起波浪，打翻行船；时而让洪水倾泻而下，淹没良田，使百姓流离失所。当地百姓经常杀鸡宰羊烧香祭拜，祈求平安。而此石冥顽不化，自恃跟女娲娘娘补过天，劳苦功高，一点都不体恤百姓的艰辛，依然我行我素。女娲娘娘闻听此事，令雷公电母到人间察看。雷公看见这块巨石堵塞了河道，随即射出闪电击中巨石，电母一剑劈之，巨石化为两半，不能动弹，从此，海晏河清。这就是"雷劈石"的故事。

距离雷劈石数百米的崖壁上，有一排方形洞窟，这就是被确认为市级保护文物的雷劈石东汉崖墓群。在太平场镇，还有一处也被确认为市级文物的崖墓群，两者相距不远。

春秋战国开始，这里的先民就有了崖葬的习俗，包括南川太平场、重庆的綦江、江津和贵州道真等地均发现有大量的崖墓群，但是年代不可考证，只能推测是汉代的，而唯一能够证实确切年代的，只有太平场镇的这两处崖墓群。这处崖墓群是在1987年文物普查中被发现的。碑文为隶书，竖排4行，共10字，高48厘米，宽95厘米。行距大小不等，最大字高28厘米，宽31厘米；最小字高5厘米，宽16厘米。刻于墓门楣上，虽裸露在外，但至今保存完好。石刻的内容看得清楚"阳嘉二年王"等几个字。"阳嘉二年"即东汉顺帝刘保在位的第八年，也就是公元133年，距离尹珍学成回来开馆教学已经过了26载。史载尹珍卒于公元162年，因此有专家认为，这或许是尹珍亲笔所书，抑或是其弟子所书。还有专家认为这块墓碑刻字可能是重庆最早的文字。

尹珍大师把汉文化带到了大西南，这些隐藏在茂密森林里的墓碑，在古今之间隔空对话，传递着这片土地上人们对文明的追求。

◆ 凤嘴江畔的尹子祠

青砖、灰瓦彰显着古典之美，亭台、楼阁交错，明清风格的建筑群在凤嘴江畔格外醒目，这就是尹子祠。尹子祠几百年来静立于凤嘴江右岸的一个岛上，三面环水，青枫茂密参天，沿岸翠柏隐于竹林树丛中，与龙济桥（石拱桥）连成一体，构成一幅古典山水丹青画。

如今的尹子祠内，早已没有了当年的人声鼎沸，充满了与世隔绝的宁静。尹子何许人也？为什么要修建专祠供奉他？晋代《华阳国志·南中志·牂牁郡》载，尹子即尹珍，字道真，东汉牂牁郡毋敛人。今天贵州遵义市道真仡佬族苗族自治县就是为了纪念尹子而命名。汉和帝永元十一年（99），当时20岁的尹珍，胸怀理想，跋涉千里，远赴京师洛阳，拜汉代名儒许慎为师，研习五经文字。公元107年，尹珍学成回归故里，在南川凤嘴江畔开馆讲学，传播中原汉文化。

东汉时的南川，被称为南蛮或者西南夷，"以狩猎为业，不知耕种，长幼无别，不知礼仪"。尹子传授人们农耕技术，培养礼仪规范，"教其耕稼，制其冠履，初设媒娉，始知姻娶，建立学校，导之礼仪"。开启了川黔一带文化教育的先河。在他的影响下，千百年来南川人世世代代继承着赋诗著文、习作书画、崇尚科学、喜爱读书的优良传统。

清光绪二十七年（1901），南川知县雷橡荣又在尹子祠创设海鹤书院，招生研习经史、古文，尹子祠也因此成为重庆目前仅存的三个古书院之一。辛亥革命后，南川青年周佩难、刘文简、童季龄等相继赴京、津、沪等地求学，接受新文化思潮的洗礼。1917年，周佩难、刘文简返回故乡，相约创办新学。1918年，南川道南校（取"吾道南矣"之义）成立，1921年迁至尹子祠教学。道南校在尹子祠办学几十年，在灾难深重的日子里，始终秉承"奋发自强，廉洁为民"的尹珍文化精神，将学校办成了党组织在南川的活动阵地和培育爱国青年的红色摇篮。文化的薪火相传就这样延续下来，今天的尹子祠已经成了南川的新地标，整修一新的尹子祠流光溢彩，焕发出勃勃生机。

◆ 龙崖城

马嘴山是金佛山向东北延伸的一条支岭，山形犹如一匹骏马凌空直立。"马"的颈部山形酷似一个龙头，龙崖城的城门就修在龙头上，其三面悬崖绝壁，只一独径可上，可谓"一夫当关，万夫莫开"，自古为兵家必争之地。

千年龙崖城遗迹，铭记着抗蒙宋军金戈铁马的不朽传说。龙崖城抗蒙遗址四周残墙尚存，高1.2米，有瞭望台、射击孔，居高临下，地势开阔。保留至今的两块碑文，一是抗蒙记功碑，刻于南宋开庆元年（1259）；二是民国五年川军驻守碑记，立于1916年5月。两块碑记录了当年两次战役的大致情形。

1236年，蒙古太宗窝阔台联合南宋灭金之后，背盟毁约，大举兴兵犯川。为抵御蒙军侵略，1239年，管辖綦江县、南川县、播州县的南平军将治所从綦江赶水迁至南川县。南宋宝祐四年（1256）由南平军知军史切举奉旨在马嘴山兴筑龙崖城，宝祐六年（1258）继任知军茆世雄完成最后修筑，龙崖城与合川钓鱼城一南一北，共同构成了川南防御体系。

宋宝祐六年，蒙古大汗蒙哥亲率大军浩浩荡荡杀进四川。1259年春，这支曾踏平大半个欧洲、被誉为"天降神兵"的队伍进入涪州，主力驻扎在涪州西面的蔺市镇。蒙哥派遣一支蒙军向西南挺进，一直杀到龙崖城脚下，但是元军两次攻城，均以失败告终。碑文记载："正月，贼酋重兵攻城，二月再寇，斩房使，焚伪书，诸将争击，贼败而退，献俘授馘，功不一书。"宋将士守城有功，受皇帝嘉奖，并称龙崖城为"邑中第一要隘"。

宋朝火药也应用于国防战争。重庆抗蒙战争中，如在合川钓鱼城、南川龙崖城、泸州铁臂城等，火药兵器等已经大量使用了。一些学者认为，龙崖城抗蒙立于不败之地，除了依靠城池天险，金佛山作为当时的大型熬硝基地，为龙崖城抗蒙军民提供了大量火药也功不可没。

龙崖城下凉风岭左侧峭壁上有一块碑文，是民国初年袁世凯称帝时，一个叫赵冕的连长撰文的。碑文记载，当年袁世凯称帝改国号，各省均已赞同，唯有云、贵将军蔡锷、唐继尧不服，于是"兴兵犯川"。陆军十五师步兵三十六旅六十团三营十二连奉命出击，于民国五年一月抵达马嘴。经过两次战斗，至四月七日取消洪宪国号，袁世凯倒台而北军撤退。赵冕仅以一连兵力死守龙崖城，而使蔡锷、唐继尧部下两次攻城不能取胜，可见龙崖城易守难攻。

龙崖城抗蒙记功碑在城门外右侧约30米处的绝壁上，摩崖镌成，碑高3.5米、宽4.2米，碑文257字，字径14厘米，正楷双钩，雄浑劲拔，古朴遒劲，为南宋开庆元年所刻。这是南川境内现存最早、最完善的金石珍品，为研究宋元之际历史的宝贵文物资料。

◆ 金佛山的来历

金佛山原名九递山。九递山的得名大约是因为站在高处看金佛山，重重叠叠仿佛万丛山脉。金佛山的景色实在太美，宋代有一首诗歌赞美金佛山："朝望金佛山，暮望金佛山，金佛何崔嵬，缥缈云霞间。"（《望金佛山谣》）每当夏秋晚晴，落日斜晖把层层山峦映染得金碧辉煌，如一尊金身大佛交射出万道霞光，金佛山或许因此得名。

金佛山当然少不了寺庙，金佛寺是重庆面积最大的寺庙群，是金佛山四大寺庙之一。金佛山四大名寺是金佛寺、凤凰寺、莲花寺、铁瓦寺。寺前的天生桥，是至金佛寺的必经之路。天生桥高、窄、险，令人发憷，因而有"不诚心者难过天生桥"之说。

关于金佛山的来历还有一个民间故事。据南川老一辈的人讲，南川原本没有这座金佛山，它是被一条孽龙拖过来的山。

据说，李冰父子在修都江堰的时候，一共镇了九条孽龙，后来又治好了洪水，百姓这才得以安居乐业。

有一天，李冰父子出去巡江，负责看守孽龙的金龙、玉鱼就跑到一边玩耍去了。其中一条孽龙便趁机挣断铁链，化作一股黑烟，悄悄地飘出了洞口。它来到三峡发现夔门峡口很窄，就想拖匹山来把它堵住，把巴蜀之地变成一个大水塘，淹死全川老百姓。孽龙四下观望，发现贵州娄山上头有座山峰，离得近，拉起来堵江方便，就飞身前去，施起法术，把娄山拱了一截下来，拖往瞿塘峡而来。

李冰在巡江路上，忽然心绪不宁，就叫二郎神赶快回去。二郎神刚一回庙，金龙、玉鱼就说有条孽龙逃跑了。二郎神跳上云头一看，那条孽龙正拉着一座大山向东跑。这时，刚过二更不久，孽龙已将娄山移到南川境内，如果让它再往前走，不到五更时分就可到达夔门，要是夔门被堵，蜀中成了水国，那还得了！于是二郎神就马上命令金龙、玉鱼赶快下地，就地变山吐水，假造一个三峡地形，把孽龙哄住。二郎神自己变成了一只公鸡冲上云霄，高声叫唤起来。

　　孽龙一听鸡鸣，心头很慌，它担心天亮了自己的法术失灵。它往下一看，呀，下头不正是夔门峡口么？心头一喜，便把山放下来，堵住峡口，而自己也跳进水中游了起来。这时它才发现拉来的娄山并没有完全堵住峡口，无论怎么摆弄，两边总要差一截，总有两股水要往外流。心头正在怀疑自己把尺寸弄错了，忽听天上一声吼，李二郎现出原神，朝它杀了下来。

　　二郎神收服了孽龙，把它押回灌县，重新丢进宝瓶口关了起来。

　　孽龙拉来的那匹山，后来就叫金佛山。金龙当时变成的山，就是柏枝山；吐的那股水，就是龙岩江。玉鱼化成的那座山，就是黑山；吐的那股水，就叫凤嘴江。

重庆市地名文化故事

- 僚人和南平文字碑
- 东溪古镇

区县地名

綦江区

渝黔要道通古今

◆ 綦江区

刁永华 摄

简介

- 綦江区，是重庆的卫星城、主城都市区重要支点、重庆"南大门"。綦江区位于重庆市南部，东连南川区，南接贵州省遵义市习水县、桐梓县，西临江津区，北靠巴南区。面积 2747 平方千米。人口 101.13 万。

綦江区不仅是成渝地区双城经济圈建设和渝黔战略合作的联结点、西部陆海新通道的"重庆门户"，还是一座历史悠久的文化之城，已有 1400 多年的州县建置史。1926 年，重庆最早的党支部诞生于此，是中央主力红军长征过境重庆的唯一地方，孕育了习近平总书记称赞的"英勇善战，屡建功绩"的原红四军军长王良等革命先贤。綦江是"中国农民版画之乡"。区内旅游资源丰富，有白云观、鸡公嘴及明代石门寺石雕、红岩坪恐龙足迹等文化、旅游景点，有黑山、横山、古剑山等休闲旅游区和风景区。

地名由来

- "綦江"之名来源于"古綦市"，江以綦名"綦江"，区以江名为"綦江区"。

唐高祖武德二年（619），分江津县地置南州，并置隆阳县，州治、县治均在今綦江区古南街道，是綦江建置之始。元惠宗至正二十三年（1363），农民起义军首领明玉珍据蜀称帝，在重庆建立大夏国，改元大夏天统。同年改南平綦江长官司为綦江县。"綦江"之名自此始，至今 600 多年不变。

地名趣谈

- 綦江区是一座四面环山、三水交融之城。今天的綦江河静谧沉稳，展现出喧嚣之后的从容姿态。

綦江区在新石器时代就有人类活动遗迹。綦江区的高速发展大致可以分为三个时期。《清史稿·盐法》载："初，川盐以滇、黔为边岸。而黔岸又分四路，由永宁往曰永岸，由合江往抵黔之仁怀曰仁岸，由涪州往曰涪岸，由綦江往曰綦岸。"首站从江口出发，经綦江城区到达东溪羊蹄洞，在羊蹄洞沿岸起盐，主要汇集在东溪镇的王爷庙附近，囤积在专门储盐的房子内，再经过分配，由背盐工人分销到赶水、贵州等地。由盐运而带来沿江市镇的形成，这是綦江区发展的第一个阶段。

綦江区高速发展的第二个阶段是抗日战争时期。国民政府明定重庆为陪都。而川黔公路的首站是綦江，直达贵阳，再延伸至昆明，接缅甸国境，在当时是重要的交通枢纽之一，加之綦江有丰富的煤炭和铁矿资源，民国政府的一些重要军事、政治机关和科技企业搬来綦江，綦江的各项事业迎来了迅速发展。抗日战争时期，大韩民国临时政府曾经在綦江沱湾镇短暂驻扎过。

綦江高速发展的第三个阶段是三线建设时。綦江、万盛、南川在此时成了四川常规武器工业布局的南线。三线建设时期，綦江布局了重庆四钢厂、庆江机器厂、双溪机械厂等多个军工厂。再加上抗日战争时期从南京迁移过来、日后成为中国最大汽车零部件生产基地之一的綦江齿轮厂、飞机制造厂，以及新中国成立后成立的重庆钢丝绳厂、重庆铝厂、打通煤矿、松藻煤矿、南桐煤矿等，使得綦江形成了能源、冶金、齿轮机械三大支柱产业，并成为当时西南第一大工业强区，一时风光无二。

2017年，渝黔铁路全线贯通，重庆与贵州的经贸合作上升到新高度，这给了处在重庆与贵阳两大城市之间的綦江一次难得的发展契机。这条南向通道是渝新欧线上的重要一环，将西北与西南、中西亚、欧洲与东南亚连接起来，形成国际陆海贸易新通道。

綦江区在历史的长河中沉淀了丰富的人文和自然资源，如古剑山、丁山湖、横山、东溪古镇、黑山谷、綦江版画等。什么是綦江？綦江是一幅山水长卷，是一个神秘的值得你来邂逅的美丽之地。

◆ 僚人和南平文字碑

綦江区在新石器时代就有人类活动遗迹，永新镇永城镇出土的一柄新石器时代的石斧、打通吹角坝出土的青铜铣和双耳铜釜等文物就是最好的例证。清溪河岩壁上的僰人穴居、僰人岩墓文化遗址，当地人称为"蛮子洞"，是巴渝文化的重要组成部分。綦江境内有条河叫綦江河，綦江河贯通綦江南北。此河最早叫僰溪、夜郎溪、南江，起初僰人居住于此。后来僚人来到这里，僚人凶狠好斗，僰人远避，迁移到金沙江一带。

僚人约于战国末年开始出现在藻渡河流域，据推测，他们可能是来自于重庆的巴人，也可能是来自于贵州的夜郎人，或者可能是两者的结合。因为他们大多居住在南平一带，被称为南平僚人。到唐代末期，统治者封南平人王才进作为宣慰使，南平人曾经有一段相对稳定的时期。宋初，宣慰使王才进死后，南平人分裂为数个小群体作乱周围。北宋熙宁七年（1074），梓夔访察使熊本率兵讨伐，进驻铜佛坝（今綦江赶水），溯藻渡河而上，在铜鼓滩一带与僚人激战，"焚积聚，以破其党，木斗气索，举溱州五百里地来归"（《宋史·熊本列传》）。此战非常惨烈，大多南僚被杀。经过宋军两次讨伐，幸存下来的南平僚人被迫迁徙，一部分向南迁徙到贵州、湖南、广西、云南等地，另一部分跨国迁徙到越南老挝，还有的到了泰国。

南平僚人虽然离乡背井，不断迁徙，但是他们还是留下了一些痕迹。比如綦江博物馆的镇馆之宝——南平僚人文字碑，这块砂石碑在綦江东溪古镇被发现。此碑外观很普通，高90厘米，宽50厘米，厚10厘米，历经时间风雨已经有些风化，上面刻有看不懂的字符。据重庆商报报道，这一神秘文字碑是一位叫李庆生的村民在綦江县赶水铜佛坝（重煤集团松藻煤电专用铁路线麻沟路段）发现的。

经有关专家研究，这块石碑是当时居住在綦江流域的僚人留下的，一共有108个字符，但是这些文字至今没有完全破解，专家只辨认出了其中的二十几个字符。

在东溪古镇太平桥下游约五十米处，王爷庙的对岸，耸立着四块石碑，石碑高约2.4米、宽约1.2米，每块石碑两侧及顶部都有石板护卫。这四块古老的石碑中有两块石碑上方部分缺失，所有的碑面都严重风化。这就是现存的"南平僚碑"。这些石碑的发现和研究成果一经发布，就引起了泰国有关专家的关注，泰国著名历史学泰斗巴色·纳那空教授，不顾95岁的高龄，于2012年5月5日下午率泰国历史学家考察团，亲赴綦江考察南平僚碑之后，确认泰国人祖先曾在东溪生活，并宣称这是泰国史学上的一个重大发现，石碑上的文字充分证明了泰国文化与綦江文化的历史渊源，是难得的文化遗存。

藻渡河流域一带也发现过僚人残碑、僚人岩画。2006年4月，民俗研究专家、云南社会科学院王国祥教授，对綦江丁山等镇进行实地考察，发现了南平僚"古皇城"遗址。

"百里不同风，千里不同俗"，每个地方的风俗习惯都不同，不同的特点、色彩，汇成一幅幅绚丽多姿的风情画，无不体现出丰富多彩的地域特色，无不展示着它的独特魅力。

◆ 东溪古镇

东溪古镇位于渝黔高速公路的綦江县东溪出口处，距中西城区仅有 1 小时车程。唐高祖武德二年（619）曾在此设丹溪县，历史人文景观十分丰富。东溪古镇是目前留存的最完善的原生态古镇之一，其环境独特、民风古朴、文化形态丰富、布局别致，是重庆十大古镇之一。东溪之名，因"紫气东来，溪水长流"而得名。

东溪在春秋战国时属夜郎古国。夜郎古国臣民多系峒丁、峒蛮、峒僚，除少数居洞穴外，他们大多居吊脚木楼，飞檐走阁，雕龙刻凤，颇具特色。东溪保存的传统吊脚木楼、七孔子崖汉墓群就是夜郎古国的见证和缩影。

走进古镇，脚下磨去棱角的青石板或许就是川黔盐茶古道的一环。周围 3000 余棵黄桷树枝繁叶茂，小桥流水人家，是美院师生喜爱之地。一村、二碑、二石、三宫、三瀑、四街、五桥、六院、七巷、八庙、九市、十景，让人流连忘返。电视剧《傻儿师长》《红色追击令》《记忆之城》《无言的山脉》《失孤》等也来此取景，还是 120 集大型情景电视剧《乡里人家》的拍摄基地。

东溪这个千年古镇流传着许多故事。比如明武宗微服私访东溪，下令改造綦江河，留下"武宗皇帝降旨，孙公豹打滩"的传说。东溪上书村的岩石上刻着三块石碑，该岩石下有一小水沟，沟里溪水流向大河，水沟上用三块石头搭成一座石桥，同时又在该岩石下端刻有一块碑，便有了"一石三块碑，三石一座，一脚踏两省"的说法。此外还有曹天泉与贺龙长谈后立下的"抚我子遗"自省碑等。

东溪镇农民版画渊源于民间古老的木刻版印年画"财神"等，始于宋代，具有一千多年历史。綦江是农民版画之乡，东溪是綦江农民版画的发源地。

"姜麻鸡，白砍鸡，酱油麸醋多放些"，"天天盼赶场，为了哪一样？芝麻杆，麻糖块，糍粑米花糖！"东溪古镇的美食让人流连忘返。

鸡市坡的黄荆豆花，是用当地一种叫臭黄荆的野生小灌木叶制作的。綦江还有一种特色美食：东溪豆腐乳，闻起来臭吃起来香，三天不吃能让人想得慌。

东溪古镇还有许多没有被发现的历史，远古的僰人、僚人以及后来的汉族人民共同写就了属于綦江的文化传承。

- 宝顶山石刻
- 北山石刻
- 南山石刻
- 禅意大足

重庆市地名文化故事

区县地名

大足区
万佛朝宗匠心巧

◆ 大足区
瞿波 摄

简介

- 大足区，是重庆市主城都市区"桥头堡"城市，成渝双城经济圈战略腹地。大足区位于重庆市西部，东北与铜梁区接壤，东南与永川区毗邻，西南与荣昌区相连，北与潼南区、四川省安岳县接界。面积 1436 平方千米。人口 83.46 万。

大足被誉为石刻之乡，是重庆市唯一的世界文化遗产地。大足石刻是世界八大石窟之一，与敦煌莫高窟、云冈石窟、龙门石窟齐名，始建于初唐，鼎盛于两宋，代表了 9 至 13 世纪世界石窟艺术的最高水平，1999 年被列入世界文化遗产名录。联合国教科文组织评价："大足石刻是天才的艺术杰作，具有极高的艺术、历史和科学价值。"

地名由来

- 大足地名来历有三说：一说以境内的大足川（今濑溪河）为名；二说取其大丰、大足之义为名；三说以宝顶山的巨人足为名，但巨人足为宋时所凿，而"大足"县名中唐即取，故此说应不成立。

唐肃宗乾元元年（758）左拾遗李鼎祚奏"以山川阔远"置昌州，同置昌元、静南、大足三县以属，同年析合州巴川县置大足县，大足正式成为政区名称。从此"大足"之名沿用至今，近 1300 年不变。

地名趣谈

大足的故事，离不开石刻。大足位于重庆的西部，地处成渝双城经济圈中，地形地势比起东部的山区来平坦了许多，无论是农耕文明还是现代工业都有着大好的地理优势。但人们谈起大足，话题的最初与最终，多半还是要落到石刻上来。毕竟，这是重庆最拿得出手、最镇得住场的历史文化名片，是受世界认可的最响亮的一张王牌。大足石刻的故事，一本书也写不完。

◆ 千手观音

◆ 宝顶山石刻
佛教密宗的故事线

很多人印象中的大足石刻，就是宝顶山石刻。作为大足整体石刻群中保存最完好、建造最完整、旅游开放最早的石刻群，宝顶山石刻确实具有很高的艺术价值与宗教意义。

但它却不能代表大足石刻的全部。真正意义上的大足石刻，包含了"五山"石刻——宝顶山石刻、北山石刻、南山石刻、石门山石刻、石篆山石刻。山山不同，各有特色。

可以用这样一句话来表达宝顶山石刻在大足石刻中的独特性：它是一个成体系、有规划、有设计思路的佛教密宗道场，它的建造思路有着佛教教义中相对完整的故事线。

众所周知，宝顶山石刻的出资人是一位名叫赵智凤的僧侣，同时他也是整个宝顶山石刻的总设计师。5岁便落发为僧的赵智凤，毕生修习佛教密宗教义，师从柳本尊派。赵智凤学有所成，成年时回到家乡大足，希望将佛法传给家乡人，普度众生。

赵智凤生活于南宋。北方佛教石刻造像之风起于盛唐，晚唐时已衰。后又经五代十国战乱，工匠与其传人们为躲避战乱入川，于大足、安岳周边聚集。一心传扬佛法的赵智凤与工匠们一拍即合，有了在大足用石刻打造一个密宗道场的想法。

"密宗道场"是一个了解宝顶山石刻无法避开的词。很多人不懂，什么才是密宗道场？其实很简单，通俗地解释，所谓密宗道场，就是用完整的故事线讲述密宗教义故事的一处场地。

宝顶山石刻的整个建造几乎都围绕着一处名为"大佛湾"的"U"形山湾进行，从入湾到出湾，一步一窟，一步一像。建造的石刻内容，也按照顺序先讲人生八苦，再讲六道轮回；接着展示佛教众神形象，华严三圣、孔雀明王、千手观音……接下来讲述佛祖释迦牟尼降生与涅槃的神迹；再然后便展示教义中规劝人们处理世事的诸多众生相。

　　生子忘忧恩一组，大方便报恩经变相一组，观无量寿经变相一组，地狱变相一组……佛教密宗中几乎所有具有教化意义的故事，都能在这几组摩崖雕刻群相中见到。它们传递着赵智凤穷其一生都在追随的教义——恩与受、因果与报应。

　　出湾位置的最后，是赵智凤师尊柳本尊的造像与一只相隔不远的赤脚"大足"，这是赵智凤为整个宝顶山大佛湾石刻画下的句号。他为它标明出处，注册商标，并为古昌州更名"大足"提供了有力支撑。

　　这就是宝顶山石刻被称为佛教密宗道场的原因，也是在大足石刻的"五山"中，具有绝对主题中心和完整故事线的唯一一处。然而宝顶山石刻之所以闻名于世，还不仅仅缘于此。整个宝顶山石刻，有着震惊中外的高超古代雕刻技艺。

　　整个宝顶山石刻的雕刻佛像，有着明显的唐代造像遗风。圆润、饱满的面相，工整精细的线条，柔和的雕刻风格，浓重且对比强烈的色彩。其中华岩三圣像中，菩萨手中所托石塔高达1.8米，重800余斤为实现千年不掉的目的，工匠巧妙地利用了菩萨身上的袈裟，将其重力通过袈裟转移至更多受力点处，让石塔稳如泰山。

工匠之巧还不仅体现于此，千手观音是整个宝顶山石刻石雕艺术的巅峰之作。为实现真正达到近千只手的造型目标，宝顶山的千手观音采用了孔雀开屏的创意造型。而一千只手，没有哪两只手是一模一样的，这样的技艺放在今天也是一项难以攻克的技术难关。

　　与此相似的巧思，在雕刻释迦牟尼涅槃像的卧佛时也同样体现了出来。为就山势，在面积有限的山壁摩崖上怎么才能尽量雕出更宏大的佛祖形象呢？工匠们的智慧又一次散发出光芒，用同样的山体面积雕刻半身佛像，酷似画作中的留白，留出观摩者对佛像全身的想象空间，自然就比雕刻全像更为宏大。

　　如果说高超的雕刻技艺是宝顶山石刻的"血"，僧人赵智凤对石刻内容的规划设计是它的"肉"，那么宝顶山石刻从根本意义上来说，就是一件有血有肉、活灵活现的精美艺术品。它的艺术价值、宗教意义和创意设计，为它赋予了值得被世界肯定的声名地位。

◆ 北山石刻
石刻艺术的时光长廊

　　北山，古名龙岗山，位于大足城北。其实这里才是大足石刻最早的发祥地。早在公元 9 世纪的晚唐时期，这里已经开始出现佛像的摩崖雕刻作品了。时任昌州刺史，充昌普渝合四州都指挥使书君靖，在龙岗山上筑建军事堡垒永昌寨。并主持首凿北山石刻，在寨内雕凿"毗沙门天王"像，祈求菩萨保佑，为自己助威壮胆，以免死后因生前杀人过多而下地狱。

与宝顶山石刻不同，北山石刻没有统一的发起者与出资人。北山这块土地，更像是无人统筹的地方，今天你想起来去雕一处，明天他想来又去雕一处。大家各玩各的，不曾对话与通气，也无法对话与通气。因为你和他，中间可能隔着几十甚至几百年的时光。

北山石刻的雕凿年代，主要集中在公元9世纪到公元13世纪之间，长达400余年，跨越了唐、五代十国、宋三个时代。

相传，当年在北山上建造摩崖雕像的人们，多为大足当地的乡绅豪门。北山的每一尊佛像、每一窟石窟，背后都有一个家族无从考证的故事。你为何要刻观音？他为何要刻普贤？甚至有人不刻佛像，刻了一本《孝经》，这又是为何？

佛教自西汉传入我国，盛于唐，衰于宋，北山石刻真实地记录下了这个过程。

北山石刻给人最大的感受，就是透过那一尊尊不同风格的摩崖刻像，能看到历史长河里悠长的时光。看它们从丰满到瘦削，从此起彼落到零零散散，从观音成群到"三清"突显，随着朝代的变迁、时局的动荡、审美的转变，一个宗教衰弱了，另一个宗教崛起了。

北山石刻的命运，比起宝顶山石刻来，与历史的纠缠实在过于密切了。这种密切，也为北山石刻带来了灾难性的破坏。今天的人们愿意相信，当年的北山石刻虽然散乱，但其规模性、影响力是一定比宝顶山石刻更盛的。不然怎会在遭遇"破四旧"等运动时首当其冲？

那些代表着一个时代的神龛、佛像，一个个被铁锹、锄头敲碎，有的菩萨失去了头，有的仙人没有了身，破坏程度之严重，让今天的北山石刻连修复也不可能。

但人终究是能找到办法的。随着现代科技的进步，北山石刻有了一种重新焕发光彩的新机会——3D投影光学修复。

要想看到北山石刻最初的模样，今天的人们必须得夜游北山石刻。多台工程dlp-3D投影机，采用无缝融合拼接及反变形技术，艺术性地对佛像表面残缺部分进行了艺术光学修复。美妙绝伦的光影，弥补了造像因风化褪色引起的视觉缺陷，补全了被人为破坏的精湛石刻造像艺术及其历史演变。

当人们看到北山石刻原先的模样时，才发现原来北山石刻的精致与细节，竟丝毫不输宝顶山石刻，甚至有些作品，比宝顶山石刻的技艺更加精湛。让人不禁感叹科技的力量，是它帮助人们还原了那条时光长廊中最为璀璨的文化艺术。

◆ 南山石刻
唐宋之风的文化差异

南山，位于大足城南约 2 千米处，古名广华山，山上原有道观玉皇观，一直以来都是道家之风水宝地。

南山石刻造像起源于南宋时期，在大足石刻中属中晚期作品。南山石刻造像并不多，整座山上仅五处造像，全为道家仙尊造像，是中国南宋时期雕刻工艺最为精美、神系最为完备的道家造像群。

"南朝四百八十寺，多少楼台烟雨中。"从南北朝到唐朝，是佛教兴盛的年代。唐高宗与武则天对佛教的推崇，加之大唐帝国对各种文化的包容，让佛教在中国的传播达到鼎盛。统治阶层对佛教的偏爱，更是让佛教一时之间凌驾于其他宗教之上。

而时间来到宋朝，自宋太祖赵匡胤利用道教为其夺取政权制造舆论开始，道教开始兴起。太祖登基后，亲自登门向道士苏澄请教治世养生之术，考核京师道士学业整顿陋习，提高道士素质，并大事修建道观。

因此宋朝自建立伊始，就注定了要将道教扶持成为统治阶级依仗的主流宗教。而宋朝的命运也与之信奉的宗教环环相扣，无为而治的淡泊理念让版图越来越小，军队越来越无力，外交处处忍让，经济与文化艺术却达到一个前所未有的高度。

唐人以胖为美，杨贵妃一支霓裳羽衣舞叫人拍案称绝；而宋人则崇尚清瘦，李清照一阕不消残酒自诩三瘦令人心生怜惜。唐人重大局，力求气势恢宏威震四方；宋人重细节，唯愿国泰民安夜夜笙歌。唐人写诗歌，多歌颂大好河山豪情万丈；宋人作词牌，写的是阁楼春光情意绵长……

　　唐宋之风在文化上的差异于大足石刻造像上，也可寻得类似的痕迹。在大足，无论是宝顶石刻还是北山石刻，唐代的菩萨造像圆润饱满，个头都比较大，更注重气势恢宏；而南山石刻的道家仙尊，瘦削清冷衣袂飘飘，个头都比较小。即使是三五仙尊群像的神龛，看上去也精致有余，恢宏不足。

　　南山石刻的三清古洞造像群共有421身仙家造像，排列了从道教"三清四御"到三百六十天尊的完备神仙序列，完整地确证了南宋时期道教神系系统，对道教史的研究具有十分重要的意义。

　　今天的南山石刻鲜有游人光顾，但它却是大足石刻体系中不可或缺的重要组成部分，是构建大足石刻完整体系的必要条件。

◆ 禅意大足
释、儒、道的水乳交融

　　大足因为石刻，成为了一个充满禅意的城市。城中上了些年纪的老人，大多听过一个传说。

　　说是天上有两兄妹，一天无意看出大足这个地方是块风水宝地。但城中的百姓却整日忙碌，从不曾停下脚步体味自己的家乡。于是兄妹二人想着，在大足的南北二山上各修一座高塔，这样人们就能登高看看自己的家乡多么富饶又美丽。

一天，兄妹二人就下了凡。二人在凡间仅得一日时间，便约定比试一番，一人去一座山上修塔，看谁修得快。哥哥去了南山，很快造好了一座稳稳当当的9层实心塔。眼看返回天界的时辰快到了，不知妹妹修得怎样，便去北山查看。

来到北山，只见妹妹修了一座空心塔，塔高12层，但塔身修歪了，摇摇晃晃，眼看就要倒下。妹妹想拆了重修，哥哥忙说没时间了，伸出一脚猛地一踹，将妹妹的塔踢正。二人赶回了天界。

第二天一早，大足的百姓发现，在南山和北山突然耸起两座高塔，都跑去看稀奇。却发现南面这座塔是实心的，上不去。北塔倒是空心的可以上去，但刚爬到第二层，就看到塔身上印着一只巨大的脚印，仿若神造。

这个传说就是大足地名的来历。而传说中的两座塔，真真实实地存在于南山与北山上，一座空心，一座实心。

塔也是佛教的建筑，按照佛教的教义，佛塔是用来存放大德高僧舍利子的。其实佛塔的修建和道家中的仙人应无关联，当年的大足曾有那么多的能工巧匠，在南、北山上雕凿佛像时，抽空建上一座佛塔也是理所当然的事情。

倒是这个传说，完美地将佛家与道家作了融合。而纵观整个大足石刻就能发现，大足石刻早就已经将儒、释、道三家水乳交融地结合在了一起，有机地组合成一个充满禅意的世界。

重庆市地名文化故事

- 茅莱山的传说
- 虎峰山的故事
- 成渝古道的传奇

区县地名

璧山区
儒雅都市田园风

◆ 璧山城区
曾世雷 摄

简介

- 璧山区位于重庆市西部、长江上游地区、重庆大都市区内，东与沙坪坝区相邻，东南与九龙坡区接壤，南与江津区相连，西与永川区毗邻，北与合川、北碚区相连。面积914平方千米。人口75.60万。

璧山历史悠久，地灵人杰，人才辈出，走出的重要人物有宋代状元冯时行、蒲国宝，明代著名史学家江朝宗，民国著名法学家江庸等。境内人文景观和自然景观交相辉映，古有"璧山八景"，今有"一泉两山三湖"自然景观，更有国家城市湿地公园观音塘湿地公园、秀湖公园等诸多人文景观。璧山区曾荣获"中国人居环境范例奖""国家园林城市"等荣誉。

地名由来

- 璧山古称"壁山"。唐《元和郡县图志》记载："壁山县，本江津、万寿、巴三县地……川中有一孤山，西北二面险峻，东南面稍平，土人号为重壁山，至德二年（757）置县，因山为名。"又因境内"山出白石，明润如璧"，清雍正六年（1728），改"壁山"为"璧山"，沿用至今。

地名趣谈

• "小城故事多,充满喜和乐。若是你到小城来,收获特别多。看似一幅画,听像一首歌。人生境界真善美,这里已包括,小城故事真不错!"庄奴写的这首歌词正是璧山的真实写照。

庄奴,著名词作家,与大陆的乔羽、香港的黄霑并称"词坛三杰",晚年定居璧山。

璧山自古人才辈出,史称"巴渝名邑"。璧山紧邻重庆中心城区,北靠铜梁区、合川区、北碚区,有"重庆西大门"之称,成渝古道东小路、成渝古道东大路,和渝合古道交会于此。驿站、塘汛、铺递,官差往来,商贾云集,名冠巴蜀。

古道成就包容性格,处世大气,东南西北,"来了就是璧山人"。千百年来,留下了许多传说、诗词、人物故事,镌刻成璧山文化永远的记忆!

◆ 茅莱山的传说

"茅莱仙境"是清代璧山八景之一,景点在璧山区大兴镇均田村和茅莱村交界处的一座孤山上,山上古木参天,翠竹成林,环境清幽。有一座建于宋朝的普泽庙,殿中内礼奉土主神。普泽庙后岭上有石洞,相传古时有神仙出入。明代马应祥在洞上书有"仙洞"二字。传说茅莱山山脚有仙女留下的脚印和仙女洗脚池等。但是这里流传最广的是庙后梭米洞的故事。

传说很久以前,璧山县茅莱山上的寺庙里住着一个长老和尚和他的两个徒弟。一天早上,两个徒弟打开山门扫地,发现门槛边睡了一个奄奄一息的白胡子老汉。师徒三人把老汉抬进了屋,又端来稀饭喂老汉喝下,几天后白胡子老汉活了过来。他无儿无女,长老和尚就让在他寺庙里住下了。

白胡子老汉平日也帮寺庙做点事情,比如洒扫庭院等。可是他的饭量很大,一个人的饭量当他们师徒三个人的。寺庙里的米越来越少,因为干旱,周围村民的收成也不好,也没有多的粮食供养寺庙。两个徒弟有点着急了,长老和尚却没有说什么。而这位白胡子老汉每天干完寺庙里的活计以后,就拿着錾子和手锤钻进后山的洞里,也不知道在干什么。终于有一天,庙里的最后把米吃完了,长老和尚抱歉地对白胡子老汉说:"老施主,从明天起,庙里就断粮了,还是请老施主自行方便吧!"

白胡子老汉笑着说:"我也正准备走,感谢你们师徒诚心招待我这些日子,我给你们留了点礼物在后面山洞里的石孔里,你们自己去取吧!"说完,白胡子老汉化成一股青烟瞬间消失得无影无踪。

师徒三人来到后山石洞里,发现洞壁上有个新凿的圆形石孔,当他们走近圆形石孔时,石孔里梭出来了一股米,那米不多不少,刚好够他们师徒吃一天。第二天再进洞,那石孔里又梭出了够三个人吃一天的米。从此,师徒三人就不再为一日三餐发愁了,专心修佛。

后来又有云游的三个和尚来到庙里,梭米洞流出的米增多了,也够六个人吃。再后来因为天灾,当地的老百姓来到庙里讨斋饭,梭米洞流出来的米继续增多,也够大家吃的。

一时间茅莱山寺庙有梭米洞的消息在民间传开了。听说茅莱山寺庙能吃饱饭,周边一些和尚纷纷过来投奔。一天,轮着一个新来的小和尚到梭米洞接米,他觉得米从一个小石孔里梭出来,速度慢,就想当然地认为只要把石孔扩大,米就会梭得快。于是他跑回庙里拿来了錾子手锤对着石孔就凿,一锤打下去就把石孔打了个缺口,石孔里的米却停止了流动,洞里黑乎乎的,什么也没有了。小和尚知道闯了大祸,哭着回庙里向长老和尚请罪。长老和尚长叹一声说:"非尔之过,天意如此矣!"

从那时候起,茅莱山梭米洞再没有往外梭过一颗米,而梭米洞的故事却一直流传到了今天。

◆ 虎峰山的故事

距离璧山县城东南方向十七八里有座山名叫虎峰山，山势雄伟，山峰陡峭，远看像一只老虎匍匐在那里，虎峰山因此而得名。"虎峰马迹"是璧山八景之一。

传说虎峰山顶上有神仙骑马留下的马蹄脚印，马蹄印里的水经年不干，这是璧山老百姓人人皆知的事情。有些人不相信，故意选择艳阳高照的大晴天爬到山顶去查看，结果马蹄印那里果然是湿润的。

这座虎峰寺清朝就很有名气，清同治《璧山县志》卷一《寺观》载："虎峰寺在县南二十里虎峰山，寺有川主观音二殿。"

关于"虎峰马迹"有一个传说，传说和虎峰山的虎峰寺有关。有一天傍晚，虎峰寺的和尚到山腰去挑水，水还没有打起来，却听见对面的草丛里发出簌簌声响。和尚停下手里的动作，抬头往声响的地方看去，不禁大吃一惊，只见一只吊睛白额大虎正虎视眈眈地望着自己。

和尚大骇，不知所措。人虎对峙许久，眼看天色越来越暗，和尚拔腿就跑，猛虎在后紧追。和尚慌不择路，待跑到山顶时，只见四周悬崖峭壁，已无路可去，而老虎就在后面几米处。

这时，天空闪出一道光亮，只见一神将骑一匹白毛白蹄的战马，手执三尖两刃刀，带着哮天犬，一跃就到了山顶，三两下就降住了猛虎。那白马在山顶奔跑留下马儿的脚印，这就是"虎峰马迹"的来历。

为感谢菩萨救命之恩，和尚募资在寺内建川主殿，塑神像供奉。川主信仰是流行于巴蜀一带重要的民间信仰，起源于唐朝之前巴蜀地区对于秦蜀郡太守李冰及其儿子二郎神的信仰崇拜，是一种以治水文化为核心内容的民间信仰。川主菩萨显圣之事不胫而走，从各处来朝拜的香客络绎不绝，寺院香火日盛。

清乾隆初，县令黄在中游历虎峰寺，并赋诗一首："翠峥嶙岣古寺东，扪萝天半得相通。花开荚蝶清宵露，树吼狻猊午夜风。岭外鹤归僧入定，云间犬吠马行空。当年浪说神驱虎，万叠巴山一望中。"

虎峰山的寺庙一直保留到了新中国成立以后，1966年，一场"破四旧，立四新"的运动席卷了全中国。一天下午，一个小名叫作赖儿的年轻人带了一群"红卫兵"冲进了虎峰山寺庙，他们抡起铁棒钢钎一番打砸，最后这座千年古庙成了一堆瓦砾、一片废墟。据说那个名叫赖儿的年轻人后来也不怎么走运，一次上山砍柴时，跌下深沟摔断了双腿，当地老百姓说那是老天给他的报应。如今璧山县政府正在规划将虎峰山打造为森林公园，相信"虎峰马迹"景点一定会焕发奇迹。

◆ 成渝古道的传奇

成渝古道是古时重庆到成都的必由之路，全长540千米，通行了上千年。

明朝时期，成渝南道成为官方驿路。南北两条成渝古道，统称为"成渝古道"，南道为"东大路"，尽人皆知；北道为"东小路"，却鲜为人知。成渝古道上成天有快马、商队、轿子、游人往来，繁盛一时。

成渝古驿道沿途共三街五驿四镇七十二堂口，一个堂口为7.5千米路程，成渝之间540千米，一般人要走半个月。不过，官方快递消息最快只要8个小时，每跑7.5千米路程就换一匹马。

成渝古道最著名的驿站当属来凤驿，它与龙泉驿、双凤驿、白市驿并称为明清时期的"四大名驿"。当地一直流传着"有凤来栖"的传说，据说曾有人在这里亲眼看见过凤凰，"来凤驿"这个地名也因此得名。

成渝古驿道的真正衰落是在成渝公路建成之后。1933年，历时六年修建的长度为438千米的成渝公路通车。汽车的开通，极大地冲击了以马匹、人力为动力运输的成渝古驿道，比如来凤到老关口一段就从此废弃了作为成渝干道的功能。但是来凤驿却是成渝公路经过的地方，不但没有受到冲击，反而比以前更繁华。在这种背景下，"来凤鱼"横空出世，风靡一时。往返重庆、成都的人们不管是去还是来，均要在来凤歇息并美美地享受一番鲜鱼的滋味，人因鱼留，鱼以人传，"来凤鱼"成为一个菜品的传奇，走向全国，走出国门。

但来凤驿最终还是衰落了。1995年成渝高速公路开通了，这条高速公路绕开来凤而去，更惨的是没有在来凤留下出道口，人们想吃来凤鱼就非常不方便了。"来凤鱼"的名气渐渐暗淡，其地位被"翠云水煮鱼"替代。再后来旧城改造，老房子拆了，高楼拔地而起。来凤古驿连同璧山境内的成渝古驿道从此仅保留在世人依稀的记忆中。

其实，璧山境内的古驿道，除了成渝路，还有两条不得不提。第一条是重庆经璧山到合川境内的渝合古道，再北上南充经剑门关出川的驿道。重庆陆路出川，璧山是必经之地。重庆城区的一到五塘，现存璧山境内的六塘、七塘、八塘和合川区境内的九塘、十塘，实际上体现的就是这种驿道的驿站设置方式。"塘"是清代绿营兵驻守的最小单位，遍布各省府州厅县间的大小官道和水道，每站间隔数十里不等，配有一定数量的兵丁和烟墩、望楼等设施。

第二条是璧山县城往东，经凉亭关翻过金剑山（缙云山脉的一段），到沙坪坝区陈家桥再翻越歌乐山（中梁山脉的一段）到达重庆。这是连接璧山与重庆市区的捷径，在千百年的璧山发展史上一直起着极其重要的沟通两地的作用。

以上两条驿道也随着抗战时期公路的大量修建而逐渐衰落，古驿道上清脆的马蹄声遂成千古绝响。如今，成渝、渝遂、渝蓉高速公路，成渝城际铁路的开通已经让璧山以全新面貌在巴蜀大地上实现着新的腾飞。

重庆市地名文化故事

- 铜梁的龙灯文化
- 黄桷门的传奇
- 安居古镇

区县地名

铜梁区龙文化的新内涵

◆ 铜梁区
　铜梁区文化和旅游发展委员会　供图

简介

• 铜梁区位于重庆市西北部，属重庆大都市区，是中国人民志愿军特等功臣邱少云的故乡，是汉版铜梁龙灯的发祥地。东南邻璧山区，南接永川区，西南界大足区，西北靠潼南区，东北毗连合川区。面积 1340 平方千米。人口 68.57 万。

铜梁区有涪江、琼江、小安溪、平滩河、久远河和淮远河六条主要河流，属长江水系嘉陵江流域。铜梁区是铜梁龙灯的发祥地。铜梁龙灯又称"铜梁龙舞"，是一种以龙为形的舞蹈艺术形式，兴起于明，鼎盛于清。铜梁龙舞包括龙灯舞和彩灯舞两大系列。2006 年 5 月 20 日，铜梁龙舞经国务院批准列入第一批国家级非物质文化遗产名录。凭借铜梁龙灯，铜梁多次入选"中国民间文化艺术之乡"名单。

地名由来

• "铜梁"得名于境内铜梁山。虽因行政区划的变迁，铜梁山如今在合川区境内，却是当年铜梁得名的由来。宋太宗太平兴国年间的《太平寰宇记》卷一百三十六《铜梁县》明确记载："（铜梁）以铜梁山为名。"明万历《合州志》卷一："（铜梁）山有石梁横亘，其色如铜，故名。岩有'铜梁山'三字。"

"铜梁"作为地名，最早出现在先秦。自从得名"铜梁"之后，无论行政关系如何划分，这个名称两千多年以来从未改变。

地名趣谈

- 说到铜梁,人们会立即想到"铜梁龙舞","铜梁龙舞"几乎成了铜梁的标志。其实铜梁不仅仅拥有"铜梁龙舞",在这里,龙文化、巴渝文化、移民文化、抗战文化、宗教文化相互交融,述说着数不尽的千年传承。

铜梁拥有厚重的历史文化。1976年修建西郭水库时,发现了距今两万多年前的旧石器文化遗址,被中科院命名为"铜梁文化";俗称"小兵马俑"的铜梁明墓石刻仪仗俑也在这里被发现。从古至今,众多文人墨客出生于铜梁,或在铜梁留下足迹,成就了这座城市与文化的千年情缘。度正、阳枋师徒对"涪陵学派"的传承功不可没。一门三进士的王氏父子以及张佳胤等名人辈出。"大师铜梁秀,籍籍名家孙",杜甫字里行间流露着对铜梁大师的敬仰。千年前,这片乐土上衍生出来了"龙文化",龙,代表团结拼搏,象征幸福吉祥。腾飞的铜梁龙,是艺术,更是精神。

◆ 铜梁的龙灯文化

"龙文化"已经成为铜梁最为鲜明的文化符号，和这座城市有着无法割舍的联系，而最能代表铜梁龙文化的便是"铜梁龙灯"。在重庆铜梁区的玉皇村龙文化展览馆，大型的龙灯彩扎灯组陈列在入口处。这是一条标准的"大蠕龙"，拥有24节龙身，代表着24个节气，总长度达到50米。2017年底跨年，铜梁龙灯在美国纽约时代广场的表演，更是惊艳了世界。

清光绪年间，《铜梁县志·风俗篇》生动记载了铜梁龙舞的盛况：上元张灯火，自初八九至十五日，辉煌达旦，并扮演龙灯、狮灯及其他杂剧，喧阗街市，有月逐人、尘随马之观。可见舞龙灯在铜梁已经成了文化习俗。

关于龙这个形象的成因有多种说法。闻一多先生认为龙的主干和基本形态是蛇，它糅合了蛇的身、猪的头、鹿的角、牛的耳、羊的须、鹰的爪、鱼的鳞。龙作为华夏总图腾，其渊源是上古时代图腾的南北之分，北方以猪为原型，而南方以蛇为基形。黄帝统一了各个部落，将这些部落图腾组合在一起，形成了华夏民族敬仰的龙的形象。"铜梁龙舞"便是华夏龙文化的一种具体表现。

"铜梁龙舞"的起源可以追溯到远古的蛇巴文化。重庆古称"巴"，有人认为巴即"蛇"，古时的大巴山也叫蛇山。宋人罗泌《路史·后记》卷一则说："伏羲生咸鸟，咸鸟生乘釐，是司水土，生后炤，后炤生顾相，（降）处于巴。"从这段文字可以看出古代巴人的祖先来自伏羲和女娲，而伏羲、女娲的形象就是蛇尾人身。今天璧山等地还发现了汉代浅浮雕伏羲、女娲蛇身人首连体交尾图的石棺，表明该地区的人们把蛇作为祖先图腾是一种比较普遍的现象。

相传伏羲、女娲造人时，奔波劳累，逝于山野，他们的拐杖变化成龙，龙代替主人行使未竟的任务，降伏鬼怪，控住瘟疫，由此该地区就有了舞龙灯祈祷的习俗。不仅铜梁有舞龙灯的习俗，以前巴县姜家镇的龙灯也很有名气，北碚的板凳龙也更是吸取了舞龙的精髓，乡民用板凳组合成一条可以无限延伸的龙。

但是为什么今天"铜梁龙舞"大放异彩，成了重庆龙文化的标志？有关专家认为这和当地的历史地理有着密不可分的原因。如今在铜梁的安居古镇还能感受到铜梁龙文化鼎盛时期的气息，用一句话总结就是桥梁雕龙，院门饰龙，堂屋画龙，节日挂龙灯，城门取名"迎龙门"。古镇安居位于琼江、涪江交汇的南岸，水运发达，货销四海，财达三江，吸纳着不同的传统文化，对铜梁龙文化的形成和推广起了一定的作用。

铜梁龙灯经过数百年的演变，种类繁多，除了"大蠕龙"和"火舞龙"外，还有用竹子做龙骨借助灯火而起舞的"彩龙"；有龙身能伸缩转动的"肉龙"；有旱天求雨，舞动时可以泼水的"黄荆龙"；有秋收之后稻草扎成的"草把龙"；还有用白花扎成，用来祭祀亡灵的"孝龙"；甚至大白菜也用竹竿穿起来，做成"菜龙"……

中国是龙的故乡，凡是重大节庆活动，都能看到龙的身影。而"铜梁龙"是中国龙文化的杰出代表，被誉为"中华第一龙"。

在第十八届群星奖颁奖晚会上，铜梁代表重庆表演的《龙把子》成功摘得最高荣誉——群星奖。

◆ 黄桷门的传奇

黄桷门在巴岳山风景区北山一处古道的两侧。黄桷门，顾名思义是由黄桷树构成的门。它由两株黄桷古树组成，这两棵树的树龄均在 300 年以上，树枝粗大、虬劲，枝叶繁茂，翠绿墨绿相间，要好几个成人才能合围。这两树在离地约 3 米的地方，居然合为一体，两树之间没有缝隙，下面自然形成一个天然的"门"。这"门"不算小，可同时供三名游客并肩通过。让人称奇的是，在相偎相拥约 1 米之后，两树又忽而分开，把各自的枝干尽情向天空伸展，枝枝叶叶，密匝匝相互掩映，组成一把遮天蔽日的硕大绿伞。黄桷门如两尊镇山的天神，形成一座自然的山门。

这两棵黄桷树为什么长成门的样子，还有一个动人的爱情传说。据说很多年前，巴岳山静广寺的和尚慧明爱上了前来进香的姑娘郭香妹，但郭母极力反对：和尚怎么可以和普通人谈恋爱呢？世上优秀的男子那么多，为什么要与一个和尚恋爱呢，这也有违公序良俗呀！但是不知道为什么，这个郭香妹非慧明不嫁，而慧明呢，也动了凡心，立志还俗娶亲。为了拆开他们两人，郭香妹的母亲故意设立一个不可能实现的誓言，她指着山下的两棵黄桷树对慧明说："若两树为一，方能娶吾女。"

两棵树怎么可能合在一起？但是慧明还是义无反顾地还俗了，还俗后就在树旁搭建了一个小茅屋，每天焚香祈祷、汲水浇灌。时间一天天过去了，但黄桷树还是老样子。周围的人都觉得慧明在做一件傻事。甚至有些人赌咒发誓时都不忘加一句"除非黄桷树长拢！"

慧明的行为最终感动上天，观音菩萨使两树雌雄合一，慧明也娶了郭香妹。从此，黄桷门就成为爱情忠贞的象征，四面八方的恋人都来祈愿，得偿所愿的恋人会在树上挂一条红绸带，渐渐地，黄桷门这两棵黄桷树上挂满了红绸带。后来这两棵树就被人称为"情人树"或"鸳鸯树"。

◆ 安居古镇

安居古镇位于铜梁城西 17 千米处，是一个距今有 1500 多年历史的古镇。

安居古城始建于隋开皇八年，原为赤水县，明成化十六年更名为安居县，取"安居乐业"之意。雍正六年（1728），撤安居县并入铜梁县。乾隆四十一年（1776），置安居为乡。1961 年，设安居镇。安居镇自古便有"安居依山为城，负龙门，控铁马，仰接遂普，俯瞰巴渝，涪江历千里而入境"之说。历史上的安居镇帆樯蚁聚，商贾云集，贸易繁荣。

安居旧屋老宅依山傍水，沿中轴线布置，平地建民宅，山地为庙宇。以李家祠堂，王恕、吴鸿恩两个翰林院和朱大夫第为典型的四合院，堪称明清山地建筑的范本。在这里，你可以看到各种文化融合而成的、最能代表中国传统文化的历史画卷。

"月出江头半掩门，待郎不至又黄昏。深夜忽听巴渝曲，起剔残灯酒尚温。"这首明朝诗人王叔承路过安居古镇时留下的《竹枝词》，能让诗人一直等待而没有愠怒，想必是为当时的美景所吸引。安居古镇附近有一座玻仑山，山上有一座千年古寺（玻仑寺）。寺内有如来佛像，右臂下垂，左手捧念珠齐胸前，双目慈祥凝视。中秋之夜，皎月凌空，月光透过窗棂，直射佛主手心，宛如捧月。人们便以为这是"玻仑捧月"。但是旧县志却说："涧鸟飞鸣，水镜冰轮，月光似从山顶涌出，飞挂于老树虬枝间，寺后山石嶙峋，高不胜寒，下方仰视，又疑巨灵伸指，捧出白玉盘也。"无论哪种说法，讲的都是安居古镇江和月构成的美景。

"但愿人长久，但愿花长秀。琵琶声声诉衷肠，泪湿罗裳透……"这是著名川剧《碧玉簪》中的经典唱段。讲述的是铜梁安居翰林王玉林与尚书千金李月英的爱情故事。今天他们的府邸旧址仍在。在安居这样的历史名人府第比比皆是，每一栋老院落都有着自己非凡的身世和传奇的故事。从宋代至清代，小古镇共出过四位翰林，他们是王恕、王汝嘉、曾毓璜、吴鸿恩。这里出过礼部尚书李志、河南巡抚胡尧臣、安徽巡抚王汝璧、福建巡抚王恕等。据统计，安居自宋至明清，中举人者多达200余人，其中进士23人，举人17人，解元1人。

有人说安居古镇是每一个人心里的原乡，那长长的石板老街，两沿参差错落的木板壁，隐藏在青山绿水中的青瓦房，都浸透着历史的沧桑。安居每一个时期都不乏名人的印记，这里既有冯玉祥将军宣传抗日、刘伯承元帅发动革命的足迹，又有中央陆军军官学校第十四期办班的旧址。

安居古镇有保存完好的明代城墙、城门，现在还能找到残留着唐代诗人韩愈的"鸢飞鱼跃"和宋代书法家米芾的"第一山"的石刻，古镇依然保存有清康熙年间"湖广填四川"时各省移民为同乡联谊所建的湖广会馆、福建会馆、江西会馆、广东会馆等。

安居的"九宫十八庙"，现万寿宫、下紫云宫、元天宫、城隍庙、东岳庙、妈祖庙等八处保存较好。这些古建筑风格各异，造型独特，是龙文化、宗教文化、码头文化以及琼、涪两江四岸的沿江巴文化的交融和传承。

重庆市地名文化故事

- 崇龛古镇
- 双江古镇
- 大佛寺

区县地名

潼南区

仙音古韵伴禅声

◆ 潼南区
李屈 摄

简介

- 潼南区位于重庆市西北部，是川渝合作门户之城、成渝双城经济圈枢纽之城。东邻合川，东南连铜梁，南接大足，西南接四川安岳，西邻四川遂宁，北环四川蓬溪县。面积 1583 平方千米。人口 68.81 万。

潼南历史悠久，人文厚重，诞生了革命先驱杨闇公、共和国第四任国家主席杨尚昆、解放军上将杨白冰等时代伟人，孕育了道教至尊陈抟、明代重臣吕大器、清代廉吏张鹏翮、川剧大师廖静秋等历史文化名人，传承了太安鱼、狮舞、扯扯灯等市级非物质文化遗产，涵养了红色、廉政、家风、非遗等优秀文化，是中国民间文化艺术之乡。

地名由来

- 潼南区曾名"东安县"。建县创议于清宣统元年（1909）。至民国元年（1912）二月，经四川军政府批准，乃正式建县。由蓬溪拨出东乡，遂宁拨出上安、中安、下安三里为新县辖地，县名定为"东安"，取东乡与上、中、下安里联合设县之义。1914 年，因东安县与湖南、广东等省县名重复，故以本县设于梓潼镇，归潼川府辖地，居府之南，改称潼南县。2015 年 6 月，撤销潼南县，设立潼南区，地名至今不变。

地名趣谈

• 潼南从地理上来说，更偏向于四川盆地的特征。涪江与琼江两江穿境而过，浸润出丰富的物产资源与人文历史。潼南的当地民俗特点，也更倾向于以盆地为主的四川民俗，这里的人们崇尚吹打乐器，爱听滑稽喧闹的传统川剧，喜爱热闹的舞龙、舞狮等民间表演艺术。这里走出了道儒祖师陈抟，走出了川剧大拿廖静秋，走出了革命先烈杨闇公；这里汇集了道家仙音、佛家禅音、杨氏古韵和"打莲箫"、川剧、女子舞狮等传统舞艺，是不折不扣的音韵之乡。

◆ 双江古镇

◆ 崇龛古镇
陈抟故里寻仙音

对于历史，人们通常喜欢将其分为"正史"与"野史"。中国古代有许多接近神话的传说人物，这些人物在正史中通常并无记载。而陈抟老祖或许是一个例外，他是正史记载中最接近"神仙"的唯一。

陈抟，晚唐至北宋年间人，字图南。陈抟的号很多，且大半由中国古代当权者赐赠。陈抟自号"扶摇子"，取自《庄子》一文；赐号有"清虚处士""白云先生""希夷先生"等。

关于陈抟的故里，一直以来有争议，主要有两种说法。一种说法来自记录北宋杨亿言行的《杨文公谈苑》，称"陈抟，谯郡真源人，与老聃同乡里"，即河南省鹿邑县。另一种说法源自北宋李宗谔编的《祥符图经》分册《普州图经》，称"陈抟，字图南，崇龛人"，即重庆潼南崇龛。这个争议直到今天都无法得出定论。

潼南人相信崇龛才是陈抟真正的故里，认为陈抟故里在河南的说法有些牵强。无论是张方平的《乐全集》还是司马光的《资治通鉴》，采用这个说法的原因皆为陈抟晚年修行于华山。而史实记载陈抟入道时第一处选定的修行地址，却是武当山九室岩。且陈抟在他所著的《易龙图》的自序中，也称自己为"西蜀崇龛人"。

陈抟的形象在史料记载里是一位儒家隐士，说他四五岁时在河边遇青衣妇人以乳哺之，此后聪慧过人，史学百家一见成诵。后唐时陈抟参加过一次科举，榜上无名后转而学道，修行于武当山九室岩。

后周周世宗信奉道家，为充盈国库，举国寻找点石成金之术。有人将陈抟之名报于世宗，被世宗召见。

陈抟与周世宗密谈国事长达一月之久。其间世宗向他寻求点石成金之术，陈抟回答道，君为一国之主，已经做得很好了。国库空虚是因为连年征战，你只要养精蓄锐，专注于治国之策便可解决，何必将精力浪费在这点金之术的无稽之谈上呢？

周世宗对陈抟大为欣赏，力邀他入仕为官。陈抟坚决地辞谢，并说"自己不过是一名远离尘世的普通道人，既无仙法也无能力。世宗若真心赏识自己，便请让自己隐居山林过闲适的生活"。周世宗于是派人送他回去，每每当地官员入朝，都托他们给陈抟带去茶叶、布匹等生活物资为礼。

北宋时，陈抟隐居华山修行。宋太宗赵光义也曾两次召见陈抟向他请教国事。宰相宋琪与其他大臣不理解，宋太宗便解释说陈抟是真正的隐士高人，他不为名利独善其身，他自称经历了五代离乱，年纪近百，我认为他的看法值得一听。宋琪与其他大臣于是也将陈抟召来相见，故意要他传授长生不老之术。

陈抟笑答：我只是一名山野隐士，哪里懂什么长生不老之术！就算懂，对这世道又有何好处呢？如今天下太平，圣上又是如此一位明君，正是君臣上下同心治理国家的好时机。在这样的时候去寻求长生不老之术，是不是有点多此一举呢？

宋琪等听罢，对陈抟大为赞赏，不仅派人送他回去，还向华山当地官员嘱咐，以后陈抟若有任何物资之需，由当地政府一应满足。

史料记载陈抟的两次对答都充分表明，陈抟对于朝局的判断是精准的。他能一针见血地指出当权者面临的首要问题，劝诫当权者不要寄希望于寻找捷径，而是应从自身做起，面对问题解决问题。

除此以外，他还能敏锐察觉到问询者的用心，用一种智慧的方式来应对对方设置的陷阱。这种集儒道二学所成的大智慧，确实配得上他世外高人的人设。

在民间传说里，陈抟又有另一种形象，传说中的陈抟具有未卜先知和点石为金的"神仙"能力。

第一个广为人知的故事发生在华山。说宋太祖赵匡胤还是一名军中小将之时，路过华山，听闻山上有道人陈抟棋艺精湛，于是上山求对弈。二人对弈三局，前两局各有输赢。到第三局时，陈抟眼看就要输了，却将衣袍覆于棋盘上，对赵匡胤说：下棋不能没有彩头，不如赌上一局。

赵匡胤无以为注，顺手一指华山，说道便以此山为注。陈抟却不以之为戏言，认真接受了这个赌注。其实陈抟心里已经算出赵匡胤将来必是九五之尊的身份，所以才等着赵匡胤说出这句话。棋局继续，五步之内，陈抟强扭败局，大获全胜。事后赵匡胤复盘棋局，发现自己无论怎么落子，都必输无疑。

赵匡胤登基后，兑现了自己的诺言，将华山赠于陈抟。陈抟体恤华山百姓，免除了华山周边所有人家的赋税。这就是"五步定华山"和"华山无赋税"的传说。

陈抟被称为"一睡成仙"，据说睡觉是他独特的修行方式，通常一觉睡醒，身上已经积满了尘灰。传说中彭祖活了800岁，而陈抟一觉千年，醒来问彭祖，彭祖已经升仙。

还有一个故事来自崇龛。在崇龛境内有一处八角古井，古井旁住着一户孤儿寡母的人家。陈抟途经此处，见这户人家家境艰难，于是衣袖一挥，将井中凉水变为醇香白酒。儿子靠着卖酒，渐渐改善家境，母子俩的生活宽裕起来。

过了几年，陈抟再经此处，遇见卖酒的儿子，便向其打听近况。小伙说日子过得不错，但若是能再有酒糟喂猪就好了。小伙子向陈抟提出要求，希望陈抟再为他变一个能出酒糟的猪槽。

陈抟大怒，斥责小伙子贪念过重，有了美酒还想要猪槽。伸手一挥，井中香酒变回了凉水，留诗一首，拂袖而去："天高不算高，人心比天高。凉水变酒卖，还嫌无酒糟。"

在今天的崇龛镇西郊的会仙桥下，的确有一口八角古井。穷人卖酒的传说已经无从考究了，但这口井在当地也算是颇有神奇之处。千百年来，这口井的井水从不枯竭。1978年潼南百年难遇的大旱，连琼江都枯见河床，城中枯井四现，而这口井也始终出水如常。

陈抟在易学爱好者眼中，不是隐士也不是神仙，而是理学的开创大家。他的一生，著有《麻衣道者正易心法注》《易龙图序》《太极阴阳说》《太极图》和《先天方圆图》等易理、易象著作。后来的理学大家邵雍、邵伯温父子，朱震等人的理学研究，都基于陈抟的易理而来。

今天的潼南崇龛已经成为了著名的油菜花乡，在规模宏大的油菜花田里，有一处以菜花和麦苗为介质绘制的巨大太极图，如同"麦田怪圈"一般刻画在花海中央，是崇龛人对一生传奇的陈抟老祖表达的纪念。

◆ 双江古镇
杨氏民宅访古韵

潼南双江镇,是一座至今仍保留着清代民居建筑风格的古韵小镇,是重庆的十大历史文化名镇和中国第一批十大历史文化名镇。

这里和全国大多数的古镇以一条主街为干道的风格大不相同,双江古镇的街道呈网字化结构铺就,主街与支街交错并行,区别不甚分明。青石板铺成的老街两旁,全是错落有致的深深庭院,行走在这里,时常会迷失方向,不知身在何处。

整个古镇上遍布清代庭院,有著名的"禹王宫""杨氏民宅""兴隆街大院""源泰和大院""邮政局大院(杨闇公旧居)""长滩四知堂(杨尚昆旧居)"等。其中,杨氏民宅是我国至今保护最完整、规模最宏伟、最具民俗特色的四川清代民居。

杨氏民宅共有院落四进,共计 51 间房屋厅堂,大小天井 10 个,光是院中大门就达 108 扇,精美雕花门窗 300 余堵。整个院落从动工到竣工,用时 12 年。中国著名建筑学家梁思成曾称其可与北京什刹海贝勒府第媲美。

大宅主人杨守鲁是清朝双江首富,也是前国家领导人杨尚昆的堂伯。作为杨氏一族的族长,杨守鲁以一己之力,打造了潼南双江杨氏的饱学世家。他早年曾考为清贡生,却无意仕途,一心经营家族生意和主持地方事宜。尤其对子女后代的教育关注有加,不仅提供万卷藏书供族中后辈阅读,还开办杨氏私塾,聘名士为后代讲学。

他经营"杨三泰"盐号和"川源通"商号，积极联姻政界，在川东盛极一时。对于家族利益分配，他也有自己的独到之处，在分家时便提留族产，作家族公益经费。他开办永绥小学，设立大学留洋助学金，使杨氏族人后辈人人有机会前往先进地区与发达国家学习。

在他的培养下，杨氏一族后辈崛起，个个都是响当当的人物。

革命先烈杨闇公，曾任中共重庆地方委员会书记，在"三三一"惨案中不幸牺牲；国家领导人杨尚昆与杨白冰兄弟，一个曾出任中华人民共和国主席，一个曾进入中央政治局出任委员。

杨守鲁自家一族，长子杨筱鲁曾任江苏金坛县知县，儿媳陶香九是我国近代史上第一个出版诗歌专集的女诗人；次子杨稚鲁曾任四川丰都县知事，以副修之职完成了第一部《潼南县志》；长孙杨肇沂，曾任北京地方检察厅奉天高等审判厅推事；次孙杨肇煁是潼南第一个获得法国博士学位的人，回国后曾任南京国民政府立法院立法委员、上海法政大学校长等职；四孙杨肇嬿，中国著名物理学家⋯⋯

杨氏家庭的其他子孙，很多在政治、经济、文化的各个领域出类拔萃。潼南双江杨氏，传古代之家风，行当代之雅韵，乃当之无愧的饱学世家。

◆ 大佛寺
涪江岸边听禅声

大佛寺位于潼南城西的定明山下，始建于唐代，称"定明院"，后因宋代时在寺内依山凿建一座大佛造像而更名为"大佛寺"。

潼南紧邻大足、安岳，五代时造像匠人因躲避战乱入川，会聚周边一带，于同一时期在大足兴起石刻之风。潼南与安岳也有石刻造像之风气，大佛寺便是其中的一处代表之作。

旧时人们喜欢在临江位置的摩崖上雕刻佛像，著名的四川乐山大佛便是如此。这样做是因为水系发达之地常有水患之害，雕刻大佛寄托着人们以佛法镇压水患的美好愿景，潼南的大佛寺亦出于此因。就在七檐佛阁左侧的崖壁上，现今仍能看到七个年代的洪水标记线和题刻，皆为明、清不同时期的洪水水位记录。

潼南大佛寺现有大佛阁、观音殿、玉皇殿、鉴亭等四座木结构古建筑，为佛、道融合的造像作品。大佛的头和身成像年代相去甚远，佛首为唐代时所造；佛身从北宋建到了南宋，历时26年。后明、清、民国时期，先后为大佛四次重装金身，才呈现出今天所见金光灿灿的大佛。

大佛寺是历代文人墨客过往潼南时必到打卡地，在沿江的丹霞绝壁上，至今保留着他们镌刻的题记、诗咏、碑碣和相关造像。在丹霞绝壁的最左边有一怪石，人称"鹰岩"，据说站在岩前屏息宁神，就能听到石缝中传来僧人诵经的绵绵"海潮音"。

重庆市地名文化故事

- 安富街道的荣昌陶瓷
- 万灵古镇

区县地名

荣昌区
四大名物出棠城

◆ 荣昌区
荣昌之窗 供图

简介

- 荣昌区位于重庆西部,重庆、四川两省(直辖市)接壤处,是重庆主城都市区"桥头堡"城市、重庆西部门户、辐射渝西川东区域的中心城市,有"海棠香国"和"渝西明珠"之美誉。东与大足区、永川区接壤,南与四川省泸州市泸县毗邻,西与四川省内江市隆昌市相连,北与四川省内江市东兴区、安岳县接界。面积1079平方千米。人口66.90万。

荣昌古称"昌州",雅称"海棠香国",有"中国四大名陶"之一的"荣昌陶"、"中国三大名扇"之一荣昌折扇,有起源于汉代的"天然纤维之王"夏布等国家级非物质文化遗产。荣昌人杰地灵,是著名廉吏、"天下清官"喻茂坚的故乡,涌现出了"东方凡·高"陈子庄、"诗书画"三绝的屈义林、著名史学家李新和吴雁南等杰出名人。荣昌被誉为"客家文化活化石"。境内有宋代宝城寺、铜鼓山摩崖造像、南宋白塔、千佛古窟等古迹等旅游景点。荣昌猪是世界八大名猪之一、中国三大优良地方猪之一,区内有国家级重庆(荣昌)生猪交易市场。

地名由来

- 荣昌,因县地与荣州接界,归属昌州,取荣、昌两州首字命名,寓意"繁荣昌盛"。

荣昌古为"昌元县"。因县地唐初为泸、普、渝、合、资、荣六州之界,唐肃宗乾元元年(758),遂置昌州,同时分置昌元、静南、大足三县。以州治设在昌元，为昌州首县，故名昌元县。昌州、昌元县的建置，是今荣昌地区建县的开始。明洪武四年（1371），以原昌元县绝大部分地区改置荣昌县，此后"荣昌"之名沿用700多年不变。

地名趣谈

• 唐宋之际，昌州遍植海棠。昌州"二千里地佳山水，无数海棠官道旁"，这种海棠不仅颜色美、枝形佳，还带特别的香气，其果实也是一种美味，人称昌州"海棠香国"。昌州大部分属地在今天的荣昌。

今天荣昌香味海棠基本绝迹，不过荣昌四大名物倒是声名远扬。荣昌四大名物是指荣昌陶、荣昌夏布、荣昌折扇和荣昌猪。

明末清初，荣昌和四川其他地方一样，因为持续的战争，加之灾荒和瘟疫，人口锐减。清政府采取"移民实川"的措施，民间称之为"湖广填四川"。荣昌是移民在川中的一个重要聚居地，康熙、乾隆年间不少人来到荣昌定居，他们带来了自己的文化和技术，并与当地文化、技术交融，形成移民文化。这些文化交融充分表现在荣昌的三大"非遗"上，即荣昌夏布、荣昌折扇和荣昌陶瓷。荣昌折扇是中国四大名扇之一。始于宋，发展于明嘉靖年间，清光绪年间达到鼎盛。荣昌折扇在第一届中国国际智能产业博览会上，被作为"市礼"送给前来参会的1000多名国内外嘉宾。荣昌猪是中国三大名猪之一、世界八大名猪之一。荣昌猪1957年被载入英国出版的《世界家畜品种及名种词典》，1984年被列入全国著名地方良种猪，1985年被列为国家一级保护品种。

"海棠不惜胭脂色，独立蒙蒙细雨中。"濑溪河畔的海棠公园，大秆海棠、特种海棠等古老海棠品种正展示其独特魅力。"枝间新绿一重重，小蕾深藏数点红"，香水榭、观风阁、听风台等景点，让人体会到自然诗意的乐趣、千年棠城的雅致。漫步棠城，一定能触动你心里最诗意的地方。

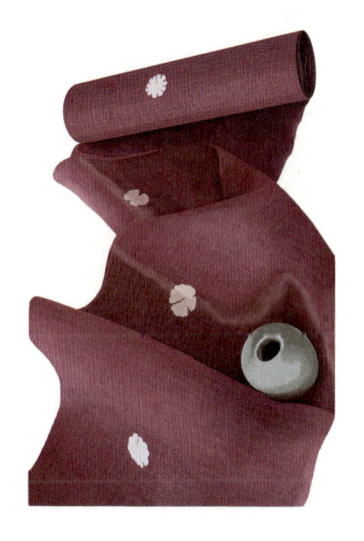

◆ 夏布

◆ 安富街道的荣昌陶瓷

　　荣昌陶主要产于现在的安富街道。荣昌陶、江苏宜兴紫砂陶、云南建水紫陶和广西钦州坭兴桂陶合称中国四大名陶。

　　有史可据的荣昌陶器最早出现于汉代，明清时代得到广泛发展，100多年前就销售到东南亚地区，现在是整个西南地区最大的陶瓷生产基地。目前安富街道所有的学校都开设有陶艺课。"安富场，五里长，排列泥精列成行"，"前山矿子后山炭，中间窑烧陶罐罐"，从宋代就开始流传的民谣生动形象地描绘出当时荣昌陶器的生产规模和销售盛况。

　　荣昌陶器"红如枣，薄如纸，亮如镜，声如磬"。尤其叫人称绝的是，荣昌陶器所储藏的物品不串味、不变味、不渗色，可以长期保质、保味、保鲜。因为本地煅火料松树和青冈树油脂含量特重，荣昌紫砂泥烧制过程中，杠炭的油气在窑炉里慢慢地挥发，让每一件陶器都能慢慢地渗透油火之熏，形成自然油润的亮感。荣昌陶器画在巴蜀文化的基础上吸收外来文化，形成了自己古朴、雅俗共赏的特点。

　　荣昌陶器离不开优质的土壤，关于荣昌独具特色的陶土还有一个传说。当年大禹带着玄龟去治水，几次路过家门而不入。有一天他路过家门，在门外听见儿子的哭声，他很想进去抱抱儿子，可是又担心抱了儿子以后就走不了，最后狠狠心还是没有进去。但是父子连心，走了一段路后，心里又十分想念儿子。大禹就扯了路边的一团草来搓手上的泥土，因为心情郁闷，一不小心把手划伤了，鲜血滴在玄龟背上，把玄龟背上的神泥弄湿了一大块，后来这些神泥落在荣昌安富街道上。这些泥土自动生长，一下子就长到了几千亩，所以现在安富街道的泥土有两种颜色，沾染上血迹的泥土是红色的，没有沾染上血迹的泥土就是白色的。

荣昌区安富街道规划了陶都自然风景区。整个风景区占地10961亩，有古宋陶遗址，明清时代龙窑、阶梯窑等25处，其中，刘家拱桥的宋陶遗址占地两平方千米，遗址陶瓷碎片堆积如山，其中不乏精品。人称"九宫十八庙"之一的"火神庙"在安富街道也保存较为完好。荣昌陶器盘活了新旧景点，是一个值得一去的地方。

◆ 万灵古镇

万灵古镇原名路孔古镇，位于荣昌区城东，濑溪河斜贯全镇。古镇东北靠丘陵山峦，街市依山而建，山、水、城交相辉映、自然天成，如诗如画，有"小山城"的美誉。

万灵古镇是一个因水而兴的寨堡式古镇。南宋时期，全国政治中心南移，万灵古镇连通漕运，官府的钱粮兵器都需要从这里运输，本地产的贡品蜂蜜、花粉等也由濑溪河转运临安，万灵古镇成为了水码头与物资集散地，饭馆、客栈以及堆放货物的码头商铺应运而生。

康熙、乾隆年间，外省移民来到了万灵。为了方便同乡间的交流，这些外省移民集资修建了会馆，比如"湖广会馆"。因湖广会馆奉祀大禹，故民间又称之为"禹王宫"。

清代嘉庆时期，为对付白莲教起义，举人赵代仲规划并督建了寨堡城墙，开东西南北四道寨门，分别名太平门、狮子门、恒升门、日月门。

万灵古镇曾叫路孔古镇，因为清代有集市名路孔场而得名。2013年，通过翻查历史资料发现"路孔"的称呼仅有200余年历史，而"万灵"的称呼远在路孔之前，有450多年的历史，曾与大足石刻、乐山大佛齐名。为更好地还原古镇历史，在全镇98%的居民支持下，经重庆市人民政府批准，"路孔"正式更名为"万灵"。

万灵古镇的尔雅书院是明朝刑部尚书喻茂坚出资修建的。嘉靖二十七年，喻茂坚因替弹劾严嵩而获罪的谏官夏言陈辞，受到夺俸处分。次年，喻茂坚辞官回荣昌故里，修建了这座"尔雅书院"，"尔雅"，即雅正而深厚之意。

万灵古镇上还有一个建筑，是移民文化的典型代表，那就是赵氏宗祠。赵氏宗祠系赵氏族人填川至此六十年后建成，清光绪三十四年（1908）重修。后又几经修葺，保留四进三重堂的规模。一重供族人聚会，子弟课读；二重供家族议事，严肃家规；三重供奉两宋十八帝君及祖宗灵位，以行祭祀隆典。荣昌赵氏入川始祖赵万胜是北宋景祐年间进士、京师号称"铁面御史"赵抃的第二十三代孙。入川始祖赵万胜夫妻率领7个儿子和1个儿媳妇，从湖南邵东出发，挑着箩筐，历经千难万险来到荣昌，春耕秋种，繁衍子孙，建立起了自己的家园。

"今尔兄弟当其始迁，务必学友起家，诗礼传后，克勤克俭，俾里为仁里，户为良户"写在赵氏族谱的首页，就是告诉子孙后代要如何做人，如何教育后人。

万灵古镇是一部浓缩的历史，在这里追古思今，你就会发现文化融合、勤劳致富、耕读传家、忠义爱人的中华民族的传统美德的传承。这种美德在小城的静谧之中，在城市的喧嚣之中，不知不觉地融入了每一个从这里走出的荣昌人心中。

重庆市地名文化故事

- 盛山积翠
- 汉丰湖畔
- 举子园中
- 南门红糖

区县地名

开州区
文教昌盛的富饶之地

◆ 开州区

开州区文化和旅游发展委员会 供图

简介

· 开州区，是成渝地区双城经济圈、万达开川渝统筹发展示范区、三峡城市核心区、万开云板块一体化等的重要组成部分。开州区位于重庆市东北部，渝东北三峡库区与秦巴山脉交会地带，东与云阳县和巫溪县接壤，南与万州区相邻，西与四川省开江县、宣汉县相连，北与城口县相接。面积3963平方千米。人口120.33万。

开州物华天宝，人杰地灵，孕育了自强不息、敢为人先、开明开放、开拓开创的人文精神，开州素有"金开县""举子之乡""帅乡"之美誉。这方水土曾养育出清同治年间两江总督李宗羲、"公车上书"开县六举子、14名红岩英烈，特别是走出了共和国一代"军神"刘伯承元帅。开州地方特色民间艺术车车灯、巫舞被列入重庆市级非物质文化遗产保护名录。辖区内长沙镇享有"橘乡"之美誉，是全国25个柑橘重点生产基地之一，被国务院评为"全国柑橘生产样板镇"。

地名由来

· 开州区，古称"汉丰"，后因南河古称开江，州、县俱由此得名。

东汉建安二十一年（216），蜀先主从朐忍西部析置新县，取"汉土丰盛"之意，命名"汉丰"。此为开州建置之始。

唐高祖武德元年（618），升"盛山县"为"开州"。后改为盛山郡，又复为开州。宋及元皆因之。"开州"之名沿用至明初。明太祖洪武六年（1373），改州为县，"开县"由此得名。2016年6月，国务院正式批准，撤销重庆市开县，设立重庆市开州区。

地名趣谈

- 开州地处三峡库区腹心地带，却与东部山区有着截然不同的历史发展。这里土地肥沃，气候宜人，农耕发达，文教兴盛。从文化和地理上来讲，它与四川的达州、重庆的万州相承一脉，自唐代起便兴起文教之风，在明清时达到鼎盛。出了数十位举人和进士，是著名的"举子之乡"，其中最有名的要数官拜翰林的两江总督李宗羲；开州还是名帅刘伯承的故乡。

◆ 香绸扇

◆ 盛山积翠
韦相开启的重文之风

  盛山位于开州城区汉丰街道北部，因其主峰凤凰峰形似"盛"字而得名。

  开州自古以来都属巴蜀富饶之地，境内有平地、丘陵、山地，有发达的内河水系，无论是农耕还是手工业生产都发展良好。富饶的土地让开州人历来生活无忧，有了追求精神文明的物质条件。

  唐宪宗元和年间，一代名相韦处厚被贬任开州刺史。他到任后闲时游历盛山，写就《盛山十二景》诗篇集，自此为开州开启了文教之风。

  韦处厚的《盛山十二景》一经写就，便传至长安，引发长安文坛轰动。以著名诗人张继、白居易、元稹为代表的京都文人纷纷和诗。"唐宋八大家"的韩愈为其作序，称"于是盛山十二景诗与其和者大行于时"。

  这股从长安吹来的文风，让盛山一时成为了文人墨客争相到访之地，盛山上也开设起了书院、文宫。此后各代皆有咏诵盛山美景、抒发文人胸怀的诗篇诞生，其中最为有名的，当属清代胡邦盛的《汉丰八景》，"盛山积翠"即为汉丰八景中的一景。

  盛山可以说是开州地区的文化摇篮。清代嘉庆年间徐以道将原"芙蓉书院"移建于盛山之麓，改名盛山书院。就是这座盛山书院，孕育了著名的举子之乡。仅清朝一代，开州出了5名进士、20名举人。戊戌变法前夕，康有为组织"公车上书"行动，开州共有六位举子参与其中，为开州赢得了"举子之乡"的别称。

开州进士李宗羲，官运亨通，一路扶摇直上，从两淮盐运使、山西巡抚官至两江总督。曾力劝慈禧太后以国运为重，不要重建圆明园。公元1874年，李宗羲个人捐助白银千两，于开州城西建起一座学院——培俊堂，也就是今天开州中学的前身。开州名帅刘伯承，与谢南城、邹靛澄并称为当时开县中学的"三才子"。

◆ 汉丰湖畔
一座古塔的"风水局"?

开州地处四川盆地与东部丘陵接壤之处，境内水系发达，南河与东河在城中相汇，形成天然湖泊——汉丰湖。后因三峡工程蓄水，致使水位抬高，汉丰湖面积更胜杭州西湖。

在汉丰湖南岸有一座高高耸起的白塔，是重建后的文峰塔。在塔的旁边，便是清代古文峰塔遗址，古文峰塔原为一塔一庙组成。

据咸丰本《开县志》的记载，清代以前，开州城东南一直建有白塔，至清代中叶因年久失修而倾覆。当地民众认为"白塔为一邑风水兴废之所系"，为了重建开州风水格局，振兴开州文风士气，清嘉庆年间，知县符永培聘请松江术士瞿霞飞择选新址，修建文峰塔。

清代的文峰塔便选址在了汉丰湖南岸的山上，建塔的同时，还建了一座供人们祈祷的庙宇。说来也奇，自塔、庙宇建成之后，开州便在科举考试中人才辈出，产生了5位进士和20位举人。

一个传言在民间悄然兴起，说这就是文峰塔布下的"风水局"。而这个关于"风水局"的传言，很快为清代文峰塔引来了灭顶之灾。在20世纪的"破四害"运动中，文峰塔与庙宇悉数被人为毁坏，只留下今天还可见到的断垣残壁。

而从科学的角度来分析，开州清代文人辈出一事其实与文峰塔并无关联。

唐代之前，开州并未形成文教风气。唐代之后，开州文风渐起，但相比北方与江南各地仍显落后，学子即使参加科举也无法脱颖而出。五代十国时期全国割裂，科举一度中断。到了宋朝，科举制度经历断断续续、三年一试等改革后，渐渐沦为了权贵的交易与结党工具。元代科举制度仅存其形，几近没落。

明清时代是科举制度的鼎盛时期，然明末张献忠入川，导致巴蜀地区因战乱人口锐减。这种情形直到湖广移民入川的迁徙完成才得以改善。新移民开垦荒地，复苏当地经济，在开州重新修建学堂、书院。书院还联络乡绅购买土地，所收租金供学子们进省、进京应试之用。

明清时代科举制度的第一场考试为乡试。开州学子若想参加乡试，只能前往省城应试。省城地处川西，路途遥远，开州去省城最为通达的是水路。而开州境内水系众多，一直深受水患之害，出行颇为不便。这种情况直到晚清时才有所改善。

综上所述，开州举子在晚清时期才登上历史舞台，是有着客观历史原因与地理原因的。所谓文峰塔的"风水局",不过是时间上的巧合罢了。

事实上,文峰塔真正的修建目的,在于水文作用。古时受水患所害之地,都有"建宝塔镇河妖"的习俗。在河岸边修建高塔,一来可以观测水位与水流,二来有镇水的寓意,是古代人改造大自然的美好寄愿。

今天的文峰古塔遗址中,还能清晰地看到庙宇门上的门联,下联写道:"泄风防波靡,双江澎湃,飞来柱石挽狂澜。"可见清代修建文峰塔确为水文所需。

从兴建到拆毁再到重修,古今文峰塔见证了开州人生生不息的历史,也寄托了开州文教昌盛的宏愿。

◆ 举子园中
科举文化造文人气节

开州举子园,是中国唯一一个以科举文化为核心主题,以开州汉丰湖湖光山色为风景的大型园林景区。而开州能有这样的底气和自信打造科举主题公园,与开州号称"举子之乡"息息相关。

清朝末年,西方列强崛起并入侵中国。清政府固步自封,仍做着大清帝国的千秋大梦,实则国库空虚,百姓民不聊生。邻国日本在明治维新后走上资本主义道路,得到西方列强的支持,开始对中国和朝鲜发起侵略战争。

　　清光绪二十年，著名的甲午战争爆发，行将就木的清政府仓促应战，最后以北洋水师覆亡、清政府全面败北而告终。战后，清政府迫于日本的军事压力，不得已只能接受丧权辱国的《马关条约》。

　　康有为得知消息后，与梁启超等人集结1300名举人联名上书，引发了史上有名的"公车上书"事件。彼时，康有为作为乙未科进士在北平考完会试，正等待发榜。《马关条约》签署的消息传来，应试的举人才子群情激愤。

　　康有为振臂一挥，众人即刻追随。康有为写下18000字的"上今上皇帝书"，提出拒和、迁都、练兵、变法等主张，反对签署《马关条约》。18省举人共计1300人响应并联名上书。其中就包含了开州举人6名，是联署人数最多的一个地区。开州一炮而红，成为当之无愧的"举子之乡"。

　　开州将这个故事背后的深刻内涵，刻画进了自己的骨髓中。中国文人的担当与气节在这个故事里体现无遗，千年儒家授学，传的就是忠、孝、仁、义、礼、信等信念。学子寒窗苦读，为的就是能一朝考取功名，踏上仕途，光宗耀祖事小，为国为民事大。一生所学，为的就是在国家危难之时挺身而出，救国救民于水火。

　　这是中国文人该有的担当与气节，也是开州举子园创办的契机，更是千年开州传承的文化命脉。

南门红糖
古法熬制传承至今

要问开州为何能文教昌盛，就要谈到开州当地的风土人情。相比重庆的山区，开州人民自古就活得轻松一些。这里土地肥沃，农耕兴桑麻盛；这里气候宜人，环绕的大山让开州一地风调雨顺。

物产富饶之地的人们一旦衣食无忧后，自然就要追求更高的精神享受，文教自此兴矣。

开州当地人常常玩一个谐音的"梗"——在开州，我们有举子园，还有橘子园。

的确，在开州有着上万亩的三峡春橙种植基地，适宜的气候条件为春锦橙、春脐橙、春血橙提供了酸甜可口的优质口感，三峡春橙成为开州重要的产业。

而在开州的南门镇，南门红糖不仅是一项产业，还成为了非遗文化传承。

南门镇位于开州区的南部，自古以来便是甘蔗的种植产地，只不过这里种的甘蔗不同于一般的果蔗，是一种专为榨取糖分而种植的品种。种植它们是因为就在南门镇，至今仍保存着采用古法熬制红糖的习俗。

每一年甘蔗成熟，当地农户采用手工收割，用甘蔗叶将甘蔗数十根捆为一捆，运送到不远处的红糖作坊里。刚采摘的甘蔗不能清洗，便要连皮带叶送入榨汁工具，榨出汁水，因清洗过的蔗糖水会因为混入淡水而产生口感的变化。

清洗的步骤与过滤同时进行。榨出的蔗糖水流入一口巨大的锅里，静置20分钟沉淀。沉淀后捞去浮沫，捞去余渣的糖水盛入另一口大锅，然后再次重复这个过程。在这个过程后，糖水最终一定要变得清澈透亮，不能有任何一点杂质。

之后便开始熬煮，五口大锅并排放置，底下架起熊熊柴火，日夜不停地燃烧着。随着水分的蒸发，糖水会慢慢变少。变少以后就转入比之前小一号的锅继续熬煮，直熬到糖水变得浓稠，颜色红中带棕。这个过程中，火候的掌握是高超的技艺，火大糖水会煳掉，制成的红糖口感会带有苦味；火小糖水无法产生结晶转换，制糖会失败。

熬煮成形的糖粥离开明火后至冷却前仍需要不停翻搅，这是个体力活。力度的均匀与翻搅的方法至关重要，这决定着红糖成形后是否会板结。待所有的程序结束，红糖倒入糖模，放置凝固，一块南门红糖才算大功告成。

从清代的红糖作坊，到新中国的国营红糖厂，再到今天的合作社糖坊，前后五代传人通过师徒相授的方式，将南门红糖的制作技艺传承至今。

今天的南门红糖，因现代人对健康保健的逐步重视，获得了市场的认可。曾经面临断代灭绝的古法红糖技艺，也终于能够换取到它相应的价值。开州再一次向世界证明，这块富饶的三峡库区土地，总是能找到滋养一方百姓的能力。有这样的物质基础，文教何愁不昌盛？！

重庆市地名文化故事

- 破山和双桂堂
- 梁山学宫今与昔
- 福利山和文峰塔

区县地名

梁平区

平畴千里的文化融合之地

◆ 梁平区
　梁平区民政局　供图

简介

• 梁平区，位于渝东北，是重庆主城连接三峡库区的陆路交通枢纽。处在全市"一区两群"和渝东北城镇群的重要联结点上，是渝东平原的重要组成部分，东与万州区接壤，南与忠县、垫江县毗邻，西同四川省大竹县接界，北与四川省开江县、达州区接界。面积1892平方千米。人口64.53万。

梁平区历史悠久，人文厚重。境内有巴渝第一大平坝——梁平坝子，沃野千里、良田万顷，有"小天府"之美誉，大诗人陆游赞叹"都梁之民独无苦，须晴得晴雨得雨"；有破山海明所开创的西南禅宗祖庭、国家级森林公园、国家3A级景区——双桂堂，双桂堂号称蜀中"丛林之首"；有滑石古寨旅游景区、重庆市级风景名胜区百里竹海、全国第二高石塔——文峰古塔；还有国家级非物质文化遗产保护项目梁平竹帘、梁山灯戏、木版年画、癞子锣鼓、抬儿调等。"全国三大名柚之一"的梁平柚、被誉为"茶中瑰宝"的梁平甜茶、梁平张鸭子等都是驰名全国的梁平地理标志性特产。

地名由来

• 梁平区，原名梁山县、梁平县，以境内有高梁山，有平坝，故名。

西魏废帝元钦二年（553）始置梁山县，此为梁平建置之始。县名沿用1400年之后，于1952年12月3日，因县名与山东省梁山县同名，遂以境内有平坝而更名"梁平"。2017年1月10日，梁平县撤县设区，梁平区正式挂牌。

地名趣谈

- 梁平史称梁山，别称都梁。三山五岭，流水婉转，山麓平畴，素有"四面青山下，蜀东鱼米乡。千家竹叶翠，百里柚花香"的美誉。

梁平在古代是巴国的腹心地带，自古为南北交通、东出西进的陆路要道。在民族迁徙和融合中，形成了"巴地多楚风，楚地多巴俗"的文化形态。秦统一巴蜀以后带来中原农耕经济文化，随着明末清初"湖广填四川"移民文化的加入，最终形成了独特的地方文化。

"仓廪实而知礼节，衣食足而知荣辱。"梁平良好的自然生态、多元的劳作方式、纷郁远承的文风，滋养出众多的民间文化艺术形式。梁山灯戏、梁平木版年画、梁平癞子锣鼓、梁平抬儿调、梁平竹帘等一批国家级非物质文化遗产独具巴渝文化特色，影响深远。"梁平竹帘"早在宋代就被列为皇家贡品，饮誉天下，有"天下第一帘"之称。

梁平还保留了很多民间习俗，比如民间舞蹈打春牛，又名"鞭春"，源于汉代。每年的立春日，皇帝亲耕，表示重视农业，劝民农桑；各地官员以打春牛的仪式来勉励农民耕作。梁平又将这个民俗演变为送"春帖"。礼让草把龙、梁平土法造纸技艺、大观白酒、梁平剪纸等100项区级非遗项目丰富了梁平人生活的方方面面。

《梁山县志·舆地志》这样评价梁山："人多劲勇，士笃儒风，稻田繁芜，农力于田。"如今在这片文脉厚重的土地上，一批现代化的企业如半导体封测高新技术产业化基地也应运而生，相信在不久的将来，梁平将会以更新、更强的面貌展示于世人。

◆ 破山和双桂堂

　　双桂堂坐落于重庆市梁平区金带街道万竹山。双桂堂始建于清顺治十年（1653），历经破山、竹禅等七代祖师累世修建形成七殿、八堂、八院格局，占地面积120亩，该寺最后一次修整是在1980年。民国时期，双桂堂以它宏伟的规模、庄严的殿堂、丰富的藏经、独特的雕塑被列为"蜀中丛林之首"。1983年被国务院确定为汉族地区佛教全国重点寺院，2013年入选全国重点文物保护单位。被尊为"西南佛教禅宗祖庭"，在中国及东南亚佛教界都享有盛名，享有"西南丛林之首""第一禅林""宗门巨擘"等诸多美誉。

　　双桂堂初名福国寺，因有古老桂花树二株，故改名为双桂堂。双桂堂之所以是"堂"，而不以"寺""庙"命名，只因这里原本是一个旧时学习之所。双桂堂创始人破山，一生培育弟子一百余人。后来这些弟子分赴重庆、四川、云南、贵州、陕西等省市甚至东南亚地区，中兴了许多毁于战乱的寺院，成为西南汉传佛教的主体，故有"渝川滇黔禅宗祖庭"之称，并尊其为"堂"。

　　破山认为参究佛道的重点在于心性的悟入，没有时空或形式的限定，不拘泥于传统或形式主义，才能真正领会参禅悟道的核心精神。破山"开戒止杀"，祈求和平，正是这一思想的表现。有人质疑破山虽然救了百姓，但却破戒吃了肉，还算是和尚吗？破山回答说："持戒以修己，开戒以度人，修己度人，持戒开戒，原本都是和尚的本分啊。"

破山留有诗作 1300 余首。他的书法境界高远、自成一格，启功有"笔法晋唐元莫二，当机文董不如僧"的赞语。

说到双桂堂，就不得不说贝叶经。贝叶经发源于印度。贝叶，就是贝多罗树的叶子，古印度人用它来书写佛教经文。贝叶轻便耐磨，写在上面的经文，千百年后仍清晰可辨。唐代高僧玄奘到印度取回来的就是这种贝叶经。流传在中国的贝叶经少之又少，仅在镇平菩提寺、西安大雁塔、峨眉山、普陀山、中国国家博物馆等处存有少量版本。双桂堂贝叶经被确定为国家一级文物，共106 页，是双桂堂第十代方丈竹禅从五台山请回的，记录的是《安慧菩萨俱舍论》，已有 900 多年的历史，是当时全国保存最完好、历史最悠久的一个版本，非常珍贵。"文革"时期，双桂堂先后有老百姓入住和部队入驻，当地宗教工作干部和寺院僧人用木板将佛像和文物夹封，外贴毛主席语录巧妙加以保护，使重要文物没有被损毁和流失。可惜的是贝叶经等五件珍贵文物在 1990 年被人盗卖，至今下落不明。

◆ 梁山学宫今与昔

农耕文明发达的梁平，曾是下川东的士林高地，正所谓"梁山出才子"。

孔子被尊为万世师表，在中华文明教化所到之处，都建有孔庙。孔庙又称文庙，从万里北国到云南边陲的大理、丽江，无处不有孔庙。几十年前的梁平，也有文庙，而且还是南门的地标建筑，其建筑格局仅次于当时的县府衙门。至今南门仍是梁平文教重地，多所学校环集。

从清代《梁山城垣图》可见文庙、儒学署、桂香书院三家紧邻，儒学署居中。学宫是古代官方学校，往往与文庙连为一体，文庙亦称学宫。梁山学宫从元代至正四年（1344）创建，经明朝到清嘉庆十二年（1807），历时463年，历任知县不断将其完善。

梁山学宫不仅历史悠久，而且办学颇有成就。清乾隆二十三年（1758），曾任梁山教谕的朱尔阀所作《重建明伦堂碑记》中有一段记述："考有明盛时，百废俱举，而学宫乃造士之地，尤为巍焕。一时真儒辈出，即如梁邑之高古涂来诸贤，相继蔚起，铭诸鼎彝，班班可考。人文之盛，甲于下川东焉……"从朱尔阀这段记述中可知，梁山人才辈出、文脉流传，科考中举人数在下川东名列前茅。今天的文庙旧址上是建校有100多年历史的梁平中学，梁平中学学子也曾经在高考中数次摘取桂冠，文脉的薪火相传以另外一种形式延续着。

历史上在梁平重教兴学的风气下，出现了一批有历史影响的学者，其中影响最大的当属来知德。

来知德出生地原名叫沙河铺。他的父亲叫来朝，是一个客栈的老板，某年一个住客不慎遗落了200两银子，第二年客人再来，发现银子分文未动，感激不尽。这件事情也被朝廷知道了，于是大力表彰，赐乡名仁贤。

来知德在明代被奉为国家级大学者，御赐其"崛起真儒"的称号，享有朝廷优厚的殊遇。历史对来知德评价极高，称其是"始知千载真儒，直接孔氏之绝学，虽朱程复生，亦必屈服"。他名留《明史》，代表作《周易集注》被选入《四库全书》。是用象数结合义理注释《易经》取得巨大成就者，也称来夫子。

在梁平区工业园的一片空地上，至今保存有一块朴素的石碑，上书"来知德墓遗址"。2014年来自国内外的40多名学者专程到此敬献鲜花，三度鞠躬，跨越时空的文化交集在这一刻得以铭记。

◆ 福利山和文峰塔

现有文献中，最早提到梁平的诗歌是北宋梅尧臣写的《送徐君章秘丞知梁山军》："苍壁束江流，孤军水上头。蛟龙惊鼓角，云雾裹衣裘。午市巴姑集，危滩楚客愁。使君才笔健，当似白忠州。"

北宋仁宗年间，徐章因故被派往当时的梁山军（宋朝行政区划名称，现在的梁平区）担任县丞。梁山当然比不上当时的首都汴京（今河南开封）繁华，徐章心情郁闷。离开京城之际，好友梅尧臣前来相送，写下了这首诗歌。不知道徐章到了梁山之后，面对梁山特有的风景，比如在"狐狸山"上，心情会不会转好，有没有写下赞美的诗篇。

梁平与四川大竹交界处，有一座山高耸入云，危峰兀立，状如狐狸，名曰"狐狸山"。明朝正德年间，都御史林俊来到梁山，

◆ 文峰古塔

认为这里土地丰腴，山名却不雅，遂改名为"福利山"。福利山顶有明崇祯时修建的关帝庙，庙内有大钟一口，声闻十里，成就了梁山古八景之一的"福利钟文"。福利山满山苍翠，气势宏伟，挺拔壮美，历代文人游览后，留下许多诗篇。清代刘浩诗吟："巍巍福利与天参，拾级登临万象涵。耸峙千峰凝瑞霭，高柱七斗映晴岚。"

南宋乾道六年（1170），南宋著名爱国诗人陆游进川，就任夔州（今奉节）通判。乾道八年，陆游应四川宣抚使老友王炎之邀，到川陕边境、抗金前线的南郑（今汉中一带）协助策划抗金事宜。途经梁山，他写下了《题梁山军瑞丰亭》一诗，诗中写道："都梁之民独无苦，须晴得晴雨得雨。史君心爱稼如云，时上斯亭按歌舞。"梁山风貌跃然纸上。

梁平大儒来知德是一位易学大师，也是一位诗人，在《舟入求溪》一诗中，他用"从来爱咏休文月，辞去应凭宋玉风"展现了自己注解《周易》时的所思所想。

清道光年间，人们在福利山脚下修建了一座文峰塔，成为梁平的标志性建筑。20世纪80年代初，国家文物部门测定该塔高35.68米，为重庆石塔之最，是仅次于福建泉州石塔的全国第二大石塔。文峰塔缘由，居然和考试有关。梁邑令徐名湘在《重建考棚并建塔记》一文中说明了建文峰塔的原因：县里号召乡绅和富商捐资修建供文人士子参加科举乡试的考棚，最后剩下四千七百余银两。剩下的钱怎么办呢？大家商议就用这些银两在县城北门外修一浮图搭配风水，以兴文风，鼓励梁平后学"科甲蝉联，文章报国，当必有理学名儒，继瞿唐先生而起，为梓里光者"。于是福利山下的文峰塔就建起来了。文峰塔历经风雨侵蚀、日机轰炸，塔身至今不斜不裂，巍然屹立在梁山大地上。

福利山下，平畴千里；文峰夕照，文脉永存。

重庆市
地名文化故事

- 仙女山的孝，白马山的情
- 天生三桥和芙蓉洞的『龙崇拜』
- 大美武隆的申遗之路
- 印象·武隆

区县地名

武隆区

奇幻山水印象里

◆ 武隆城区
武隆区委宣传部 供图

简介

- 武隆区，是渝东南、黔北地区和重庆主城的连接点，"一带一路"和长江经济带"Y"字形大通道的联结点，成渝地区东向、南下的重要出海通道。武隆区位于重庆市东南边缘、乌江下游，东与彭水苗族土家族自治县接壤，南与贵州省道真仡佬族苗族自治县毗邻，西与南川区、涪陵区相连，北与丰都县接界。面积2889平方千米。人口35.67万。

  武隆区集大娄山脉之雄、武陵风光之秀、乌江画廊之幽，生态优良、风景绝佳、资源富集，是全国少有的同时拥有世界自然遗产地、国家全域旅游示范区、国家级旅游度假区、国家5A级旅游景区四块金字招牌的地区之一。境内有芙蓉洞、天生三桥、龙水峡地缝和后坪天坑等世界著名旅游景点。其中芙蓉洞是喀斯特世界自然遗产地，也是世界唯一被列为世界自然遗产地的洞穴。区内还有市级文物保护单位唐朝赵国公长孙无忌墓、李进士故里石刻、土坎老县城遗址、平桥和平中学旧址、四川红军第二路游击队司令部政治部旧址、大石箐石林寺、江口汉墓群。

地名由来

- 武隆，旧称"武龙"，以县北有武龙山得名。

  唐高祖武德二年（619），从涪陵县析置武龙县，此为建置之始。明洪武十年（1377），武龙入彭水县。洪武十三年（1380）复置，因与广西省一县同名，故改"龙"为"隆"，改名武隆县，地名沿用至今600多年不变。

地名趣谈

- 武隆在世人的心中，早已妥妥地形成了世界自然遗产这个设定。这个被武陵山打造得秀丽多姿的山城，紧靠长江最美支流乌江，理所当然地坐拥喀斯特地貌赋予的巅峰"颜值"。2007年获选世界自然遗产，2011年打造《印象·武隆》大型山水实景演出，武隆的旅游名片经过近20年的苦心经营，已经深入人心。没有人会再有耐心来聆听关于山水秀美的赘述，但也许会有人愿意读一读那奇幻山水背后藏着的不为人知的故事。

◆ 仙女山的孝，白马山的情

仙女山位于武隆区境乌江北岸。关于仙女山的由来有两种说法，一种说法来自清同治《重修涪州志》载："山半石洞幽邃，相传有仙女住此，飞升不复见"，故名。

另一种说法来自柳宗元《龙安海禅师碑》，说仙女山原名龙安山，唐代陕西籍高僧海禅法师来此结茅而居，善男信女为高僧盖了一座寺院，取名"龙安寺"。后到了宋代，因道教文化的兴起，由一个关于仙人的传说改称"仙女山"。

传说当时山下住着一对婆媳，婆婆善良，儿媳勤劳。一日婆婆突然晕倒，醒来时已双目失明。为治好婆婆，儿媳天天上山采药。一日累急了，便在大树下休息，刚闭上双眼，恍惚中看见一美貌的年轻姑娘，手捧着一枚鲜红的大蜜桃笑盈盈地向她走来说："你把这桃子带回去给婆婆吃了吧，她的眼睛就会好的。"

儿媳大喜，刚要道谢，姑娘却已不见。回家给婆婆吃下后，婆婆果然双目重见光明。人们都说是婆媳的善良勤劳感动了仙女。为了表达对仙女的尊敬，便把这座山改称为"仙女山"。

如果说仙女山的传说表达了对"孝"文化的崇尚，那么位于仙女山对岸的白马山，则表达了古代人们对爱情的美好期望。在重庆市武隆区文学艺术界联合会编的《文化武隆》里，讲述了一段流传于当地的爱情故事。

很早以前，人们把白马山叫作"云山"，它是夜郎古国和巴蜀古国的界山。相传战国时期，秦攻占巴蜀后，夜郎国害怕秦国攻打,便以敬献美女、进贡财宝的方式向秦国示好。秦王派白马将军带队,带上附国封印,随夜郎使臣前来接受纳贡。没想到白马将军一行到了云山遭遇当地山匪,夜郎国使臣意外死亡,附国封印也在印合坪被山匪盗走。

白马将军隐瞒了封印丢失一事,依原定计划来到夜郎国,称秦国收到纳贡,自会派人送上附国封印。夜郎王畏惧秦国,对此深信不疑,对使臣遇害一事也不作计较,当即清点财宝、美女,全数交与白马将军。

夜郎贡献的美女中有一位明月公主,是夜郎王在举国选美时选出来的仡佬族姑娘,名为杜鹃。就在白马将军与明月公主见面的一刹那,二人一见钟情。回程途中,二人更是情根深种,难舍难分。然而,丢失附国封印一事始终要想办法解决,如何避免将明月公主送给秦王也是一件棘手之事。

回程路走到云山时,白马将军有了计谋。他将部下众将士分为两队,一队假扮土匪,制造了一场假劫案,假装劫走了附国封印和明月公主;另一队则押送其他纳贡品回朝,向秦王转述这场劫案以及自己为掩护大部撤离"以身殉国"的事迹。

秦王得知将军殉职,追封白马将军为羌王,并把云山封为"白马山"。之后,白马将军部族追随而来,在白马山建立了羌王寨。为避免灾祸,众人改姓为白氏、马氏和杨氏,以白龙河流域为中心,建立了山中王朝。白马和明月的爱情在这座山上落地生根。他们依水开田,靠竹安家,兼并融合了山上各个部落,在白马山上留下了丰厚的白马文化和灿烂的夜郎文化。

◆ 天生三桥和芙蓉洞的"龙崇拜"

自古以来,凡是多民族聚集的山区,因为自然的神奇、气候的离奇、民族文化的浸润,人们普遍沿袭着对自然天地的崇拜之心。这种崇拜经过一代又一代的演化,逐渐形成对特定事物的图腾崇拜。

在武隆,人们崇拜的图腾是龙。唐朝时,因武龙山而置武龙县,由此可见武隆与"龙"这个图腾是有多么密切的关联。

武隆的龙崇拜在天生三桥景区表现得十分明显。坦白讲,"天生桥"这个地理现象,在全国大多数喀斯特地貌中都有。它指的是那些地下河与溶洞崩塌后,其顶板经由风化而自然形成的"桥",在武陵山脉中几乎每个地区都有自己的天生桥。

武隆的天生三桥景区核心景点,便由三座天生桥构成。这三座桥的名称分别为天龙桥、青龙桥、黑龙桥。而在武隆的另一处

◆ 芙蓉江

溶洞景点芙蓉洞中，也有"东海龙王""定海神针"等命名与龙相关的景色。武隆境内的多个景点与地名，例如龙坝、龙洞、龙宝塘、龙水峡……都能看到龙的身影。

古代人有将山脉和河流比作游龙的习俗，让现代人觉得很好奇。在那个没有航拍技术与无人机的年代，他们是怎么看出山水之势如若蛟龙的形象画面的？

事实上这种比喻是真的形象又贴切，天生桥从空中俯瞰，就像是跨在两座山头的天然龙身。而镜头再拉远一些，武隆境内一道道由造山运动形成的隆起与沟壑，确如一条条卧龙盘亘其间。不得不叹服古人的智慧，他们用肉眼看到的世界远比今天生动。

◆ 大美武隆的申遗之路

2007年6月，在第31届世界遗产大会上，重庆武隆与云南石林、贵州荔波一起作为"中国南方喀斯特"世界自然遗产项目申遗成功。你可知道，武隆这次申遗，走过了一条怎样的申遗之路。

2004年，中国建设部拟以"中国南方喀斯特"为主题向联合国教科文组织提出申遗请求，作为典型喀斯特地貌的武隆从中看到了走向世界的机会，和南川金佛山一起递交了申请。然而当时的重庆地区仅有一个第一批参报的名额，这个名额，最终给了南川金佛山。

2005年，南川金佛山因准备不足，决定退出这次机会。匆忙之中，武隆作为替补顶上，开始了同样准备不足却义无反顾的申遗之路。

因为准备时间不足，很多相关工作在建设部官员来渝考察时都没有完善，当时建设部给出建议，希望武隆放弃这次申报，等准备充足后再重新申报。

武隆没有放弃，武隆旅游局、风景管理局等29个相关部门立下军令状，在80天时间里完成了环境整治、农户动迁等工作任务。还没喘口气，又迎来了世界遗产审核机构IUCN的当头一棒。它们在给出的评估报告中，建议将云南石林、贵州荔波如期申报，而重庆武隆纳入第二批申报。

武隆人急了，只能孤注一掷了。他们兵分两路，一组跑北京，寻求建设部专家的指导意见；一组跑法国，拜访专家听取指导意见。白天听取意见，晚上商量对策、修改申报材料，就这样日夜连轴转，看似无望的申遗之路在他们的努力下重新燃起希望。

与此同时，整个"中国南方喀斯特"申遗项目，也在和全国其他63个项目激烈竞争一张前往世界遗产委员会的门票。大家都在马不停蹄地为申遗作准备，为难得的一个机会作努力。最终，"中国南方喀斯特"项目脱颖而出。

从武隆替补拿到申报名额，到申遗最终成功，武隆花了仅仅4年的时间。而与武隆一起申遗成功的石林与荔波，一个花了17年，一个花了12年。这个速度，后来被媒体人形容为"重庆申遗速度"，可以想见武隆人为之付出的努力。

要知道，武隆在重庆经济版图中的地位一直以来是尴尬的，这里没有大型的工业经济作支撑，有的只是武陵山和乌江馈赠的丰富旅游资源。武隆人在发家致富的道路上，有且只有一条可以走得通的道路。所以，申遗之路他们必须成功，有了他们的努力也注定会成功。

◆ 印象·武隆
影视背景新时代

2002年，当印象系列的创始人梅帅元联手国家级大导演张艺谋，在桂林打造了《印象·刘三姐》，实景演出这个新颖的表演形式就进入了人们的视野。印象系列实景演出，以山水实景为舞台背景，以当地民俗、文化为表演形式内容，开启了中国旅游业由山水观光向人文旅游转型的时代。

2012年，《印象·武隆》正式上演。舞台选址武隆区仙女山街道桃园村干沟峡谷，这里山势起伏，远景迷离，近景惊奇，为演出提供了绝佳的表演空间。《印象·武隆》的表演内容以川渝两地的纤夫文化为主，表演展现了漫长岁月里诞生与消失在河滩、码头的各类川江号子。

《印象·武隆》的开演，为武隆山水进入影视背景揭开了序幕。武隆人从中看到一个模式的可能，一个依靠影视作品IP与文旅结合的双赢模式。

2006年，张艺谋电影《满城尽带黄金甲》将武隆设为唯一外景拍摄地，天生三桥景区至今仍留拍摄痕迹；

2009年，韩国KBS电视台国际频道《走近世界》栏目在武隆展开了为期三天的自然遗产风光拍摄之旅；

2013年，派拉蒙电影《变形金刚4：绝迹重生》在武隆取景，拍摄导演迈克尔·贝在离开武隆时盛赞武隆是"One of the most beautiful places on earth（地球上最美的地方之一）"。

2016年，国内综艺大IP《爸爸去哪儿》在武隆天坑村取景；

2017年，古装偶像剧《三生三世十里桃花》在武隆取景，之后成为年度大热的爆款IP；

2019年，芒果TV明星父子观察真人秀综艺《一路成年》在武隆取景；

……

影视IP与武隆的结合越来越密切，越来越融洽。这为武隆本就拥有的自然山水赋予了更多价值，更多故事。武隆似乎在提出一个划时代的课题——人们对于身处的美景，不只可以谈传说、话历史，也可以谈点今天这个时代，甚至就在身边发生的故事。

重庆市地名文化故事

- 盆景上的明珠
- 葛城和诸葛寨
- 城口老腊肉
- 任河的传说
- 大巴山

区县地名

城口县
在那遥远的地方

◆ 城口县
　城口县民政局　供图

简介

• 城口县位于重庆市最北端，渝、川、陕三省（市）接合部，大巴山南麓。东与陕西省镇坪县、平利县接壤，北与岚皋县、紫阳县接壤，南与巫溪县、开州相接，与四川省宣汉县毗邻，西与四川省万源市相连。面积 3289 平方千米。人口 19.75 万。

城口县地处大巴山南麓，地势南东偏高，北西偏低，地形为山地地形，沟壑纵横。县境内有山脉 41 条，海拔 2000 米以上的山峰有 544 座。县境内水系发达，河网密布，大小河流共有 734 条。城口县耕地主要分布在山间河谷地带，素有"九山半水半分田"之说，也让城口有了"盆景之城"的美誉。

城口县是红色革命老区，川陕革命根据地的重要组成部分。城口县境内名胜有大巴山国家级自然保护区、九重山国家森林公园、巴山湖国家湿地公园、城口县苏维埃政权纪念公园等。获得过"全国水土保持示范县""中国生态气候明珠""大中华最佳绿色生态旅游名县""中国森林旅游示范县""全国生态文明建设示范区"等称号。

地名由来

• 城口县，前身为城口厅，始设于清道光二年（1822），此为城口行政建置之始。民国二年（1913），改厅为县，此为城口置县之始。

关于"城口"得名有两说。一是据《城口县志》记载，"城口"得名于境内有城口山与城口河（即今任河）。不过更早的《城口厅志》却认为"城口"得名源于地理位置：据三省之门户，因而名"城"；扼四方之咽喉，因而称"口"。根据县内坪坝香山妙音寺碑志载，此地在唐代已有"城口"地名。因此，《城口厅志》的说法更为可信。

地名趣谈

- 城口是距离重庆中心城区最远的一个县，位于大巴山南麓。自加里东运动以后（加里东运动是古生代早期地壳运动的总称，泛指早古生代寒武纪与志留纪之间发生的地壳运动），大巴山地开始出现隆起和凹陷，形成了大巴山弧形褶皱带，由北而南顺次为大巴山、牛心山、旗杆山、椰椰梁、八台山五座大山，县内还有众多海拔在 2500 到 3000 米的群山，县城就坐落在四面环山、面积不足 5 平方千米的小盆地内。境内任河静静地绕城而过，像一弯新月，北岸便是县城的中心。任河的灵气让这个山区县城拥有了特别的气质，让城口县有了"盆景之城"的称号。

由于独特的地理位置，城口也就拥有了与众不同的风景和人文遗留。城口常年平均气温 13.9℃，森林覆盖率居全重庆第一，也是重庆海拔最高的区县，县内动植物资源丰富，拥有多种珍稀植物，有动植物基因库的称誉。城口由于特别的地质运动，遗留了许多古生物化石，其中最著名的化石是发现于城口县石溪河的早寒武世时期始箭筒古杯。

◆ 盆景上的明珠

城口土城老街

  当我们走进城口葛城，立即会感受到它带给你的宁静。老街依山傍水，一座座木屋，布满青苔和藤蔓的石墙，幽静的小径，潺潺的溪水，古朴清幽。

  或许你对这条老街还很陌生，或许你更熟悉当地的老腊肉、格格面、"小张家界"亢谷景区、神田的巴山秋池，或许你会想这么静美的地方为什么会叫土城？土城又在哪？

  土城就在城口县城的中心地带，当地人称"城中城"。土城曾经是城口的政治文化中心。

  土城经历了以木栅围城、土城、砖城的发展历程。清嘉庆六年（1801），德楞泰于城口柏家坪、土城一带修栏掘壕建营。嘉庆九年（1804），太平厅同知恒敏以城口营旧址，筑成周长为1173米的土城，设东、南、西、北四门，均为石脚土身，城内有营署、兵房、经历署、衙署及民房，这或许就是土城的来历。道光二年（1822），同知吴秀良于土城内修文庙学署、明伦堂、新城书院等，形成今天葛城街道的雏形。道光十七年（1837），土城崩塌，城口厅通判春尧依土城旧址捐修砖城。

  土城内有四座城门。东、西城门设有百步梯出，南城门可下至任河，这三座老城门如今仍在，可惜的是北城门已不存在。

  若把城口比作盆景之城，那么土城便是它的"顶上明珠"。

  早期老街居民习惯用白布或青布绑腿，家家户户烧柴取暖，火坑之上常年熏制着腊肉香肠。土街内原有上百年的紫檀树和许多皂角树，每到夏夜，老街居民便搬出凉椅，在树下乘凉、喝茶、摆龙门阵。

土街无疑是城口最早的步行街。土城人的生活习惯有些特别，喜欢早上吃凉虾。小孩喜欢吃米糕、米粑，大人喜欢吃烧饼。饼粑通常装在筲箕里贩卖。

土城老街中段南侧有建于1984年的苏维埃政权纪念公园，该园是为纪念红四方面军解放城口后成立的苏维埃政权而建，是城口县的红色旅游经典景点。李先念、徐向前、许世友、王维舟、李家俊等老一辈无产阶级革命家曾转战城口，留下了光辉的革命足迹。

土城不土，现在整修一新的土城正以新的面貌迎接各方宾客，成了当地旅游的重要景点之一。

◆ 葛城和诸葛寨

土城在葛城街道，葛城街道曾被称为葛城镇。县城东面还有个诸葛寨，这不禁让人想起一代名相诸葛亮。

据乾隆年间的《太平县志》和道光年间的《城口厅志》记载，诸葛亮为出祁山作战略准备，巡查境内边防。城口控秦楚襟夔巫，据三省门户，战略地位重要。诸葛亮于是屯兵于此，在城北后山扎寨安营，筑烽火塔，后世称之为"诸葛寨"。

诸葛亮观察城口地形后，又命将士挖山取土，取太极之形将河流回环于寨下四周，引水为池，暗置奇门，并于近的三冈八坪各布玄机。诸葛亮死后，曹魏果然犯境，行至诸葛寨时突遇大雾迷漫，见太极之图发出一片光亮，池中卧龙跃起，扑面而来，魏军大骇，争相溃逃，后不再犯。至三家归晋后，司马氏遣使招降，将原驻军就地解散为民，诸葛兵城遂变民城。《城口厅志》记载：道光十七年，居民在山中掘出一铜弩，考武侯弩谱，形制相符；道光十九年又掘出一铜弩，考证也为诸葛亮时期的铜弩。

古时城口诗人廖时琛曾经题《诸葛城》一首：

秣马临风甸，登高忆旧都。

犹悲出师表，尚想卧龙图。

野树苍烟断，津楼晓夜孤。

谁知万里客，怀古正踟蹰。

清康熙七年（1668），时任太平县知县王舟在游历城口葛城镇后，写下一首《三义祠》。他用"万年扶汉鼎，千古仰风流。地水通仙境，山水覆画楼"对诸葛亮的一生进行了高度评价。

曾经的诸葛寨现在已经打造成植物公园，群山耸立，层峦叠嶂。春夏秋冬景色各不相同，是人们游览、踏青赏春的好地方。

◆ 城口老腊肉

腊肉，在古代写作"臘肉"，"腊"是"臘"的简化字。当然"腊"也可读"xī"，干肉的意思。《说文解字》的解释："臘，冬至后三戌，臘祭百神。"意思是，冬至后第三个戌日合祭诸神。

《论语》子曰："自行束脩以上，吾未尝无诲焉。"孔子说：只要是主动给我十条干肉作为拜师礼物的，我从没有不给予教诲的。束脩即十条干肉，干肉就是腊肉。束脩是古代学生给教师的初次见面礼。可以想见腊肉制作历史悠久，文化内涵丰富。

城口老腊肉制作过程，第一步是选取城口土猪肉，腌制中除加有定量的食盐之外，还要添加适量的白酒、细辛、白芷等十几味中草药作调味料。熏烤的木材要选带香味的柏树枝、铁青冈、九把香，慢火熏制，慢慢烤掉肉中的水分油脂，直到它们变成黝黑而奇香的老腊肉。因为城口位置偏僻，老腊肉一直深藏山中。

现在城口老腊肉已注册为国家地理标志商标，已获重庆市第五批非物质文化遗产，成为腊肉的优秀代表。像正宗的西班牙菜必定有伊比亚火腿一样，每一个正宗的川菜馆中，也必定有一块城口老腊肉。

◆ 任河的传说

城口地处大巴山腹地，交通不便、闭塞落后。虽然山清水秀，反过来也可以概括为山穷水恶。但就是这么一个地方，偏偏不缺文艺因子，不乏想象力。比方说绕城而过的那条河，就叫任河，这是汉江的一条支流，含孔子所言"仁者爱人"之意。关于任河还有一个流传已久的民间故事。

流经城口的任河是一条特别的河流，发源于重庆城口县白水洞，其流向先由东向西，后击穿大巴山山脊折向北，从川入陕，在大巴山北麓汇入汉江，改写了"一江春水向东流"的自然法则，俗称"任河倒流八百里"，是全国倒流距离最长的内陆河流。传说，白水洞原是一条细流涓涓的小河沟，只能供当地几户人家饮用。有年大旱庄稼枯死，百姓四处觅食。一个名叫吕佐的孩子上山砍柴，发现一片落叶下面有一颗圆滑发亮的东西，他捡起来没有细看就一口吞进了肚里。吞进肚后还是饿，而且格外地渴，便跑到白水洞喝水，喝着喝着，突然一声巨响，石缝里喷出一股巨流向他冲来，他连忙爬起来扭头就跑，谁知他跑到哪里水也流淌到哪里。母亲闻声赶忙出门看，见大水包围了儿子，吓得放声大哭。吕佐不敢往家跑，怕水把母亲淹没，但他想到孤单的母亲，于是跑一程就停一下，回头望一眼失声痛哭的母亲。谁知每停一下，他的脚下就形成一个深潭，他一共回望了24次，所以在任河有24个"望娘潭"。

吕佐所跑之处，成了一片沼泽地，大水冲毁了无数农田，淹毁了不少房屋。原来吕佐吞食的是千年修成的狐狸精遗失的"夜明珠"，狐狸精引水报复。而吕佐自己也变成了一个狂吃狂喝的"怪物"，大家都很怕他。于是观音菩萨扮成一位卖面食的老婆婆，来到汉水河岸，吕佐闻到面食的香味，忍不住跑过来大吃起来。可他吃完面条后，肚子越来越胀，似链条缠身。观音菩萨对他说："你原本是个好人，只因误吞'夜明珠'，造成水灾，伤害了无辜百姓，论理应当受到严惩，但念你是个孝子，放你一条生路。"千年修成的狐狸精也被观音菩萨收服，不再害人。而吕佐跑过的地方就成了一条河，于是人们给它取名叫任河（人河）。

◆ 大巴山
宝贵的植物基因库

有人说基因是生命的基础，掌握了基因排序就掌握了生命的密码。

城口大巴山自然保护区是森林生态系统研究的天然实验室，是生物过程、生物遗传、生物多样性的基因库。除世界极危物种崖柏属本区特有物种，此外还有国家一级保护植物红豆杉、南方红豆杉、珙桐、光叶珙桐、银杏、独叶草等6种。最大的一株银杏树高34米，胸径达3.34米。最大的一株南方红豆杉高20米，胸径达1.3米，是罕见的红豆杉树王。国家二级保护植物有秦岭冷杉、青金荞麦、鹅掌楸、连香树、香果树、巴山榧、篦子三尖杉等191种，调查发现的一棵最大的连香树，树高30米，胸径0.8米，且是罕见的结子母株。保护区内有45种植物是以"城口"或"巴山"命名的，标本收藏于国内外许多著名的博物馆。

城口特有的崖柏是国家一级野生保护植物，是我国的"国宝"植物，被誉为"植物中的大熊猫"。崖柏起源于恐龙时代，其木材化石始于侏罗纪中期，在白垩纪曾有过鼎盛时期，拥有众多的物种。到了第三纪，该属物种大量消失，全世界仅存5个间断分布的物种。1892年法国传教士鲍尔·法吉斯在保护区东南部咸宜溪首次发现。在以后的一百多年中虽有人多次前往城口调查，但均未发现其踪迹。于是1998年世界自然保护联盟将崖柏列为我国已灭绝的三种植物之一。1999年10月重庆市国家重点保护野生植物调查队在城口考察时，重新发现了已"消失"的崖柏野生种群，并采到了带球果的标本。2012年7月26日，在城口县咸宜镇明月村7组杨家岩悬崖绝壁发现一株树龄约500~600年的崖柏，如此粗大、古老的崖柏单株，在大巴山区尚属首例，堪称崖柏"树王"。崖柏野生种群面积很小，自然更新困难，对生长环境的需求十分苛刻，崖柏能在城口县境内存活，说明这些年来，城口县生物环境是稳定的，没有被破坏和污染。

大巴山国家级自然保护区因为气候温和，雨量充沛，地形垂直高差大，独特的气候和地理环境使保护区成为天然的植物园和物种基因库。在第四纪冰期曾是多种生物的"避难所"，保留了众多古老的物种，是难得的生物多样性的遗存之地。

重庆市地名文化故事

- 名山鬼城
- 五云书院
- 护国亭
- 丰都庙会

区县地名

丰都县
鬼神后的道义仁心

◆ 丰都县
　丰都县委宣传部　供图

简介

- 丰都县，别称"鬼城"，位于重庆市地理中心、三峡库区腹心。东与石柱县为邻，南连武隆区、彭水县，西接涪陵区，北与垫江县、忠县交界。面积 2901 平方千米。人口 55.74 万。

  丰都县山水丰茂，境内 47 千米长江黄金水道通行万吨级轮船。丰都县旅游资源以自然景观和人文景观为主，有雪玉洞、丰都名山、九重天、南天湖 4 个 4A 级景区和南天湖国家级旅游度假区，有平都山、双桂山、鬼国神宫、鬼王石刻等景观。东汉时期，丰都在道家七十二福地中位列第四十五福地，"鬼城"名扬天下。

地名由来

- 丰都县，前身为平都县，古称"酆都"，别称"鬼城"。隋恭帝义宁二年（618），从临江县析置丰都县，此为"丰都"命名之始。明太祖洪武十三年（1380），改"丰都"为"酆都"。1958 年，周恩来总理将"酆都"改为"丰都"，寓意"丰收之都"，又再度回复本意，并沿用至今。

地名趣谈

- 提起丰都，深受中国传统文化熏陶的国人无不心生畏惧。这座自古以来就被称为"鬼城"的地方，一直以来代表的都是华夏文明中的"另一个世界"。几乎每一个中华儿女，都有一个被"鬼"恐吓的童年。然而随着年纪渐长，每个人都终将懂得，世上无"鬼神"，一切都是藏在人们心中的"恶"。鬼城丰都自始至终想要呈现给人们的，是藏在鬼神背后的道义与仁心，它以鬼神的角度告诫人们，唯善与道义及仁心才是我们应该追求的真理。

◆ 鬼城大门

◆ 名山鬼城
来自"另一个世界"的告诫

大部分人在童年哭闹时,都会听到来自祖父母或其他长辈一句恐吓的话:再哭,黑白无常就把你抓到丰都的阴曹地府去。胆小的孩子一般听到这句话就停止哭闹——虽然不太明白这话是什么意思,但恐吓的意味是明白的。

胆大一些的孩子不仅停止哭闹,还会追着问:黑白无常是谁?丰都在哪?阴曹地府又是个什么地方?当听到回答中有一个"鬼"字时,小孩子多半不会追问鬼是什么,仿佛在人类的基因里,本就有关于鬼的记忆,无须解释,足以达到让人畏惧的目的。

丰都,一个被全世界公认的鬼城所在地,自远古起就已经定了性,再也没有比鬼城更能直击人心的其他形象。

丰都的鬼城在名山之上。名山原本也不叫名山,而叫平都山。据《丰都县志》和晋人葛洪《神仙传》记载,民间传说汉代时有方士王方平和阴长生二人在平都山上修行,最终羽化成仙。人们在讲述这个故事时将阴、王二人误传为"阴王",慢慢地就有了些阴森恐怖的意味,平都山和丰都,便有了"阴府"的附会。

宋代时,大文豪苏轼游历平都山,写下著名诗句"平都天下古名山",平都山因此而改名为名山。

自汉代起,因为阴王和阴府的误会,丰都是鬼城的说法开始盛行。一开始人们口耳相传,随后被记录在了文学作品与典籍之中。而名山上,也开始渐渐修建起以阴府为主题的庙宇和宫殿,以供人们祭祀之用。

时光荏苒，不知不觉中两千年过去了，名山上出现了一座司法体系完整、建筑风格多样的"阴曹地府"。哼哈殿、奈何桥、鬼门关、十八层地狱、阴天子殿……人们将传说与自己的想象结合起来，在这里构建出一个完整的阴府世界。

而丰都鬼城的形象，千百年来也以不吉、恐怖、可怕、封建、迷信等词缀为装点，镌刻进世人心中。可如果仅以这样的眼光去看待一座城和一座山，那么对于文化的理解就太肤浅了。

讲一个通俗的大道理：科学教会我们，凡事都要多问为什么。那么问题来了，人人都懂"死去元知万事空"的道理，为什么还要在人世间设立一座阴曹地府？

想来稍微建立了一点哲学观念的人都能答得出，那是人们对于死后世界的寄望，人们希望有一个公正、公平的审判机构，来对一个人一生的善与恶作出审判。人们希望通过这样的审判，来倡导人在世间时多行善举，以免死后受罪，从而打造一个现世社会与人为善的和谐环境。

这就对了，这个回答就是丰都作为鬼城存在的意义——唯善。

在名山鬼城，描述了这样一个人死后的审判流程。黑白无常拘来魂魄，判官查看生死簿，验明正身，计算一生善恶功过。功大于过者，送过奈何桥，饮下孟婆汤，再次投胎为人；过大于功者，依律审判，打入地狱受罚。

地狱共有十八层，口舌是非之人，就打入拔舌地狱；罪大恶极之人，上刀山下油锅也不为过。人的一生做过的事在阴天子阎罗王面前一览无遗，不容狡辩隐藏，在人世间侥幸逃脱的惩罚，死后绝不放过。

　　整个审判过程，怎么看怎么像一本醒世绘本：用生动而具体的案例告诫人们，只有乐善好施，善待自己，宽待他人，才能逃过死后的审判和惩罚。恰恰印证了那句古老的谚语："平生不做亏心事，夜半不怕鬼敲门。"

◆ 五云书院
善的儒家内涵

　　鬼城之地，重人心教化，也重文教。如果说人心教化是鬼城对世人的醒世告诫，那么文教便为丰都劝人为善的"善"文化赋予了更加深厚的人文内涵。

　　在丰都名山上建有一所五云书院，其前身是丰都史上首名进士杨大荣为杨氏子弟修建的私塾，其今身是丰都实验小学。关于这所书院，背后也藏着一个古代文人唯"善"的故事。

　　故事的主人公叫杨孟瑛，是杨大荣的儿子。著名的杭州西湖有"三堤"，苏堤、白堤、杨公堤。苏堤与白堤人人知晓，是为纪念大文豪苏轼与白居易；而杨公堤要纪念的人，正是丰都人氏杨孟瑛。

　　杨孟瑛出身于官宦人家，由于父亲是丰都首名进士，官至江西省布政司正五品按察司佥事，故而杨孟瑛自小就生活在书香门第中，家境优渥。杨大荣在家乡丰都创办了杨氏私塾，杨孟瑛在私塾饱读经书，很小的时候就显现出卓越的聪明才干与文章天赋。

公元1487年，杨孟瑛以会试第八名的成绩面圣，被赐进士，入朝为官。他曾任刑部云南司郎中，破获案件无数，成为云南历史上的断案名吏。1502年，经宰相马均阳引荐，上任杭州知府。

刚到杭州，杨孟瑛就遇到了天灾，杭州城粮荒四起。谁想第二年又遇到大旱，百姓颗粒无收。一时间整个杭州城人人饥荒，无粮可食。杨孟瑛力排众议，果断开仓放粮，解了杭州城粮荒之乱，杭州百姓人人称赞。粮荒过后，他号召百姓积极存粮以备不时之需，首创了以旧粮换新粮的存粮政策，并很快修筑粮仓60余座，向百姓征集到了70万石余粮。不仅百姓称快，全国各地也纷纷效仿。

杨孟瑛到任杭州后，发现当时的西湖已经不复当年模样。杭州当地的权贵在西湖圈湖养田，整个西湖几近淤塞。百姓中流传着一首歌谣："十里湖光十里笆，编笆都是富豪家。待他享尽功名后，只见湖光不见笆。"

为了治理西湖，杨孟瑛向朝廷呈请《开湖条议》，请求允许他废田还湖。但这样做一定会动了很多权贵的蛋糕，朝堂内外盘根错节，奏折递上去长达六年杳无音讯。

杨孟瑛等不了了，杭州的百姓等不了了。六年后，杨孟瑛坚持争取到了朝廷许可，着手废田还湖的工程。他带领工人花了150天左右的时间，每日用人工8000人，拆毁湖田3400多亩，用银28700余两，终于将西湖的淤塞清理干净，恢复了西湖原来的模样。他还用清出的淤泥在西湖上筑起一条南北向的堤坝。

但这件事，也让他的仕途画上了句号。因为触碰了权贵们的利益，杨孟瑛被诬罢官还乡。杭州百姓感念他的恩德，将他在西湖上筑的堤坝命名为"杨公堤"，永远铭记他为西湖作出的贡献。

杨孟瑛仕途受挫回到丰都，深感朝堂中部分势力利欲熏心，黑暗重重，思考再三，认为教育才是改变这一切的关键。于是将父亲所创的杨氏私塾扩建，改为平都书院，后又改为五云书院，不只教化杨氏一门子弟，还对寒门学子敞开怀抱。相继培育出徐昌绪等十名明、清进士，一时间丰都文风盛起，俊才辈出。

杨孟瑛的一生，以儒家思想为丰都的"善"文化增添了新的内涵，就如同书院大门上的那副对联所述："书院育人，道五常而立世；平山流韵，承三异以兴邦。"儒家的五常（仁、义、礼、智、信）就是"善"更深层次的内涵。

◆ 护国亭
取之于善，报之以善

丰都城的善文化，无形中影响着世世代代的丰都人。他们世代居住在鬼城之中，时刻铭记鬼城的告诫，也受到儒家五常和三异的熏陶，即使目不识丁的寻常百姓，也知善恶、晓大义。

丰都双桂山上有一座纪念刘伯承元帅的护国亭，与之相关的就是一个关于刘伯承元帅与丰都百姓的唯善故事。

1916年3月，刘伯承率护国军第四支队攻打丰都，以图占据这个长江边上重要的货运中转地，切断袁世凯军在长江的军运。战斗打响以后，刘伯承在丰都县城西门附近被子弹击中，子弹从太阳穴穿过右眼射出，刘伯承昏倒在地。

醒来后，战场已经转移，刘伯承从尸横遍野的血泊里爬起来，艰难地来到一家茶馆前求救。好心的茶馆老板看到一位年轻军官浑身是血，并不知道这就是护国军将领刘伯承，却也积极地展开了救助。

他跟手下的伙计抬起刘伯承，将他送到了暂时安全的县邮局门口。当时的邮局局长张国良见状，忙叫员工将刘伯承抬到屋里安置，并请来了丰都县内的名医郑慎之为他处理伤情。因伤势太重，郑慎之只能简单进行止血和包扎疗伤。

考虑到邮局也不是一个长期安全之地，他们给刘伯承换上了邮差的衣服，将他用一床被子裹起来，藏在当地百姓常挑的箩筐中。几个年轻人抬起装有刘伯承的箩筐，冒着被守军发现的危险，将刘伯承转移到了城外。

战事平息后，护国军副将张阳春听闻刘伯承受伤，辗转找到大夫郑慎之，打听到消息，又带着郑慎之来邮局寻人。可当他们赶到时，邮局已经一片火海。悲痛的张阳春和郑慎之以为刘伯承牺牲了，为纪念他的英勇奋战，在丰都百姓的帮助下，在西门外为刘伯承立了一块碑，上书"刘伯承之墓"。

后来，刘伯承转移到重庆接受治疗，恢复身体后的第二年重返丰都，在西门看到了自己的墓碑。他豪迈地说道，旧的刘伯承已经死了，新的刘伯承又活了。从此以后，新中国诞生了一位戴着眼镜的伟大元帅。

◆ 丰都庙会
善的多种表现形式

在丰都，每年都会举办盛大的庙会活动。一来这里是鬼文化、善文化的传承福地，具有重要的祭祀意义；二来这里有着名川大山，是长江上的重要港口；三来大巴山孕育出的重庆人天性乐观、包容、爱热闹，对庙会这种民间传统民俗形式一向热衷。

丰都庙会在2006年也入选了重庆市第二批非物质文化遗产名录，是重庆民间不可多见的盛大聚会。丰都庙会的时间定在每年农历三月初三，相传这天是阴天子和阴娘娘的结婚纪念日。这一天到来之时，整个丰都城都笼罩在一片欢乐的海洋中。

踩高跷、顶板凳、唱大戏、游花灯，丰富的表演形式，展示着传统的戏剧内容。"阴天子娶亲"讲述了凡间女子卢瑛嫁给阴天子，成为阴天子娘娘后为世间传播自由、爱与善良的故事；"活捉秦桧"倾诉的是人们对抗金英雄岳飞的遭遇不甘、愤怒之情，负载着人们追求正义的美好寄望；"钟馗嫁妹"呈现的是钟馗与好友杜平一个行善、一个报恩的故事。

无论哪种表演形式，都在传达丰都人想告诉世界的价值观——唯善及道义仁心。

区县地名

重庆市地名文化故事

- 鹤游坪
- 太平镇的千年牡丹
- 峰门铺
- 宝鼎山

垫江县
牡丹故里的千年古县

◆ 垫江县

垫江县民政局 供图

简介

- 垫江县位于重庆市东北部、重庆一小时经济圈和渝东北翼重要连接点，是川渝东部陆上交通枢纽。东邻丰都县、忠县，南连涪陵区、长寿区，西倚四川省大竹县、邻水县，北与梁平区接壤。面积1518平方千米。人口65.07万。

  垫江县人杰地灵、文化昌达，是全国"书画之乡"和"铜管乐之乡"，被联合国地名专家组授予"千年古县"称号。域内特色民俗有偷青、舞龙、春牛舞、划旱船、送祝米等，有蛤蟆寨遗址、崖墓、荔枝古道、峰门铺石刻群、南宋驸马公主合墓、鹤游坪古寨群（涪州分州城遗址、永平寨等）、诏书阁、禹王宫、殷氏节孝坊等古迹。这里走出了明嘉靖年间吏部尚书夏邦谟、清代"铁面御史"程伯銮、清代教育家李惺、辛亥革命元老任鸿隽、中国农民党创始人董时进等历史名人。

地名由来

- 关于垫江的得名有三种说法。

  第一种出自《说文解字》："垫，下也。"因今垫江县地处丘陵地区，溪河蜿蜒密布，故名。

  第二为以水为名。"垫江"初为古水名，《辞源》："古西汉水（今嘉陵江）下游经今重庆市合川区汇入长江一段，称垫江。"

  第三为传抄讹变。"垫江"初为合川区古称。此"垫江"本写作"褺江"，因嘉陵江、涪江、渠江汇于此入大江，水如衣之重复然，故以䡭江名县。后自《汉书·地理志》误"䡭"为"垫"，一直沿用。

今垫江县建置始于西魏恭帝三年（556）从临江县析置垫江县。元惠宗至正二十三年（1363），农民起义军首领明玉珍据蜀称帝，在重庆建立大夏国，复置垫江县，地名沿用至今600多年不变。

地名趣谈

• 垫江，一座千年古县，位于川东平行岭谷明月山脉东部，以丘陵地貌为主，中部是河谷平地。垫江地处成渝经济区和成渝城市群腹心地带，沪渝、沪蓉高速公路和渝万城际铁路贯通全境，1小时可达中心城区、周边区县和县内所有乡镇。

垫江历史悠久，底蕴深厚，境内虽然没有大河，但有桂溪河、龙溪河和回龙河分布其间，早在新石器时期县境内已有人类繁衍的痕迹。垫江农耕条件优越，素有"巴国粮仓""丝绸之乡"的美称。清末人们将成都直达万县的陆行干道称为"小川北路"，垫江正好处在"小川北路"的中路，这些便利的条件让垫江形成了以农耕文化为特色，以及崇文尚德、包容乐观、积极进取的性格。峰门铺、玉皇观、报恩寺、太平寺、鹤游坪、宝鼎山、明月山、龙古滩水文石刻、石牛滩、神奇卷洞村、千佛岩与三佛沟、尹子祠等，这些饱含着自然与人文气息的名字显示了垫江独有的文化韵味。

上天对垫江是厚爱的。垫江美食石磨豆花的制作需要当地产的鹰嘴黄豆、坚硬的石磨和当地特有的盐卤水,三者缺一不可。当年儒学大师尹珍品尝石磨豆花后赞不绝口。五洞镇发现的盐卤储量全国第一,垫江正规划利用这一优势资源,着力打造"中国盐浴之都"。而太平镇野生牡丹绽放了千年,至今仍静静地倾诉着时空的变迁。

鹤游坪

以前曾有民谚："垫江的城墙丰都的街，分州的衙门涪州的官。"垫江的城墙名声在外，而其中最有代表性的当属鹤游坪古城堡。

地跨垫江县鹤游镇、坪山镇、白家镇、包家镇等乡镇的鹤游坪寨卡群，以其寨卡城垣的长度超过80千米，占地167平方千米的宏大规模，被誉为天下第一山寨古城堡。按城垣长度计算，法国巴黎的城垣长度为29.5千米；国内公认的最大古城是明代的南京城，其城墙总长35.267千米。鹤游坪山寨古堡名至实归。

鹤游坪山寨古城寨卡群，从南宋末年抗击元军时开始兴建，距今已有700多年历史。其修建模式与国内其他地域的城堡不同，有着自己的特色。它每隔5千米建一座大卡，有36大卡；每隔2.5千米建一座小卡，有72小卡。共108道关卡，合称"三十六天罡，七十二地煞"。城垣高度在5至10米间，厚约4米。大卡是石料拱形城门，有两层门，卡上修有城楼、垛口、藏兵洞。所有卡子都建在地形险要处，大卡连小卡，构成了一个完整的防御体系，有一夫当关，万夫莫开之势。《涪州志》载："我凭之足以弊寇，寇扼之亦足以困我。"寨卡群成为长江北岸第一屏障。

鹤游坪寨卡群中，最为壮观的是分州古城。清嘉庆七年（1802），涪州于此设州同署，行使州级行政权。农民起义军周绍涌曾攻占鹤游坪，将元帅府设于城中。分州古城分为内城和外城，内城有衙署、城隍庙、街道等建筑，外城为平民商贾居住、活动场所以及田畴。分州城又开了四个城门：东门迎恩门、南门安寿门、西门镇西门、北门福德门，现存东门、南门、西门。

关于鹤游坪的来历，当地有这样的传说。从前有个皇帝，初定天下后，依道士之言，放出金白鹤到各地去选择吉祥之地修建新皇城，并诏告天下，凡是见到金鹤下地游玩不走的地方，当地官员必须上报朝廷。一天中午，金鹤来到今鹤游坪，落在地上不走了。朝廷收到报告后，即派大臣实地察看。路过一间民房时，大臣问一煮饭的老妇："这里建皇城，立不立得？"老妇未听清，误认为是问煮饭的米沥不沥，连忙回答："沥不得！沥不得！"皇帝认为老妇说的是"立不得"，是为不吉，于是不立。最终没有在此修建皇城，但故事流传开来，人们便称此地为"鹤游坪"。

◆ 太平镇的千年牡丹

中国有三大牡丹出产地：洛阳、菏泽和垫江。洛阳、菏泽的牡丹花朵大，宜于观赏；垫江的牡丹除了可以观赏外，更多的是采集药用牡丹皮。垫江太平镇一带的土壤特别适合牡丹的种植与生长，太平镇到澄溪镇这一带连片种植面积就达一万多亩。垫江的牡丹花姿美，花期长，花色多，历史悠久，公元前400多年前垫江县明月山中就生长有野生牡丹。它们自然天成，不事雕琢，由牡丹花引来了许多名人佳话。

◆ 牡丹

　　最先到达垫江的文化名人是晋人顾恺之。在垫江太平镇公主峰脚下，有两重山峰产的牡丹花特别艳丽、茂盛，这就是有口皆碑的恺之峰。东晋顾恺之很受大司马桓温赏识，被任用为大司马参军，曾跟随桓温为官长江中游的荆州一带。顾恺之游历巴蜀时，经太平铺，在明月山中看到了牡丹花。顾恺之回到建康后，将牡丹花画在了著名的《洛神赋图卷》上。后来山民把顾恺之赏牡丹花的尖刀山叫作"恺之峰"，把山上的一种牡丹叫作"长康乐"（长康是顾恺之的字）。

　　白居易任忠州刺史时，也曾游历垫江。白居易见横跨垫江的明月山中有丛牡丹花，姿态秀丽，顿时诗兴大发，在通集村十八岭处吟下千古名诗《花非花》："花非花，雾非雾。夜半来，天明去。来如春梦几多时？去似朝云无觅处。"白居易当年还游历过垫江不少地方，在西山白龙洞题写过"龙王洞"三字，署款"香山白居易"。清光绪《垫江县志》中的《新建龙王庙记》载有此事。

　　范成大任四川制置使期间，于乾道六年（1170）作为使节到金国去谈判，当时金朝首都是汴京（今河南开封），从成都至汴京，垫江是陆路的必经之地。范成大途经垫江明月山的峰门铺时，忧心国难，心情郁闷，写下《垫江县》这首诗歌：

> 青泥没髁仆频惊，黄涨平桥马不行。
>
> 旧雨云招新雨至，高田水入下田鸣。
>
> 百年心事终怀土，一日身谋且望晴。
>
> 休入忠州争米市，暝鸦同宿垫江城。

从《垫江县志》透露的信息来看，该诗大约作于 8 月前后，牡丹已经凋谢。如今每年太平镇举行"牡丹节"，游人如织，笑靥如花。牡丹依旧，古人知否？

◆ 峰门铺

垫江县上接巴渝之雄，下引夔巫之胜，为蜀中陆路重要节点，峰门铺正好处于四川邻水到重庆垫江的交界处。

峰门铺两峰壁立、一径中通，故称峰门。古名巾子山，明成化十四年（1478）垫江知县杨珍创立峰门铺，后也叫峰门关、峰门山。

南宋建都临安后，原以开封府为中心的全国驿道网络相应调整，四川与宋廷的邮传交通也由南北向转为东西向。王象之《舆地纪胜》谈到成都与临安间的邮传："自成都至万州，以四日二时五刻，从铺兵递传。自万州至应城县九日，应城至行在十四日，则以制司承局承传。"其中成都至万州的交通取陆路经过垫江，是历史上溯峡入蜀最便捷的"京蜀驿道"。

淳熙二年（1175），范成大赴任四川制置使，在万州"至此即舍舟而徒，不两旬可至成都"，根据纪行诗中的地名，其由万州西行经过了梁山军（今梁平区）、垫江县、邻山县（今邻水县兴仁镇）、邻水县、广安军（治渠江县）、汉初县（今武胜县汉初村）、遂宁府（治小溪县）等地。

现存峰门铺的崖壁上题有多通摩崖石刻，时代历宋、明、清、民国不等，摩崖石刻群中最早的一方石刻是宋徽宗重和元年（1118）刻的《潼川府路界》，距今已近千年的历史。此外还有南宋时期的《建炎三年碑记》《庆元年修路记》，大明成化十四年（1478）知县杨珍重修驿站刻的《垫江创立峰门铺碑记》，清《康熙二十三年碑记》以及民国三十一年（1942）刻的《为民除害》碑等。其中明成化十四年刻的《垫江创立峰门铺碑记》，是峰门铺现保存摩崖石刻中字数最多、面积最大的一块石碑。

南宋词人李曾伯在明月山的峰门铺留下《入蜀垫江道间二首》，其中一首以"驿路交游熟，江山契分生。故人梅扑面，薄幸柳忘情"的诗句，再现了当时驿站的热闹景象。

峰门铺见证了历史的沧桑，今天峰门铺厚重的石头城墙静静地矗立在明月山间，明月残照，古也悠悠，今也悠悠。

宝鼎山
千年佛道教场

宝鼎山又名宝顶山、鸣凤山。位于垫江高安镇跳石与沙河乡之间，因其峰高顶尖、常有凤凰鸣叫而得名。

民国二十五年，清朝沙河乡殷姓举人的后人献送殷举人的"宝鼎"二字书法遗作一幅，被摹刻在山上寺庙大雄宝殿正面香台下的石壁上，从此改名为"宝鼎山"。

宝鼎主峰峰顶由一礅巨石构成，呈凸出的半圆形，东面是刀切斧劈似的悬崖，人称"舍身崖"。在峰顶的平台上，有一个八角亭。亭旁立有一块双面麒麟石雕，一面无鳞，一面有鳞，为一雌一雄。上有横联，一面已完全看不清，另一面能模糊认出"普贤盛景"四个字。据四川文物考古研究所专家考证，为北宋年间所刻。从八角亭举目远眺，东南方向的忠县、丰都、涪陵等县尽入眼帘，江河如玉带，炊烟袅袅，江山如画。

宝鼎山还有一个特别的现象，冬季的雪只积于山脉的西坡，而东坡无雪，故名"断雪"，"断雪禅林"之名由此而来。

唐朝初年，李氏皇朝崇尚道教，贞观四年（630），一云游道长路过宝鼎山，远看宝鼎主峰像一仰卧着的道士，爬上山顶一看，宝鼎最高峰又像一盘腿坐着的道士，主峰两边的两个小山峰似道士的双膝。"盘腿道士"前面有一小山峰，恰似一只香炉，香炉下还有一只昂着头的石龟。道士认为此山与道家有缘，是难得的修建道观的理想之地，于是上报朝廷在宝鼎山修建了清风观。一千年后，清朝乾隆时期，道观已然凋落。湖南耒阳敖山一位姓贺的高僧（人称"大智和尚"）云游四方来到宝鼎，看到宝鼎山清风观虽然破败不堪，但此地风景优美，于是重修，改道观为佛教庙宇光相寺。

20世纪70年代初，宝鼎林场工人挖土护林时，在瞎马寨附近一个叫店子垭口的地方，出土了多件新石器时代的物件，这说明几千年前瞎马寨就有人类居住和生活，据此推测宝鼎山当时是一块"风水宝地"，极其适合人类生活繁衍。

宝鼎山香火十分兴旺，最热闹的要数每年的二月十九、六月十九和九月十九，其间上山许愿、还愿、烧香拜佛的信徒摩肩接踵、络绎不绝，山上更是人山人海，热闹非凡。据当地老人讲，从六月初开始，邻近几个县的香客便从四面八方涌向宝鼎烧香。他们敲锣打鼓，抬牲挑烛，从山下的永安、跳石、沙河邻近的几个庙起香，向宝鼎山进发，沿途香不熄，口不停，每十来个人就有一个"叫口"领头诵经。朝拜活动持续时间可达一月之久。

对于宝鼎山，诗人眼里有另外一种注释："朝来踏露上亭楼，千里辉煌一眼收。冉冉旭阳生紫气，茫茫雾海锁瀛洲。"从诗歌的表达中，我们仿佛看到了宝鼎山雅致而又富有灵气的一面。

无论宝鼎山被赋予什么样的内涵，宝鼎山还是宝鼎山，它静静地注视着这片土地，看农人耕作，听诗人吟咏，时空的记忆里留下儒家、道家与佛家的痕迹，这就是最中国的生活景象。

区县地名

重庆市地名文化故事

- 「忠」之城
- 秦家上祠堂
- 白公祠
- 石宝寨

忠县

肝胆侠骨，忠义之城

◆ 忠县
余鸿 摄

简介

- 忠县位于重庆市中部，地处三峡库区腹心，东邻石柱土家族自治县，南连丰都县，西接垫江县，北靠万州区、梁平区。忠县面积 2187 平方千米。人口 72.10 万。

  忠县历史文化厚重，有文字记载的历史 2300 多年，有文物佐证的历史近 6000 年，被白居易誉为"巫峡中心郡"，历史上涌现了巴蔓子、严颜、秦良玉等一大批忠臣良将，唐代"四贤"白居易、刘晏、陆贽、李吉甫曾为官忠州，以忠义、忠诚、忠信、忠勇、忠孝为内涵的"忠文化"享誉华夏，是中国历史上唯一以"忠"命名的县级行政区划。

  忠县是全国 66 个文化旅游大县之一，境内拥有世界八大奇异建筑之一的石宝寨、全国两座白居易祠庙之一的白公祠、堪称"中华一绝"的汉阙、"江中仙岛"皇华城等文化旅游资源。作为"中国柑橘城"，忠县种植有柑橘 36.5 万亩，派森百橙汁享誉全国。

地名由来

- 忠县，简称"忠"，"忠"意为诚心竭力。唐太宗贞观八年（634），因巴蔓子刎首留城，严颜、甘宁忠勇，"义怀忠信"，改临州为忠州。

  汉武帝元鼎五年（前 112），置临江县。为建置之始。唐太宗贞观八年（634），改临州为忠州。时县地为临江县，属忠州领县。明洪武时期，并临江县入忠州，州县合一。民国二年（1913），废忠州，名忠县，地名至今不变。忠县以"忠"为名近 1400 年。

地名趣谈

- 忠县的"忠"字,是一本讲也讲不完的书,是一股让人感受强烈的气节,是脑海里闪过的无数人名:巴蔓子、严颜、秦良玉、甘宁、谭宏……却又不止这些。作为长江沿岸的城市,这里的文化气质跟别的地方都不太一样。从石宝寨的宏伟,到白公祠的淡雅,再到秦氏祠堂的庄严,忠县用飒爽的姿态讲述着一个个关于忠、孝、仁、义的故事。

◆ "忠"之城
留城以首巴将军

全国地名中以"忠"字为名的城市，仅忠县一个。

最开始的时候，忠县叫作临州。这是因为忠县的地理位置位于大巴山脉褶皱地带，地层构造的褶皱挤压为山崖造成许多断层，岩石中的盐遇水溶解，汇集成盐水，为这里提供了产盐的基础条件。而盐字在古代，通"临监"二字，因此忠县始称临州，后又改为监州。

东周末年，群雄四起。出生于临州的古巴国将领巴蔓子为解巴国之困，向楚国借兵。借兵时巴蔓子允诺楚王，事成之后将三座城池送与楚国。楚国出兵解了巴国之困，向巴国索要承诺的三城。巴蔓子既不愿行不忠之事割让城池，又不愿行不义之事违背诺言，唯有献出自己的项上人头以示忠义。

巴蔓子死后，巴国深受其恩，将他的无头之身厚葬于巴国首府江州（今重庆城）。楚王也被其精神与义举感动，对他的头首奉以上卿之礼，葬于楚国荆门山之阳。

巴蔓子的故事，发生在 2400 余年前。

时间来到三国时期，蜀国名将张飞奉刘备之命率军攻打江州，当时驻守江州的将领恰恰也是临江人，名为严颜。几次交锋后，严颜战败被俘。张飞问严颜，大军兵临城下，为何不降？严颜义正词严地回答："卿等无状，侵夺我州，我州但有断头将军（巴蔓子），无降将军也！"

张飞一气之下，命人将严颜推去砍头，但严颜临危不惧，宁死不降。张飞不禁被严颜的气节折服，不仅放了严颜，还将其拜为贵宾，以礼相待。

严颜的故事，距今已有1800余年。

这两个人物及其故事，虽然都闪耀着别样的光芒，但若放在历史的长河里，也不过是散落的星辰，没有人会拿来做什么文章，直到唐太宗李世民的出现。

史书并没有详细记载为何唐太宗李世民会突然从历史的长河里看到这两位临州人的忠义故事。想来应是一份奏折，或是一首诗，又许是一支曲子提到了以上两位，唐太宗这才有了灵感，将临州改名为忠州，意在嘉许此地辈出忠义之士。

有了御赐的加持，忠州正式进入了人们的视野，以忠义之城的名义。

◆ 秦家上祠堂
何必将军是丈夫

忠县一直以来都与肝胆忠义脱不开关系。三国后期，东吴名将甘宁也出生在这里。

年少时便已经过着游侠生活的甘宁，纵横江上，自称"锦帆贼"。他任性又胆大，爱冒险又重情义。因在荆州不受将领黄祖的重视，经苏飞点拨投奔东吴。后在东吴大破荆州时，为报点拨之恩，甘宁赌上自己的性命为苏飞求情。

如果忠县籍的忠烈之士有一个排行榜的话，甘宁或许不靠前。能与巴蔓子、严颜一争高下的后继之辈，大概只能是女将秦良玉了。

在忠县洋渡镇上祠村，有一座建于清代的秦家上祠堂，为明末女将秦良玉家族后裔集资修建而成，上祠村的得名也源于此。

秦良玉，忠州人，是中国史书里唯一一个被记录入将相列传的女将领，被封为"忠贞侯"。

秦良玉的一生都是在兵戈戎马中度过的。年少时的她就文武双全，不仅写得一手好文章，还习得一手好刀枪。到了婚配的年纪，她嫁给了石柱宣慰使（土司）马千乘。马千乘的石柱土司的身份，为秦良玉提供了尽情展现的舞台。

她协助丈夫培养了一支骁勇的军队，人称"白杆兵"。她成名的第一战，便是随丈夫前往播州（今贵州省遵义市）平乱，大破杨应龙军。战后点算军功，她列第一，但她却在报功时隐去了自己的姓名。

随后，刚取得一点成就的丈夫马千乘就被宦官陷害，病死于狱中。因秦良玉声名鹊起，朝廷以子幼妻继为由，让她接管了丈夫的土司职位。

明朝末年，整个王朝外患内忧。外有后金、清兵屡屡侵犯，内有流匪四处造反。而已经走向腐朽的大明王朝，多年的内耗让国防、军事、政治、经济脆弱得不堪一击。

秦良玉先是率兵平定了奢崇明四川之乱，后皇太极进兵围京都，秦良玉受命进京勤王。没得到军饷，她便用自己的家产贴补。白杆兵神勇无敌，一路逼退清兵，解了皇城之困。崇祯皇帝作诗四首，赞道："由来巾帼甘心受，何必将军是丈夫。"

张献忠四川起义爆发后，秦良玉再次受命镇压，与儿子前后夹击，迫使张献忠败走湖广。随后秦良玉提出愿自出一半军饷，彻底击败张献忠，却因朝中无钱补足另一半军饷而作罢。这也为之后的张献忠卷土重来埋下了隐患。

后张献忠攻陷武昌时，70岁高龄的秦良玉又主动向朝廷献计，送上四川军事要图，建议设防十三个关隘，却因官员昏庸未被采纳。最终成都失守，张献忠入川，大肆杀掠四川百姓。秦良玉率"白杆兵"死守石柱城，提笔写下著名的《固守石砫檄文》，誓不接受招安与投降。而张献忠也畏其神勇，不敢来犯。

直至秦良玉75岁寿终之前，石柱在她的领导下，始终未曾被攻破。

秦良玉的故事，又一次点燃了忠县的忠义之魂。如今还镌刻在秦家上祠堂石壁上的秦氏祖训中写道："惟我秦氏，堂号三贤。七十二子，有我四焉。至圣称我：好道乐善。历代祖先，忠孝两全。"

◆ 白公祠
江州司马青衫湿

"忠"之一字,并非只能由武将来完成,武将有武将的忠,文人也有文人的忠。

提起与忠县有关的文人,没有人绕得开白居易。

在忠县,有条街道叫白公街道,有座桥叫白公桥,有座山叫香山,有间祠堂叫白公祠。

公元 815 年,因得罪权贵,白居易被构陷,贬为江州司马。三年后,白居易调任忠州刺史。那一年的冬天,诗人白居易自九江登船逆流而上,过巫峡穿夔门,在瑟瑟寒风中抵达了长江边上这座贫瘠之城。

弃船登岸的白居易在川江闻名的冬雾中抬起头来,迎接他的是一串望不到头的码头台阶。费了好大的劲登上台阶,只看到一条连马车也过不了的狭窄街道。这里,竟蛮荒到如此地步吗?

从白居易的诗中,我们能清楚地看到他初到忠县时对这座城市的排斥。回想起京城的繁华,回想起自己被构陷的遭遇,甚至在江州时的日子,也比这里好过许多吧。

既来之,则安之。中国文人毕竟心怀兼济,虽然在自己的诗中写道"忠州且作三年计",但白居易还是慢慢将在忠县的生活理顺了,并过得尽量怡然自得。

在忠县三年任职期间,白居易怀揣着回到京都的抱负与理想,脚踏实地为忠州百姓做了许多实事。他首先奖励农业生产,鼓励开荒种粮，发展蚕桑农业；其次他主张减轻赋税，反对横征暴敛，提出"节财用，均贫富，禁兼并"；他还放宽了刑法的尺度，同时颁布了一系列便民、利民的法令政策，深受忠州百姓爱戴。或许是为了韬光养晦，白居易闲时爱上了栽种花果。他将城东边山坡上的荒地开发出来，种上了各种花果。

在忠州三年，白居易共写下100多篇诗篇。在诗中体现出他对忠州的情感变化，从一开始的"巴人类猿狖，矍铄满山野"，到安身立命似的"忠州且作三年计"，再到回到京城后怀念忠州的"时时大开口，自笑忆忠州"。

忠州百姓感念他的恩德，将他修的路称为"白公路"，将他建的桥称为"白公桥"，将东边的山坡称为"香山"（白居易号"香山居士"）。忠州百姓对白居易的爱戴之情无以言表，他们将白居易与曾在忠州为官的刘晏、陆贽、李吉甫并称为"四贤"，在宋代便修建了"四贤阁"以作纪念。后经明、清两代扩建，成为了今天的白公祠。

◆ 石宝寨
留它为砥镇忠州

沿长江抵达忠县，远远地就看见一座倚山的高楼，飞檐翘角，很是雄伟。这便是世界八大奇异建筑之一石宝寨。

◆ 石宝寨

长江边上原是只有一座玉印山的，玉印山算不上是一座大山，其规模更像是一块江边巨石。传说这块巨石是当年女娲补天时遗落人间的，因而当地人又把它叫作"石宝山"。

石宝山山势陡峭险峻，有易守难攻之势。明末时农民起义军谭宏便占了此山为寨，因而有了石宝寨的得名。后明朝灭亡，谭宏依托石宝寨，抵抗了清军十几年，最终因为起义军内部发生分裂而向清朝投降。

从前的玉印山，山顶有一间名为"天子殿"的古寺庙，忠州百姓要想去供奉香火，需冒着生命危险沿一根铁索攀爬而上。到明代中后期的时候，当地的贤达请来能工巧匠研究如何设计出更安全和方便的上山办法，得到的结论是——依山势建一座九层楼高的楼阁，通过楼阁的阶梯爬上山顶。

从山脚到山顶，山势呈现出一个陡峭的斜面。寻常的楼阁在建造之时，层与层的大小是尺寸相齐的。而在石宝寨，每一层都顺着山势往里进行收缩，这样一层叠一层，就形成了今天这种错落有致的外观。

至1956年，石宝寨又加盖了3层，直接通到了山顶天子殿的平坝上，通高达到了50米。远远看去，宏伟壮观，气势磅礴。

三峡工程修建之前，石宝寨与忠县同在一块陆地上，寨脚下还有多户人家，并不觉得偏远。三峡工程竣工后，水位上升，沿江的住房都搬走了，只留下孤单的石宝寨。

水位的提升也让石宝寨经历了一次重大的蜕变。由于石宝寨是原址保护的文物，它没有经历搬迁的痛楚，但水位的提升却让江水可以漫到山脚下来。为了保障它的安全，文物保护专家们在山脚的平台下圈筑起大坝。每年冬季，三峡大坝闭闸后，水位抬高，石宝寨便成了江水环绕中的"蓬莱仙境"，无愧于"江上明珠"的称号。

世界各地的人只要来到忠县，都不会错过石宝寨的游览。因为在这里不仅可以看到世界奇观，还能看到一个全面的忠县，一个将巴蔓子、严颜、秦良玉的忠义故事完全呈现的忠义之城。

重庆市地名文化故事

- 磐石城
- 云安古镇
- 张飞庙
- 龙的传说

区县地名

云阳县

天生天养,龙的故乡

♦ 云阳县

云阳县文化和旅游发展委员会 供图

简介

· 云阳县位于重庆市东北部,处于长江经济带重要节点位置,是三峡库区生态经济区沿江经济走廊承东启西、南引北联的重要枢纽。云阳县东连奉节县,南与湖北省利川市毗邻,西界万州区,北与开州区、巫溪县接壤。云阳县面积3636平方千米。人口92.90万。

云阳县山青、水秀、城美、业兴、文盛,有"万里长江·天生云阳"之美誉。境内1999级人字梯被誉为"万里长江第一梯";千年张飞庙被誉为"巴蜀胜景,文藻胜地";抗元遗址磐石城素有"夔门砥柱,川东屏障"之称;王维、杜甫、苏轼、黄庭坚等唐宋名家在此留下不朽诗篇,唐末云阳人辛寅逊写下中国第一首楹联——"新年纳余庆;嘉节号长春";这里孕育了唐代"巴渝第一状元"李远、清朝爱国将领程德全、清末书法名家彭聚星等历史文化名人。云阳还是中国井盐文化的重要发祥地,产盐史可追溯5000年,所产盐在唐代被列为贡品。

地名由来

· 云阳县名的由来,历来众说纷纭。有说:"云阳旧县治在云安盐场之南,南为阳,故名云阳。"有说:"云阳所辖地故有阳口县治,故取云安县和阳口县之首字,名曰云阳。"又有说:"因四时多云,地处长江北岸得名云阳。"

东周赧王元年(前314),秦灭巴国,在原巴国置巴郡,在云阳地域建县名"朐忍",为建县之始。元世祖至元二十年（1283），省县入军，军改为州，云安县改名云阳州。"云阳"之名沿用至今700多年。

地名趣谈

- "峡里云安县，江楼翼瓦齐。两边山木合，终日子规啼。"这是诗圣杜甫写于唐永泰元年（765）的诗。诗中的云安就是现在的云阳县。

云阳县位于重庆市东北部，距中心城区310千米，是三峡库区生态经济区、沿江经济走廊承东启西、南引北联的重要枢纽。云阳县属喀斯特地貌，地形近似以东南西北为顶点的菱形，呈现出山岭交错的地貌特征。长江横贯其中，南北各有两条支流，分别是彭溪河、汤溪河、长滩河、磨刀溪。云阳码头众多，其中最出名的码头有云安码头、老城码头、青龙嘴码头、张飞庙码头、龙角码头、新津码头等。

三峡库区蓄水之后，云阳县人民政府驻地由云阳镇整体搬迁至双江镇（现双江街道）杏家湾社区，是三峡库区搬迁最远的县城。云阳新城地处澎溪河与长江交汇处，背靠磐石山，磐石山岭像龙脊一样盘旋在县城，与云阳龙文化相互映衬，万里长江第一梯——登云梯直达山顶。张飞庙原样搬迁至县城对岸。"一路一灯一景，一街一树一花"的城市新格局，800余亩城市滨江公园，33千米环湖绿道筑建城市地标，让云阳新城本身就成了4A级景区。

这里因盐而兴，因龙的传说而神秘。曼妙的云朵，明亮的阳光，滔滔的江水，悠远的历史，神的传说，凝聚了古巴渝地方文化、盐文化和古今移民文化的云阳从古至今流淌着温润的记忆，并在这山脊之城慢慢展开。

◆ 龙缸

◆ 磐石城

磐石城又名大石城、磨盘寨，位于云阳县新县城至高处，形如巨大磨盘，故名。《华阳国志》中所谓朐忍有大小石城即指此地，乃兵家必争之地。清乾隆《云阳县志》云："磐石城者，夔门之砥柱，东川之保障也。"

磐石城四面绝壁，垂直高30～50米，上面相对平整，磐石城占地约5万平方米，四周仍保留宋代城墙500米。磐石城有前后两寨门。左方绝壁上镌有"磐石城"三个斗大楷书大字，右方石壁上镌有清朝进士许缵曾的《盘石城记》，但已斑驳不能明辨。

磐石城是宋末元初著名的抗元城寨。南宋淳祐二年（1242），宋理宗在四五月间先后召开了三次御前会议，决定让重庆成为四川的政治军事中心，当年十二月任命余玠为兵部侍郎、四川安抚制置使兼重庆知府兼四川总领兼夔路转运使，总领四川地区防务。余玠根据蒙古人不擅长山地作战的特点，采用"因山为垒，棋布星分"的守备战略，在长江、嘉陵江及一些交通要冲选择30余处寨堡进行改造建设，其中包括合川钓鱼城。余玠部将吕师夔驻守云阳，对蒙古军进行了有效防御。南宋德祐元年（1275），元将杨文安攻陷了坚守30余年的磐石城。

乾隆五十四年（1789），涂怀安购得此寨。后大力扩修寨墙，整修寨门，增设枪眼、炮洞。同时，选择低洼处修筑塘库数座，修建房屋数百间，将涂姓人家全部迁至寨上居住，将寨建成一座坚如磐石的军事要塞。在全县246座寨堡中，磐石寨以其坚固、险峻而受人瞩目。

民国九年到民国十三年，涂氏族人对磐石城进行了维修。抗战时期，日军占领宜昌，进逼三峡，国民政府海军部在磐石城下构筑江防工事，成立"江防要塞指挥部"。

1958年3月，成都会议之后，毛泽东主席乘船路过双江，在了解了磨盘寨的历史掌故和沿革后，称这是一个很奇特的地方。

磐石寨门全用巨型石材砌成，非常坚固，上设有警楼，暗置炮位。进入寨门，到处柑橘成林，松竹为圃，风景幽丽。涂凤书在《修磐石城碑记》中写道："山中气候殊佳，隆冬不寒，盛夏不知暑，俯视大江，船从崖底上下，可手引其帆樯也。群山万壑毕聚顾盼中。阴者、晴者、雨者不一其致。已而阴者晴、晴者雨、雨者又晴，俄顷变态百状。雨甫过，烟浮雾涨，长河崇山，俱坠云海底，不复辨识。城如一叶舟，容与荡漾其间，但见波涛澎湃。而已烟云散，则群山如新沐，上有瀑布飞流溅沫下注空际。旧志以'石城烟雨'为云安八景之一，信奇观也。"

◆ 云安古镇

长江之北的大巴山深处有一古镇，一条小溪从古镇中间穿过，这条小溪冬暖夏凉，故名汤溪，这个古镇就是川盐济楚的产盐源地——云安。

远古时期，地壳运动，山体隆起，沧海桑田，形成了盐岩。云安场方斗山背斜周边的含盐地层，由于受地下水的不断冲刷、溶解，以盐泉的形式从复杂的褶曲地层内涌出地面。

云安属巴国之地。公元前316年，秦对巴发起攻击，兵锋直指巴国最后一道盐泉——清江和大宁，不久秦兵很快攻占了巫溪、巫山、奉节县等，置之为巴郡。

据说，在纷乱的战争中，巴国首都夷城的几户人家，携妻带子逃到了偏远的云安，他们见云安山清水秀，人烟稀少，就在这里定居下来。他们开垦荒地，砍柴捕鱼。后来他们发现用溪水煮鱼，味道鲜美且不容易腐烂，原来是溪水有盐的成分。他们相互叮嘱山沟有盐之事不要外传，并在"盐"后加"巴"，称之"盐巴"，以示纪念巴国。由此盐巴一词沿用至今。

童谣曰：强秦国，灭巴国。山沟水，呈白色。你不言，我不语，秦国不晓得。天苍苍，地茫茫，子孙万代皆安康。这个秘密一直保守到近百年之后。

云安汲卤煮盐，以"白兔井"的诞生为标志。公元前206年，汉王刘邦率樊哙由东乡（今宣汉县）入朐忍县（今云阳）招贤募兵。樊哙在云安射猎，见一白兔，一箭射去，白兔负伤逃入草丛。樊哙拨草寻觅，发现石缝中有一股盐泉缓缓流出，泉水呈白色，泉口还有团团白雾升起，和平常的泉水不一样。尝过之后，樊哙报告刘邦此处发现盐泉。刘邦令当地隐士扶嘉在此掘井汲卤煮盐，建成了云安第一口卤井——白兔井，从此拉开了云安汲卤煮盐的历史序幕。后朝廷在朐忍设巴郡唯一的盐官，县城因盐由万户驿（旧县坪）迁至汤口（今云阳镇）。云安制盐形成规模，成为当时三峡地区的最大产业。今天这里的大部分已随着三峡工程蓄水沉入了水中，只有少部分珍贵的建筑被整体搬进云阳新城保存了下来。

云安古镇方圆不足两平方千米，不过弹丸之地，而名寺古刹、庙宇神祠星罗棋布。妇幼皆知的"九宫十八庙"，衍生出千年宗教文化景观。当时号称"十方丛林"的滴翠寺，下临汤溪，背枕绝壁，无数文人骚客在此吟诗作赋，盛赞其景。

云安是典型的移民城镇，五湖四海、天南海北的人们汇集此地，不同地域文化相互交融，在古镇留下深深的烙印。这里的人们各自用自己的祖籍地名为街巷命名，寄托乡思，如湖北黄州人聚居的黄州街、江西人聚居的江西街、陕西人聚居的陕西街……他们还以乡情为纽带建立会馆，形成了古镇特有的社会关系，帝主宫是黄州人会馆，炎帝宫是湖南人的会馆，万寿宫是江西人会馆，牮楼是陕西人会馆……古镇的每一条街都有不凡的来历，每一座会馆都是一段云安的历史。

◆ 张飞庙

当长江三峡的游船经过重庆云阳县时，两岸的风光尽收眼底，一侧是被誉为"三峡梯城"的云阳新城，另一侧便是有着"巴蜀胜境，文藻胜地"之称的千年古刹——张飞庙。青山碧水中，这座古庙与波涛汹涌的长江一起见证了历史的沧桑变迁。张飞庙，又名张桓侯庙，是为纪念三国时期蜀汉名将张飞而建。

张飞生于河北省涿州，死于四川省阆中，他一生中主要战守之地和云阳都没什么直接的关联，那为什么要在云阳长江边上修建张飞庙呢？

传说，关羽兵败麦城后被杀。张飞正驻守四川省阆中，得知关羽遇害的消息后悲痛万分，命令部将在三日之内备齐白旗白甲挂孝伐吴，为关羽报仇。部将范强、张达知道不能在时限内完成任务，害怕被张飞杀头，于是二人取其首级投奔东吴，行至云阳，听闻吴蜀讲和，惊慌之下就将张飞的头颅抛入长江之中。当天傍晚，张飞托梦给云阳当地一个老渔翁，希望老渔翁将他的头颅打捞起来，安葬在蜀国境内。老渔翁一梦醒来，半信半疑，撒网捕鱼时当真捞起了张飞的头颅。人们为了表彰张飞的忠勇，就将头颅安葬在云阳老县城对岸的飞凤山上，这就是张飞"身葬阆中，头葬云阳"的故事。

三峡蓄水之后，按照"不改变文物原状"的原则，这座古庙从飞凤山搬迁至上游距原址32千米的盘龙街道。新张飞庙现存建筑近90%的构件都是老庙拆迁来的材料，并依然保持依山、坐岩、临江的地理特征。张飞庙的搬迁是新中国成立以来地面文物搬迁级别最高、搬得最远、影响最大的一项工程。

张飞庙经宋、元、明、清历代扩建，现存建筑面积1400平方米，琉璃粉墙，金碧辉煌。清末，彭聚星去官归故里休养，与云阳一些名士及庙僧对张飞庙进行大规模文化整理，翻刻全国各地名碑在庙中陈列，使张飞庙由单一的纪念祈福之所变成了"文藻胜地",又书"江上风清"覆盖在"灵钟千古"之上。"江上风清"四个字,每个字约 2 米见方,远远望去,四个大字清晰可见,苍劲古朴的大字和滔滔江水,以及人们对张飞的敬仰成就了张飞庙特有的文化气质。

江上清风,江水悠悠。每年农历八月廿八,张飞生辰,各地群众纷纷前来举行祭祀,一座张飞庙,代表的不仅仅是敬仰,不仅仅是对忠勇的褒奖,更是云阳人民的精神追求。

◆ 龙的传说

传说,云阳是龙的故乡。唐人《十道志》曰:"云阳氏,古之仙人。"汉代《遁甲开山图》:"绛北有阳石山,有神龙祠,黄帝时遣云阳先生养龙于此,历代帝王养龙之处,国有水旱不时,即祀池请雨。"所以云阳的村镇多以龙命名,如龙角、龙泉、文龙、旺龙等,共有 50 余个地名。

传说云阳的西城山中有一古寺,名曰栖霞宫,寺中有龙池,阔八尺,深九尺,产大蜥蜴,其种特异,县人号口夔龙。庙前有金盆池,常见云雾其上。当国家出现旱灾的时候,就会在神龙池祭祀,以此来求雨。除了传说之外,云阳对于龙的图腾崇拜随处可见,公园、景区等到处都雕刻着关于龙的壁画图腾,栩栩如生、精妙绝伦。当地也流传着许多龙文化的习俗,如上巳节,人们游龙脊石，以烛龙灯为盛，奔走相祝。"龙舟之戏，兹县尤嚣，举国狂走，不恤劳费。"

　　当地人民也有着深厚的龙文化信仰，从城市的建设规划以及整体布局中，就能强烈感受到其穿越时空的信仰之力。为了利用当地地形突出龙信仰，人们修建了横穿整个城市的公园——龙脊岭，从地图上看，公园形制宛若一条巨龙入江饮水。

　　云阳龙缸则将龙文化与现代旅游发展结合到了极致。云阳龙缸风景区中建在海拔1010米高悬崖上的"云端廊桥"，以"天空之花"的花瓣作为造型，廊桥上可以全方位欣赏周边美景。其悬挑长度26.68米，廊桥距离地面718米，比美国科罗拉多大峡谷玻璃廊桥悬挑长度还长5.34米，是世界最长悬挑玻璃廊桥。龙缸天坑深335米，坑壁陡峭，坡度近90度，这种直上直下的形态在世界上极为罕见，龙缸天坑因而享有"天下第一缸"的美誉。

　　关于龙的神话传说不知不觉给这个城市蒙上了一层神秘的色彩，随着时间的推移，关于龙的神秘传说也在这片土地上开始得到印证。近几年，云阳普安乡发现了恐龙化石群，且其分布范围广、时间跨度大，具有世界级研究价值。恐龙和龙，这两者之间穿越时空的联系是怎样建立起来的？如果有兴趣，大家可以去云阳亲自体验一番。

重庆市地名文化故事

- 白帝城
- 李白三过瞿塘峡
- 天坑地缝

区县地名

奉节县
千古风流人物的喟叹

◆ 奉节县
奉节县融媒体中心 供图

简介

· 奉节县位于重庆市东北部，长江三峡西口，三峡库区腹心。东邻巫山县，南接湖北省恩施市，西连云阳县，北接巫溪县。面积4098平方千米。人口74.48万。

奉节"控带二川，限隔五溪，据荆楚之上游，为巴蜀之喉吭"，被称为"西南四道之咽喉，吴楚万里之襟带"，为兵家必争之地。奉节县历史悠久，巴楚文化在此交汇，三峡地域特色和风俗民情浓郁，自然山水与灿烂人文在这里完美融合。雄伟的夔门，世界级喀斯特地质奇观，白帝城，夔州古城，诸葛亮排八阵图，刘备永安托孤，使这里形成了以厚重的历史文化为特质，多种文化并存的丰富多彩的自然人文资源。

地名由来

· 奉节县，其得名有多说。其一，《郡县释名》："奉节，唐名，以其奉山南东道总管节制也。"其二，《三峡诗粹·巴蜀胜境古夔州》："夔州，今名奉节……贞观二十三年，取'奉皇节度'。"其三，《今县释名》则讲"唐改今名，蜀先主终，诸葛亮受遗诏于此……县名盖旌武侯托孤寄命，临大节而不可夺，故云奉节也"。然唐高宗永徽以后才有节度使，故第一、二说难以成立，取信第三说。

奉节古称"鱼复"。唐贞观二十三年（649），始称奉节，地名沿用至今1300多年不变。

地名趣谈

• 林语堂曾写道:"三峡确是富有雄壮惊人之美,在中国境内无一处可与之比拟,在世界之上,也属罕见。"三峡的起点就在奉节夔门。山川雄奇,江水灵动,长江辟此一门,浩荡东泻,奔腾呼啸,惊心动魄,"夔门天下雄"的美誉实至名归。

奉节原为夔州府所在地,位于三峡腹地,为军事交通要道,入蜀必经之路,多少英雄人物在此交集,留下千古佳话。文人墨客,平仄韵律,书写着属于这里的历史与传奇,使奉节无愧"中华诗城"的赞誉。

公元 821 年,刘禹锡来到奉节任夔州刺史。他根据奉节民歌加工形成的《竹枝词》,对后世产生了深远影响。其中一首大家最耳熟能详:"杨柳青青江水平,闻郎江上唱歌声。东边日出西边雨,道是无晴却有晴。"

公元 1059 年,唐宋八大家中的苏洵、苏轼、苏辙父子曾到奉节游历,"一年好景君须记,正是橙黄橘绿时"是对奉节景色最准确的描述。

三峡蓄水之后,高峡平湖,新奉节拔地而起,绿意葱茏,闲情雅趣弥漫在城市的每一个角落。鲢子鸡的鲜美、阴沉木的凝重、汀来泡菜的独特都是这座城市的符号,诗与远方源远流长。

◆ 白帝城

奉节白帝城位于长江北岸，地势险峻，红墙灰瓦掩映在郁郁葱葱的绿树丛中，在白帝城的高处可观赏夔门的雄壮气势。绕至庙后，可见蜿蜒的草堂河从白帝山下汇入长江。白帝城自古是兵家必争之地，三面临水，只有北面依山，是三峡的西口，入川的必经之途。

白帝城为什么叫白帝城呢？这和汉代一个名叫公孙述的人有关。公元25年公孙述割据蜀巴二郡，自称"白帝"，并迁鱼复县城于瞿塘峡口，称白帝城，派手下大将任满、田戎等带重兵到白帝城大兴土木，开垦荒地。公孙述在此称帝的十二年，轻徭赋税，全川比较安宁，夔州人民得以休养生息，当地老百姓为纪念公孙述，特在白帝城山上兴建白帝庙，塑造公孙述像供祀。明正德七年四川巡抚以公孙述非正统系僭越为由，毁公孙像改为供奉江神、土神和佛像的"三公祠"。明嘉靖年间，又改为供刘备、诸葛亮、关羽、张飞像，名"正义祠"，终于造成"白帝城内无白帝，白帝庙祭刘先帝"的事实。

发生在白帝城的另外一个著名的事件便是刘备托孤。公元221年7月，刘备挥兵攻打东吴孙权，双方相持八个月，最终刘备在夷陵一带败于东吴。刘备退守永安（奉节），内忧外患，一病不起，于白帝城托孤于诸葛亮。《三国志》中记载先主泣曰："君才十倍曹丕，必能安国，终定大事。若嗣子可辅，辅之；如其不才，君可自取。"刘备带着无限的遗憾离世，诸葛亮协助幼主，尽心辅佐，谱写"三顾频烦天下计，两朝开济老臣心。出师未捷身先死，长使英雄泪满襟"的气节。贞观二十三年（649），唐太宗感念蜀丞相诸葛亮奉昭烈皇帝刘备"托孤寄命，临大节而不可夺"的品质，改名奉节县，奉节一名沿用至今。

　　白帝城最不缺的就是故事。历史上许多名人和白帝城有过交集。公元767年，这一年杜甫已经56岁，距离他生命的终点还有三年的时间。在这一年的秋天，杜甫登上了夔州白帝城外的高台，和所有哀叹秋天的诗人一样，他把眼前的景色和自己内心的所思所想融入一首登高诗作之中，这就是被后人誉为七律之冠的《登高》：

　　　　风急天高猿啸哀，渚清沙白鸟飞回。
　　　　无边落木萧萧下，不尽长江滚滚来。
　　　　万里悲秋常作客，百年多病独登台。
　　　　艰难苦恨繁霜鬓，潦倒新停浊酒杯。

◆ 白帝城大门

白帝城在宋元战争时期发挥了重要作用，考古发现表明，南宋白帝城不仅是一个军事城堡，其本身就是一个依托特殊山水地理环境的军事攻防系统。在遗址现场挖掘出了一批保存完好的火铁雷，印证了文献对宋蒙战争使用火药武器的记载。白帝城为南宋"四舆"、川东"八柱"之一，与重庆城、合川钓鱼城、渝北多功城、南川龙崖城、泸州神臂城等，共同构建了南宋政权西线山城防御体系。

今天的白帝城因为三峡大坝蓄水，已经成了一座江中小岛，一座堤桥连接两岸。白云悠悠，涛声依旧，多少风流人物，一江春水滚滚东去。

◆ 李白三过瞿塘峡

瞿塘峡西起奉节县白帝山，东至巫山县大溪乡，长 8 千米，是三峡中最短的一个。西端入口处，两岸断崖壁立，高数百丈，宽不及百米，形同门户，名"夔门"，长江辟此一门，浩荡东泻，两岸悬崖峭壁如同刀削斧砍，山高峡窄，仰视碧空，云天一线，波涛汹涌，奔腾呼啸，令人惊心动魄。10 元人民币背景图案就是夔门。

公元 724 年秋天，李白第一次到三峡。那时的诗人大约 25 岁。那时的李白意气风发，踌躇满志，颇有仗剑走天涯的豪迈之气。他把自己的这次行程用一首诗歌写得明明白白：

> 峨眉山月半轮秋，影入平羌江水流。
>
> 夜发清溪向三峡，思君不见下渝州。

从《峨眉山月歌》里，我们知道李白将从四川峨眉山出发，沿江而下到达重庆。

公元725年春天，李白在三峡的急流中诗兴勃发，写下了"桃花飞绿水，三月下瞿塘。雨色风吹去，南行拂楚王"的锦绣佳句。三峡的壮丽风光，给年轻的诗人留下了难忘的印象，以至于若干年后，诗人还沉浸在对瞿塘峡美好的记忆里，时常咏怀，先后写出了《巴女词》《江上寄巴东故人》《清平调歌》《观元丹丘坐巫江屏风》诗篇等。

李白第二次到瞿塘峡已经是诗人的暮年。唐朝发生了"安史之乱"，李白出于消灭叛军，恢复国家统一的良好愿望，参加了永王李璘的幕府。不料结果适得其反。受李璘案的牵连，李白被流放夜郎（今贵州省桐梓）。乾元元年（758）春天，李白在浔阳（今江西省九江）告别了妻子儿女，溯江西上，经过三峡赴夜郎贬谪之地。公元759年在瞿塘峡，58岁的李白忧思萦怀，回首少壮时的远游是为了实现人生理想，青云直上。而今"戴罪"在身，沦落天涯，凄风苦雨，怎一个愁字了得！"夜郎万里道，西上令人老"，"我愁远谪夜郎去，何日金鸡放赦回"。

在悲伤绝望已达到极致之时，他落笔写下了悲愤而凄凉的《上三峡》：

> 巫山夹青天，巴水流若兹。
>
> 巴水忽可尽，青天无到时。

三朝上黄牛，三暮行太迟。
　　三朝又三暮，不觉鬓成丝。

　　诗人昔日下三峡时豪情满怀，前途无量；今日上巫山，垂垂暮年，看不到前途，心灰意冷，愁得鬓发成白丝。

　　李白惆怅的情绪并没有持续太久，不知道是不是诗人天生的乐观、豪迈之情感动了上天，李白停留在白帝城时遇到朝廷大赦，李白获得自由。这突如其来的喜讯，点燃了诗人绝望心头的新希望。在一个彩霞满天的清晨，李白乘舟东下江陵（今荆州），怀着惊喜交加的心情，踏上了三过瞿塘峡的航程。

　　水流湍急，舟行若飞，诗人伫立船头，情不自禁地吟出了一首千古绝唱：

　　朝辞白帝彩云间，千里江陵一日还。
　　两岸猿声啼不住，轻舟已过万重山。

　　这首诗明白如话，气势奔放，充满无限生机，被誉为中国第一快诗，堪称"古今七绝第一"。江水悠悠，江山如画。今天当客轮从白帝城驶入三峡时，游人还时常不由自主地吟咏起这首百诵不厌的诗句来。

◆ 天坑地缝

　　天坑地缝风景区约 340 平方千米，北靠三峡风景区的瞿塘峡，南接湖北恩施土家族苗族自治州，东连巫山龙骨坡古人类文化遗址，辖天坑地缝、龙桥河、迷宫河、九盘河、茅草坝五大风景片区。

　　天坑，一般指小寨天坑，位于奉节县荆竹乡小寨村。天坑在地理学上叫"岩溶漏斗地貌"，它是几座山峰间凹下去的一个椭圆形大漏斗。天坑是由地下暗河长期冲击碳酸盐岩岩层，引起岩层塌陷而形成的地质奇观。重庆小寨天坑就是这种地质奇观的代表，是地球第四纪演化史的重要例证，更是长江三峡成因的"活化石"，小寨天坑是世界上最大最深的"天坑"，该天坑口部最大直径 626 米，垂直高度 666.2 米。

　　地缝一般指天井峡地缝，位于重庆市奉节县兴隆镇境内，距离县城 91 千米，于 1994 年 8 月由英国洞穴探险家发现。天井峡地缝呈"V"字形，全长 37 千米。地缝上段地势开阔，林木繁茂，有小溪流淌；中段逼仄，最宽处达 70 米左右，最窄处仅容一人通行；中段溪水有一段注入地下暗河，形成干谷；下段是地下峡谷，专家推测地缝暗河流向了小寨天坑。地缝最深处有 900 米，峡谷两边石壁陡峭如刀削，是典型的"一线天"峡谷景观，被科考专家誉为"天下第一缝"。

　　离小寨天坑不远，还有一处与三峡夔门几乎一模一样的峡谷，当地人称为"旱夔门"。从旱夔门往里，地势险峻幽深，至今仍未全部探明究竟。

  2011年，中国科学院古脊椎动物与古人类研究所研究员黄万波前往天坑地缝景区考察。黄万波发现，这些洞穴是史前人类穴居过的山洞，古人可能在洞中居住了上万年。天坑地缝地区10个洞穴中，有8处发现了古生物化石点和大量哺乳动物化石。

  第二年，在同一时期的堆积层中，科考人员又发掘出了大象、长臂猿、熊等20多种古生物化石，还发现了4枚古人齿化石，对进一步论证确定"奉节人"体质形态提供了重要的依据。该区兴隆洞遗址已被列为与周口店等同等重要的我国重要古人类遗址，是国家重点考古项目。此外科考人员还意外地发现了一只史前人类制作的造型笨拙原始的哨形埙，这可能是迄今发现的人类最古老的乐器。

  那么，小寨天坑是怎么得名的呢？一种说法是，过去山民为了躲避土匪的骚扰，带着干粮扶老携幼到天坑躲避，山民们切断绝壁间的小路后，天坑就成了躲避祸乱的天然坑寨，小寨由此得名；另一种说法是天坑边缘原有一座石砌的古堡寨，其形制相对其他地方的寨堡要小一些，因而得名。

  北纬30度是地球上最奇幻、神秘的一个地带，至今仍有大量未解的自然之谜，也有无法解释的人类文明现象，百慕大、金字塔、珠穆朗玛峰、尼罗河、密西西比河、玛雅文明……一个个神秘的名字都和北纬30度有关。奉节天坑地缝也在北纬30度附近，天坑地缝还有许多未解之谜，对天坑地缝等神秘现象的思考一直萦绕在人们心里，给诗城奉节烙上另外一种气质。

重庆市地名文化故事

- 巫山
- 神女传说与『巫山人』化石
- 抬工号子和巫山烤鱼
- 巫山机场

区县地名

巫山县
离远古真相最近的地方

◆ 巫山县

易登山 摄

简介

- 巫山县位于重庆市东北部，长江中游，三峡库区腹心。东与湖北省恩施土家族苗族自治州巴东县接壤，南与湖北省恩施土家族苗族自治州建始县毗邻，西与重庆市奉节县相连，北与重庆市巫溪县及湖北省神农架林区接界。面积2958平方千米。人口46.25万。

  巫山县人文底蕴丰厚，有巫山神女传说，204万年前的龙骨坡"巫山人"是最早的亚洲人，五千年前的大溪文化是新石器文化的代表。有国家级非物质文化遗产龙骨坡抬工号子，市级非物质文化遗产邓家踩堂戏背二哥号子。还有国家级风景名胜区小三峡、小小三峡、神女峰、长江三峡之一的巫峡、梨子坪国家级森林公园。巫山庙党（党参）、天麻等驰名中药材远销海外，被誉为"中国脆李之乡""中国庙党之乡"。

地名由来

- 巫山因山而名，因江而兴。巫山之名，最早见于《山海经·大荒西经》："有灵山，巫咸、巫即、巫盼、巫彭、巫姑、巫真、巫礼、巫抵、巫谢、巫罗十巫，从此升降，百药爰在。"据《说文解字》记载，"灵，巫也，以玉事神"，故推断认为灵山即巫山。上古唐尧时代，巫山以巫咸得名。明代杨慎在其《艺林伐山》中写道："巫山者，巫咸以鸿术为帝尧医师，生为上公，死为贵神，封于是山，因以为名。"

秦昭襄王三十年（前277），蜀郡太守张若取巫郡，改置巫县。隋文帝开皇三年（583），巫县更名为巫山县，地名沿用至今，1400多年不变。

地名趣谈

• 巫山是重庆东北方向的一个门户，这里有举世闻名的长江三峡风景区巫峡、大宁河小三峡、小小三峡，有着全重庆市最大规模的红叶观赏景观，是长江流经重庆境内的最后一站，与湖北接壤。这里自古以来就是神秘之地，三座大山为这里的地势造就了相对封闭、自成一系的文明传承。这里发现了迄今为止最早的华夏古人类化石，这里盛行着千年的巫文化，这里的远古历史不仅看得见，还能听见与吃到，这里建造了重庆海拔最高的山巅机场。揭开巫山的神秘，才发现原来我们离远古如此之近。

◆ 巫山
到底什么才是"巫"

《山海经·大荒西经》中写道:"有灵山,巫咸、巫即、巫盼、巫彭、巫姑、巫真、巫礼、巫抵、巫谢、巫罗十巫,从此升降,百药爰在。"

意思是有一座叫灵山的山,山上住着十位巫师,经此山上下于天地间,各种各样的药物就生长在这里。巫山的得名便取自于此。

巫是远古时期的一种人群。他们的身份神秘,具有沟通天地的异能,在人世间主要从事医术、祭祀、占卜、预言、星象研究等职业,这是已经被今天人们广泛接受的一种定义。

巫山之所以名巫,大概率与这层意思脱不了关系。

抛开神话的虚无,在有证可考的记载中,巫山一带,自古出产丹砂、盐和药材。后人们相信,当年的巫师们,无意间看到了山上出露地面的盐泉,发现了盐的奥秘。

他们掌握了将汩汩盐泉通过蒸发、结晶的方法,制出颗粒洁白的盐晶。而丹砂,也在制盐的过程中被他们发现。这种产量稀少、可以入药又可以用作颜料的赤红之物,成为了世人追捧的珍宝。

仼非洲、澳洲的原始部落里有一种说法,称掌握了制盐技术的工匠为"懂得盐魔法的人"。如果将制盐和提取丹砂称为魔法的话,那么最早掌握这两项技术的巫山人,便真的成为了《山海经》中提到的巫。

现代人对巫的理解,大多偏于它是一种封建迷信余孽。这种理解并不错，但却有些片面。在巫山县博物馆里珍藏着很多傩戏面具，这些面具被雕刻描绘得恐怖狰狞，一方面传达着远古高山部落对鬼神的崇拜，一方面却具有相当现实的意义——为行医、治病、祭祀等行为增加神秘感。

傩戏，又称鬼戏，是汉族最古老的一种祭神跳鬼、驱瘟避疫、祈求安宁的娱神舞蹈。远古的巫师们在跳演傩戏时，脸上都要戴上一种特制的面具，也正是巫山博物馆里珍藏的那一种。

综上所述，真正的巫并不是巫师，而是巫文化工作者。他们的工作除了认识自然、认识世界以外，他们还为了解自身而努力。他们是星空的仰望者，是自然的了解者，是世上一切秘密的探索者。

◆ 神女传说与"巫山人"化石

巫文化的故事早已证明了巫山的神秘属性，但却并不是巫山神秘属性唯一的证据。神女峰的传说与"巫山人"化石的出现，更加有力地将"神秘"二字烙印在了巫山这个地名上。

长江自青藏高原一泻千里，来到巫山境内，被大巴山、七曜山、巫山三面围堵。其中南北走向的巫山，被长江硬生生冲劈出一道豁口，形成了长达46千米的巫峡。巫峡两岸高山耸立，崖壁陡直，十二个峰头被人们誉为"巫山十二峰"，并附以神话传说增添其神秘色彩，其中最有名的，便是巫山"神女峰"。

相传炎帝的女儿瑶姬美丽又善良，可偏偏长到刚成年便夭折了。炎帝思念女儿，便将女儿封为巫山云雨之神。战国末年，楚怀王巡游高唐，午睡时分做了一个梦，梦见了神女瑶姬与之相会，主动让出半枕求爱。梦醒后怀王无限惆怅，命人于巫山修建神女庙，以示思念之情。后战国词赋家宋玉将这一段往事记录在了自己的《神女赋》一文中。

后人往往用"巫山云雨"来描述男女欢爱之事，而神女瑶姬偏偏又是掌管巫山云雨的神灵；而神女峰正好在巫峡中，因为高山峡谷的原因，常年笼罩着一层云雨雾气。这样一来，倒不知是神话在先，还是后人附会编织了传言。

相比起神女传说的不确定性，在巫山庙宇镇发现的龙骨坡遗址，用板上钉钉的"实锤"，呈现了一个200多万年前的人类活动遗迹。

1984年，巫山庙宇镇的村民在耕作时，无意中发现了一块远古"龙骨"动物化石。得到消息后的科考队专家迅速组织起团队，抵达了发现化石的地方。经过长达四年缜密的科考挖掘，专家们从附近洞穴的堆积层里，陆续发现了一段带有两颗下齿的人类下颌骨化石和一颗人类门齿。

这是古人类考古学上极端重要的大事件。一直以来，古今中外都认为，人类发源于非洲。虽然一直有学者提出人类起源也有可能是在亚洲的说法，但由于缺少400万~200万年前的实证而不被认同。在巫山龙骨坡发现的人类化石，充分证明了早在200多万年前，巫山就有人类活动了。

科学界将这人类化石的主人命名为"巫山人"，他极有可能是今天巫山人的先祖。与牙齿化石一起发现的上千件人力制造的石器，就是"巫山人"在远古时期使用的工具。而发现化石的地方，也因此有了一个正式的名字——巫山龙骨坡遗址。

◆ 抬工号子和巫山烤鱼
"非遗"好听还好吃

在巫山龙骨坡遗址所在的庙宇镇，当地流传着一个非遗项目——抬工号子。抬工号子，是远古人民在没有重型起重设备时，多人协作搬抬重物时演唱的一种歌谣，具备着指挥与协调的功能，相当于川江上纤夫们所唱的川江号子。

多人搬抬一件重物，需要将重物进行捆绑。每个捆绑处都有两名抬工承受担挑的重力，正常的抬工数量搭配都是2的倍数。视重物的大小，一次搬抬少则2名或4名抬工，最多能达到32名抬工。大家都需要走出一样的步伐节奏，否则就很容易拉扯，无法将力气使于一处。

走在最前方的抬工叫作"尖子"，他起到指挥的作用；走在最后面的抬工叫作"把子"，他起到了队伍舵手的作用；中间所有的抬工都称为"窝子"，他们的责任是绝对听从"尖子"的号令。根据抬工号子的音乐速度，分出两种抬工号子，节奏快的叫快腿号子，节奏慢的叫慢腿号子，具体到实际运用阶段，由"尖子"根据地形、人员的具体情况来交叉使用。

就这样，古代巫山龙骨坡的抬工们，在抬工号子的作用下，可以抬起 750～2000 公斤的重物，简直让人难以相信。

联想到龙骨坡遗址发现的大量石器，不由得叫人猜想，也许正是因为有了远古文明曾存在于此，常年的岁月风霜才使人们积累出了这样的智慧。

而在巫山出土的文物中，一个汉代庖厨陶俑却将烹饪美食的智慧展现无遗。

巫山人生活在长江沿岸，自古有着捕捞渔获的习俗。在长江边上的万州、巫山、奉节等地，都有吃烤鱼的传统。曾经一度，巫山烤鱼与万州烤鱼之争闹得沸沸扬扬。

万州烤鱼声名在外，大概是万州人更擅长于在外地经营餐饮业的缘故，许多外地人说到烤鱼，一定会提起一个在他家乡开设的万州烤鱼店。

而烤鱼之归于巫山，则是因为前面提到的那个汉代庖厨陶俑。陶俑一身厨师打扮，手上拿着一个类似烤盘的托盘，托盘上是一整条鲜活的河鱼。

巫山人相信，这就是烤鱼最早的形态。人们根据汉代庖厨的图示，融合腌、烤、炖三种烹饪手法，借鉴川菜和火锅使用的调味方法，呈现出色、香、味俱全的巫山烤鱼风味美食。

2019 年，巫山烤鱼荣登重庆市第六批非物质文化遗产名录，于是巫山又多了一个值得夸耀的名头。抬工号子加上巫山烤鱼，巫山的非遗可谓好听又好吃，特色又多元。

◆ 巫山机场
把机场建成山巅风景

长江三峡自古以来便是旅游风景名胜地。古代大量的文人墨客在这里留下了足迹与赞叹，以及数量众多的佳作名句，这里也一直被现代旅游业追捧。

2019年前，要去长江三峡游览有两个出行选择。第一种方式最为经典，从重庆登船，顺江而下，游船经历一天一夜抵达奉节，正式进入长江三峡的第一峡瞿塘峡。再行半日的路程，抵达巫山，进入巫峡。又历半日，来到湖北秭归，进入最后一峡西陵峡。

第二种方式盛行于近几年，由重庆中转，从高速公路或高铁依次直抵以上三座城市。这种方式看似快捷了许多，但却不利于一站式游览观赏长江三峡全貌。

无数重庆旅游人曾设想，假如在巫山有一座机场，游客直抵三峡中段的巫山，登船逆水而上可至夔门，顺江而下可抵秭归，岂不快哉？！然而理想很丰满，现实却非常骨感。要想在满布崇山峻岭的巫山开辟一个机场，犹如登天之难。

巫山的地理构造，完完全全处于几大山脉的褶皱之处，整个城市包括乡村都建造在山区，想要找到一个较为平坦的坝子几乎没有可能。

但机场的建造，对于巫山及毗邻地区又具有无限大的益处。经过世界级的专家近十年的全方位论证，最终巫山机场的选址定在了巫山与奉节交界处，海拔1771米的高山之巅。

2015年，巫山机场正式动工。被选中的七座山头并不平坦，但好在足够密集，理论上，只需要将七座山头突起的部分削平，低洼的谷底填高，就可以实现修建目标。

但整个巫山的山体，遍布坚硬的花岗岩地质。削平的山头和低洼谷底的填埋，如果达不到足够的硬度，便容易引发塌方、泥石流等自然灾害，同时也存在巨大的环境破坏隐患。

为了克服这一困难，在巫山机场的修建过程中，每天有不少于2000人、800台现代重型机械忙碌运作，历经了近4年的时间，终于建成了重庆市海拔最高、风景最美的支线机场。

2019年，巫山机场正式投入使用，年旅游吞吐量达28万人次。

今天的巫山机场，是观赏神女峰最佳的观景台，迎面就能看到云雾之上的神女峰，相较在邮轮上看到的那样遥不可及，峰顶那形似神女的山石近在眼前。这里还是俯瞰巫峡的绝佳之地，整个巫山的山色与峡景尽收眼底。这里是长江三峡旅游线路的新起点，而它自身也成为了长江三峡旅游线路上的一道绝美新风景。

重庆市地名文化故事

- 巫咸国
- 宁厂古镇
- 荆竹峡悬棺
- 『和尚拜塔』和猫儿滩

区县地名

巫溪县
深山里的故事大会

◆ 巫溪县

巫溪县文化和旅游发展委员会 供图

简介

• 巫溪县位于重庆市东北部，地处渝陕鄂三省市交界处，南近长江天险，北临巴山要隘，是北方经陕西进入长江三峡的重要门户。东与湖北省神农架林区、竹溪县接壤，南与奉节县、巫山县毗邻，西与开州区、云阳县相连，北与城口县、陕西省镇坪县接界。面积4030平方千米。人口38.87万。

巫溪县古称"上古盐都"，今誉"峡郡桃源"，是"巫巴文化"的故乡。巫溪孕育了神秘的巫文化、盐文化；是中华烤鱼文化的发源地，有"国家历史文化名镇"——宁厂古镇；有神秘悠远的盐马古栈道，有雄险奇秀的云台峰，有堪称世界之谜的荆竹坝西汉岩棺群，有三峡库区唯一未被淹没的古县城大宁古城。

巫溪县山清水秀、资源富集，被誉为三峡库区的"生态明珠"，是全市第一森林资源大县，森林覆盖率达69.7%，是旅游观光、休闲度假的一方胜地。

地名由来

• 巫溪县，因旧时属巫咸国，且境内有条穿越全境古称巫溪的大宁河，故旧称大宁县，后因与山西省大宁县同名，遂改为巫溪县。

东汉建安十五年（210），蜀分巫县北境设北井县，为巫溪建县之始。《水经·江水·巫溪水注》："水南有盐井，井在县北，故县名北井。"北周武帝天和三年（568），北井县并入大昌县，属大宁州。明洪武九年（1376），降大宁州为大宁县。后大宁县几经变迁，于民国三年（1914）改为巫溪县，地名至今不变。

地名趣谈

• 巫溪的特别，是由一个个民间故事组成的。从远古时期的巫咸古国传说到宁厂古镇可以溯源的盐业神话，从悬棺丧葬的神秘色彩到善恶有报的各类地名传说……都在告诉世人，山、海、天、地，都是人们对大自然寄托崇拜之情的实物载体，这崇拜激发出劳动人民的想象空间，让身处深山之中的巫溪，看到了一丝丝原始的希望；让渴望走出大山窘境的巫溪人，有了被世界看见的与众不同。

◆ 云台寺

◆ 巫咸国
假作真时真亦假

巫溪与巫山,从文化根源上探源,二者密不可分。那座被巫山人视为人类起始之源的宝源山,其实横跨巫山与巫溪两个地域。而被史料记载得含糊其词的古巫咸国,可考的证据也只有宝源山。那么,巫咸国所在之地,到底是巫山还是巫溪?

巫溪是一个在地理位置上不太占优势的地区,这里深处大山之中,长江水道并不流经其土域,交通十分不便。旧时若想前往巫溪,走水路到巫山或奉节,再沿着山路弯弯绕绕,才能到达。

当巫山发现了改写人类起源历史的"巫山人"时,人们关注的目光就都被巫山给抢了去。又因为考古学上的证据,人们将在宝源山发生的一切都默认归属给了巫山。

而巫溪人对于古巫咸国的归属,却有自己的看法。他们认为,古巫咸国真正所在的位置,其实是在巫溪。

因为在巫溪,自古以来流传着许多关于盐泉的传说。按照考古学专家对"巫"的解释,他们认为,巫是掌握了盐泉与制造盐晶的人。考古学相信巫咸国就在宝源山中,是一个利用盐泉开启智人时代并以此为中心建立起经济命脉的远古国度。宝源山虽然跨境巫山与巫溪两地,但宝源山的盐泉,至今仍在巫溪境内。

关于这眼盐泉,巫溪的传说是这样的。说是远古时期一位猎手追踪一头白鹿,一直未能捕获。后来白鹿将他引到一眼泉水旁,白鹿化作银光,消失不见了。猎人追踪了一天一夜,口干舌燥,看到泉水不及他想，埋头就饮。泉水入口苦涩，带着咸味，不仅不解渴，还越喝越渴。猎手百思不得其解，遂取了一筒带回部落，请部落的长老查看。长老一看之下，发现这是盐卤水，惊喜不已，称发现了宝藏。

这就是在巫溪人人会讲的传说故事——白鹿引泉。至今在巫溪境内，仍有白鹿这个地名。

传说故事到了这里，后续的发展可想而知。远古的人类部落发现了一眼盐泉，接着他们通过长期的观察发现，许多猎物会跑到盐泉附近取水喝补充能量，这就解决了他们围猎动物的难题；后来又发现，经过盐水浸泡的猎物，吃起来有滋有味，口感更好；盐泉又可以消炎，处理伤口……总之，各种各样的方便与好处，让这个远古的部落最终决定，将自己的家安在了这眼盐泉附近。

巫溪人相信，这支部落，就是巫咸国最早的原住民。因而形成了新的说法，说巫咸国中的"咸"字，便来自于盐泉的咸味。

以盐泉为生活中心，这支远古人类部落慢慢发现了盐水结晶的奥秘。于是，盐开始生产，并走上了贸易之路，盐就成为了他们的经济支柱。他们用盐置换各种生产与生活物资，用盐打通前往外界的道路，用盐生生支撑起一个名为巫咸的国度。

这就是巫溪人关于巫咸国的传说故事，也是他们愿意相信的真相。

然而历史的真相是，关于巫咸国是否存在，至今也没有一个定论。巫咸国唯一的记载，出自《山海经·海外西经》："巫咸国在女丑北，右手操青蛇，左手持赤蛇。在登葆山，群巫所从上下也。"

而众所周知，《山海经》作为一本上古神话古书，其记载是否真实已经无从考查。即便将其视为真实记录，其记载中的"登葆山"在哪里，是否就是今天的宝源山，更是无法考证。

所谓真相，原本就是拿来让人相信的。当传说无据可考时，人们愿意相信的那个传言，从某种意义上来说就承载了真相原本的意义。假作真时真亦假，大概就是这个道理。

◆ 宁厂古镇
古法制盐的黄金时代

在巫溪，有一座与众不同的古镇，名为宁厂古镇。

在今天人们的印象中，古镇，就是遍布现代商业痕迹的古建筑群。无论是举世闻名的江南周庄、乌镇，还是云南丽江、束河古镇，无一不具有此特征。而宁厂古镇给人的印象则全然不同。这里没有商业痕迹，没有人头攒动，有的只是断垣残壁和人类早期工业活动的印记。

曾经的宁厂古镇，是一座古代"盐业工业城"。大概是为了采盐方便，古城在靠近后溪河的岸边，离宝源山下的盐泉并不遥远。后溪河流过古城，在不远处便汇入了大宁河，这大概是大宁古镇得名的由来。

大宁河连接长江，自古通航，古城选址在此，多半也是为了盐的运输便利。如同黔江的濯水古镇同样具有盐运码头的重要功能。而与濯水古镇不同的是，这里同时还是盐的生产基地。

《华阳国志校补图注》："当虞夏之际，巫国以盐业兴。"这说明早在夏朝乃至夏朝之前，宁厂古镇便有了制盐的产业。毕竟巫咸国若真的存在于此，盐就必定是国人唯一的经济命脉。

从周朝到先秦，宁厂的制盐技术越趋成熟，以盐为生的当地人在这里形成了一个集中的生产地，家家都将宝源山上的盐泉引入门户，户户都以熬盐为生。

熬出的盐，在后溪河与大宁河交汇处的码头装运上船，顺着大宁河来到长江，为长江上下游提供食盐；或是经陆路，绕行大巴山，北上送达陕西境内。这里的盐产同时满足了渝、陕、鄂等地的用盐需求。

随着时代发展，人们对盐的需求越来越大。巫溪毕竟地处深山，交通不便。到了汉朝的时候，人们想着，能不能将盐卤顺着宝源山引到巫山呢？巫山就在宝源山的另一头，且有陆路直通长江边，以巫山作为盐运的中转码头，岂不是比巫溪更为便捷？

然而，所谓天堑并不是那么容易攻克的难关，经过数次论证与尝试，引盐卤入巫山的想法最终无法付诸实践，巫溪的宁厂仍然承担着盐业生产与贸易输送的重要职责。

到了北宋年间，宁厂盐正式纳入了官盐系统，开始设立大宁监，对盐户和盐商进行征税，宁厂盐业有了正式的管理机制。一时间，后溪河北岸再无空地，越来越多的盐产业工作者在这里定居下来，加入盐业生产与销售大军。

时间来到南宋时期，宁厂的北岸已经无法再进行盐业开拓了，当时的大宁监孔嗣宗用竹篾制成碗口粗细的绳索跨后溪河两岸固定，然后将运盐卤水的竹筒绑在绳索上，引卤水渡江，从此开启了后溪河南岸的盐业生产。

到了明清时期，宁厂盐业发展到了巅峰。据《蜀中广记》记载，明朝时宁厂南北两岸制盐的灶已达336灶，光是每日为烧制卤水而从事砍柴等杂务的劳工、流民，就达到近两万人。这个时期宁厂的产盐量，已经超过整个四川盐的20%。

也正是自那以后，宁厂盐业开始向"盛极必衰"演变。清代之后的中国陷入了落后挨打的战争局面，宁厂盐进一步衰落。新中国成立后，开始走上一条对现代工业技术的追赶之路。

工业革命带来了更有效率的燃料——煤，而宁厂盐业生产者却坚持用柴火和古法制盐，因为他们坚信，用煤为燃料烧出来的盐无法达到宁厂盐的口感与质量。但古法制盐的效率却是远远赶不上时代变迁的，其制作成本也无法与现代工业抗衡。慢慢地，一些人撑不下去了，放弃了。

直到1956年，宁厂盐业才全部完成使用煤为燃料的转型。技术的改革，让原先多个工种的劳动者失去了饭碗，然而这才仅仅是个开端。20世纪90年代，市场经济全面袭来，生产技术进一步提高，管理机制创新改革，外出务工风潮盛起，更多的人离开了宁厂，只留下了那个曾经盛极一时的小镇，随着岁月的冲刷慢慢衰败荒芜。

今天的宁厂古镇，随处可见时光吞噬下残败的荒凉。河道两岸，散落着密集却歪斜的吊脚楼建筑，有些已经残破不堪，早已无法住人了；有些里面还住着年老的居民，再也发不出热闹的声响。

有心查看，能找到多口废弃的盐灶，也能看到腐旧的盐卤管道。它们曾经是这个小镇最为重要的谋生工具，也是过去辉煌的亲历者与见证者，今天却独自面对着不能回避的衰败与苍老。

◆ 荆竹峡悬棺
离天堂最近的是山顶

巫溪人的传说里，悬棺的成因有几种说法。一种说法是巫溪境内的古羌人和古巫咸人常年发生战争，古巫咸人将战死的英雄烈士装入棺中，用绳索吊起悬下山崖间安葬，以示对他们的美好寄愿：希望他们的英雄在离天空最近的地方，顺利登仙。

另一种更加奇幻的说法跟巫溪当地的荆竹峡岩棺群悬棺直接相关。

说是在大宁河的支流东溪河边上的荆竹峡，古时候有一户人家，生出了一个神通广大的孩子。算命先生说这孩子有当天子的福分，但需要从某年的正月初一开始，100天不可打开房门。孩子的父母依照算命先生的嘱咐，果真从那一年的正月初一开始紧闭门户，99天都坚持过去了，直到第100天，孩子的舅舅上门来探访。

孩子母亲心想，这也就最后一天了，又是亲舅舅上门，开一下房门应该不打紧。可就在开门的一瞬间，全家人都听到了屋外竹林里传来噼里啪啦的声音。一家人来到竹林一看，成片成片的竹子都莫名炸开了膛，变出一个个身穿铠甲的将领横尸林中。

一家人觉得不对劲，赶紧找来算命先生。算命先生气得直跺脚，道："叫你们坚持100天，为何最后一天破了功？这些竹子都是以后辅佐孩子当上天子的将士，如今全毁了。"舅舅非常难过，便找人做了些棺木，把将士的尸体装进去，想把这些因自己而枉死的将士好好埋葬。

却不想只见那孩子右手一挥，地上装好尸体的棺木全部"嗖"的一下飞上了天，一个个直插进了河边悬崖上的山壁间。

奇幻色彩的传说，为荆竹峡岩棺群悬棺平添了几分神秘的气息。然而传说毕竟是传说，从科学的角度来解释，在三峡地区，悬棺葬其实是一种古代巴人的丧葬传统。世世代代生活在大山里的人民，对崇山峻岭产生出了绝对的崇拜，他们认为山能连通天地，将死去的先祖安葬在离天更近的山巅，是一种孝道的表现。

1980年，四川大学历史系考古专业的师生从巫溪荆竹峡岩棺群悬棺中取下了一具悬棺进行考古研究，最后证实该悬棺放置的年代是西汉，棺中有一男一女两具少年的骸骨，以及下葬时的陪葬器物。这又一次证明了，真相往往不如传说来得精彩，但真相就是真相。

◆ "和尚拜塔"和猫儿滩
巫溪遍地是故事

在巫溪，似乎人人都会讲几个当地的传说故事。放眼整个重庆，对于民间故事的传承与推广，巫溪人似乎有着与生俱来却又说不清道不明的优势与天赋。因此，2009年巫溪民间故事被列入重庆市第二批非物质文化遗产名录。

在巫溪县大官山北侧的大河乡民主村境内，有一个叫作"和尚拜塔"的景点。景点由三座山头构成，其中一座像高高的宝塔，另两座则像一高一矮两个僧人。关于这个景点的民间故事，巫溪人男女老少都能说上几句。大体上这个故事有三个不同的版本。

第一个版本，相传当年巫咸国靠着盐业贸易获得大量财富，他们在宝源山中留下了大批宝藏。两个云游的和尚途经宝源山时，无意发现了山中所藏的宝藏。二人动了凡心，连夜盗取宝藏后逃匿，却被无所不知的如来佛祖发现了罪行。佛祖天降宝塔，将他二人化为石山，罚他们跪于塔前，世世代代守护这批宝藏。

第二个版本，说是这三座山头的对面山梁，远远看去形似一只巨大的乌龟，当地人相信这只乌龟是天上的神龟，庇佑着山里的所有人。有一天，这只神龟决定要离开这里，人们害怕它走后遭遇灾祸，于是恳请菩萨出面阻止神龟离去。观音菩萨听到了人们的祈求，于是天降佛塔将乌龟压在塔下，又派出神僧立、跪于塔前，镇压神龟，防止其离去。

第三个版本不叫"和尚拜塔"，而叫"秀才看榜"。说是很久很久以前，有个秀才参加科举考试，屡试不中，年年在此望榜。时间久了，秀才站在这里化成了石像，长成了石山，连他面前的皇榜也变作了石山。

在宁厂古镇附近的河道上，有一个叫作猫儿滩的地方。这里也有着奇幻的传说故事。

说是清代的时候，宁厂镇上有一户姓杜的人家。这家人与人和善，热心又慈悲，做了不少好事。有一个雨夜，电闪雷鸣的时候，杜家年龄最大的奶奶梦见了家里的大黄猫。在梦里，大黄猫跳进屋，急匆匆地开口说起了人话："快走！不要收拾东西，马上跟着我走！一炷香时间内，必须到达桃园！"

杜奶奶从梦中惊醒，看见大黄猫正坐在自己的屋子中央，冲着自己喵喵直叫。回想起梦中所见，杜奶奶匆忙叫醒全家人，让大家赶紧跟着大黄猫离开家宅。慌乱之中，还没有忘记叫自己的两个孙子分别去通知左邻右舍撤离。

邻居们得到了通知，许多人对于这毫无理由的撤离通知根本不当回事，无奈之下，杜家人只能带着相信他们的几户人家，跟着大黄猫赶到了桃园。刚来到桃园入口，就听到天崩地裂的响声，身后的一整座山全部崩塌，砸进了大宁河中。

山石堵塞了大宁河，形成堰塞湖，很快整个村子都被埋进了湖中，全村里就只有几户人家逃了出来。而这几户人家，也正是村子里积极行善、乐于助人的几户。

慢慢地，原来的村庄就形成了一个浅滩，活下来的人，也就将这里称作"猫儿滩"。

在巫溪，这样的地名和传说故事一个接着一个，当地的文化工作者杜正坤老师花了大半生的时间，一直在收集各种各样的民间故事素材，试图从这些故事里还原出巫溪古早最初的模样。不管是巫咸国的真相、宁厂古镇的盐业，还是悬棺的神秘与地名的由来，大山深处的巫溪故事包罗万象，无一不在。

重庆市
地名文化故事

- 七曜山和土家吊脚楼
- 龙河悬棺
- 西沱古镇
- 万寿山和秦良玉
- 大寨坎

区县地名

石柱土家族自治县
巴盐古道上的土家风物

◆ 石柱土家族自治县
肖义明 摄

简介

• 石柱土家族自治县，简称石柱县，位于重庆东部、长江上游南岸、三峡库区腹心。东接湖北省利川市，南连彭水县，西南临丰都县，西北界忠县，北与万州区接壤。面积3014平方千米。人口38.90万。石柱有土家族、汉族、苗族、独龙族等29个民族，以土家族为主的少数民族人口占79.3%。

石柱是"中国黄连之乡""中国辣椒之乡""全国最大的莼菜生产基地"，是世界经典民歌《太阳出来喜洋洋》和首批国家非物质文化遗产——土家"啰儿调"的发源地，还是历史上唯一单独列传载入正史将相列传的明末巾帼英雄秦良玉的故乡。境内有秦良玉陵园、万寿寨、西沱古镇云梯街、古刹银杏堂、黄水大风堡森林公园、鱼池千野草场等名胜古迹和旅游景点。

地名由来

• 石柱，古称"石砫"。《明史·四川土司二》《大清一统志》均记载："石砫，以石潼关、砫蒲关而名。"指以两关之名示其所辖区域，因而名石砫。

南宋高宗建炎三年（1129），马定虎奉诏入川，征服当地土著，受封石砫安抚使，在南宾县水车坝设军事机构石砫安抚司，"石砫"之名始见于史。"石砫"之名沿用800多年。至1959年更名为石柱县。1983年，因当地为少数民族聚居地，成立自治县，其中尤以土家族人口为主，故更名石柱土家族自治县，地名至今不变。

地名趣谈

- 石柱有四高一铁一港口，是重庆东部的枢纽。石柱是中国唯一的单一土家族自治县，土家族人口占 72%。土家，在当地汉语中是本地人的意思。土家族自称"毕兹卡""密基卡"或"贝锦卡"，意为"土生土长的人"；称苗族为"白卡"，即"邻居的人"之意；称汉族为"帕卡"，即"外来的人"之意。

关于土家族的族源说法不一。大多数人认为是以古代巴人的两支——廪君蛮和板楯蛮为主源，融合当地原住民和进入该地区的汉人、濮人、楚人、乌蛮等族群共同构成。大约自唐末五代以后，土家族这一稳定的共同体开始逐渐形成为单一民族。"土家"作为族称出现较晚，民国时期的《咸丰县志》将土司后裔的"支庶之家"称为"土家"，而将当地汉族移民称为"客家"。1957 年 1 月 3 日，中共中央统战部确定土家族为单一民族。

白虎在土家人的心目中有着举足轻重的地位。土家族自称是"白虎之后"，以白虎为祖神，每家的神龛上常年供奉着一只木雕的白虎。土家族有自己的语言，但是没有文字。用"舍巴歌"记述土家族的创世史。土家人喜欢歌舞，性格乐观坚忍。诗人刘禹锡吸收土家民歌的营养进行创作，形成了别具一格的"竹枝词"诗体，对后世影响深远，"竹枝词"的灵感源自于土家人的踏蹄之歌。石柱土家啰儿调与竹枝词一脉相承，旋律简洁，代表作就是大家熟知的《太阳出来喜洋洋》。土家族傩戏被称为"中国戏剧的活化石"。

土家族妇女善纺细布,编织的"土花铺盖",土家语称"西兰卡普",是中国五大织锦之一。

石柱还有"三宝":莼菜、黄连和辣椒。

◆ 龙骨寨巨石

◆ 七曜山和土家吊脚楼

　　七曜山是大自然在这里精心雕刻出的独特山体奇观。现在山峦上是一排排迎风旋转的风车，随山势一直绵延到天际，其间点缀着土家族的传统村落。七曜山常年平均气温 16℃，自带清凉属性，犹如一个天然氧吧，是夏日避暑休闲的绝佳去处。

　　七曜山绵延千里，莽莽苍苍，山系中有七座高耸的山峰，有地质遗迹景观达 100 多处，有着"中国侏罗山"之称。山系分布有七曜山景区、金铃景区、马盘溪景区三个景区，以及大小锅圈地质遗迹保护区。奇特的九龙峡天生石桥如同大师精雕细琢的作品。油罐沟壶穴谷瀑布成群，飞流直下。马盘溪峰林地貌蔚为壮观，独具一格。

　　在山间"巴盐销楚"的盐道上，人们渐渐聚集起来，因山就势建起村落。因为这些村落大都在山坡陡岭之上，为了避免野兽侵袭、地面的瘴气，住房多采用吊脚楼形式。在住宅两端立四根木柱，沿着山坡的走向搭成木架，在与正屋地面平齐的高度上搭横木，盖上木板，三面装半装台的板壁或木走廊，以草或杉皮做天盖，楼下可用来堆积肥料，也可以临时拴牲口；楼上一般是女子做鞋、绣花或乘凉的地方。

　　吊脚楼这种营造方式源于古代的干栏式建筑，是鄂、湘、渝、黔土家族地区普遍采用的一种民居建筑形式，距今已有四千多年的历史，名列国家非物质文化遗产。它作为一种特殊的物质文化现象，犹如一部凝固的诗歌，多层次、多侧面、多角度地反映出土家族的历史发展、文化心态和创造才能。

现在七曜山银杏村还保留着土家最大的吊脚楼村落群，被誉为"重庆的香格里拉"。秋天，满山的银杏黄了，那片原始的古村落静立在群山之间，天空蔚蓝，白云悠悠，感念天地之间，独留一份属于土家人的家国情怀。

◆ 龙河悬棺

龙河是石柱土家族自治县境内最大的河流，它自东北向西南纵贯该县境中部，流经近 10 个乡镇，河流长 104.68 千米，这条河流见证了沧海桑田、王朝更替，在漫漫的历史尘烟中，龙河流域几度凋零几度繁华，千余年来，在沿河两岸的峭壁上留下了稀世奇观——岩棺。仅在石柱境内龙河两岸的岩棺有 130 多处，约 1000 多穴，被考古界誉为"岩棺博物馆"。

石柱境内，有很多出名的山洞。其中最为有名的当数仙人洞。仙人洞是当地的俗称，本指龙河岩棺，分布于龙河中游两岸，为石柱先民的洞葬习俗遗存。石柱下路乡和三河乡岩棺最为集中。1982 年 12 月，石柱县人民政府将龙河岩棺列为保护单位。关于仙人洞的传说在当地流传甚广：当人老了就钻进仙人洞，七天七夜不食不喝，然后老皮肤就会慢慢蜕去，返老还童，还原成一个年轻小伙子，整个过程就像蛇蜕皮一样。但是人在蜕皮的时候十分难受，为了减少痛苦，后来演变成人死后就像蛇蜕皮一样返生。"仙人洞"这个传说反映了石柱历史上土家先民巴人创造的巴巫丧葬文化的遗存。

实际上，巴人的洞葬习俗历史悠久，早在唐代的《朝野佥载》中就有相关记载："五溪蛮，父母死于户外，临江半壁凿龛以葬之。"洞葬之俗实际上与土家族的洞穴崇拜相关，将生命在洞中结束，魂归"母腹"，新生命再由母腹诞生，形成生命的轮回循环。从"仙人洞"这个风俗我们也可以看出土家人的生死观念。死亡是一切生命个体必须面对的人生终极选择，但是，石柱土家人却能以乐观、坦然的心态面对死亡，并用这个传说来树立死亡是另一种生命形式的转换的观念。

龙河悬棺让人们不得不想起北纬 30 度地带，想起百慕大魔鬼三角、埃及金字塔、玛雅遗址、珠穆朗玛峰、神农架之谜、古老三星堆等，这种想象带给石柱一抹神秘的色彩，而神秘恰好就是石柱魅力所在。

◆ 西沱古镇
巴盐古道的起点

古代巴国是井盐的主要生产地，长江三峡库区有长时间井盐开采的历史，现在云阳、巫溪、忠县、石柱均存有井盐开采遗迹。

据 1994 年版《石柱县志》卷 12 记载，从北宋开始，逐步形成起于西界沱的"川盐销楚"的盐运大道。主道由西界沱翻楠木垭，经青龙场、石家坝、黄水坝、万胜坝、冷水溪，翻七曜山至湖北利川县汪家营，再到湖北来凤（湖南龙山）等地。因此石柱县自古以来就是"渝东交通枢纽门户"。西沱古镇原名西界沱，古为"巴州之西界"，因临长江南岸回水沱而得名，与长江明珠——石宝寨隔江相望，有"一脚踏三县"的称誉。古镇在清朝乾隆时期到达鼎盛，"水陆贸易、烟火繁盛、俨然一郡邑也"。

西沱古镇的云梯街是巴盐古道的起点，是西沱古镇的核心建筑群，其街道垂直于长江，沿山脊由长江岸边直达山顶，石阶层层叠叠，石板光耀刺眼，状如云梯。房屋鳞次栉比，从江边望上去仿佛直上云霄，故名"云梯街"，云梯街正是西沱码头人"破石扎根，凿石成路，踏石留痕"的生动写照。

西沱镇的建筑风格多样，不仅有土家族吊脚楼，还有许多典型的"徽派"建筑。在西沱古镇不足三公里的街道上，有江西会馆（关帝庙）、四川会馆（张飞庙）、湖广会馆（禹王宫）、福建会馆（万天宫）等。繁华的商业贸易，自然吸引各地商人云集于此，并来往于巴盐古道上。

在石柱县城边的回龙山，有一座著名的三教寺，供奉儒家孔子、佛教释迦牟尼、道教老子。该寺庙建于明朝，后经秦良玉将军扩建，是唯一经皇帝御批和尚可以婚配的寺庙，突破了佛门的戒律。"儒释道"三教合一出现在石柱，绝不是偶然，这是民间信仰和民风民俗的一种体现。

在巴盐古道上，汉、土家、苗等民族交流融合广泛而深远，形成特有的"武陵山民族走廊"现象。有了交通便道、经济的流通，才有文明的积淀、民族的融合、文化的碰撞，这是渝东石柱土家文化兴盛的经济基础。分布广泛的古盐道、古客栈、老场镇、寺庙、祠堂、传统村落、吊脚楼，以及摆手舞、斗锣、玩牛、哭嫁等民间文化，支撑起源远流长的盐道文化和民族文化的融合。

◆ 万寿山和秦良玉

秦良玉（1574—1648），字贞素，四川忠州（今重庆市忠县）人，明朝末年女将领、民族英雄。

万寿山山顶面积约 2000 平方米，最高海拔 1490 米。南北有两座石峰隔山对峙，酷似一对男女，分别称为"男石柱""女石柱"，这也是石柱得名的另外一种说法。

在石柱人心中，万寿山景区拥有非同一般的意义，它拥有丰富的历史文化资源——在石柱老八景中，万寿山以"石柱擎天""万寿连云"更是独占两项，但万寿山最让人看重的还是它与秦良玉将军的联系。

万寿山景区内还存留有秦良玉筑寨御敌的诸多遗址，如帅府曾是秦良玉镇守万寿寨的军事指挥中心。善于谋划的秦良玉率土家白杆兵（白杆兵是因为土家士兵的枪柄用白蜡木而得名）在万寿山苦心经营数十年，修筑前、中、后三寨门和堡垒屯兵御敌，而现在三寨门仍保存得较为完好。

秦良玉丈夫马千乘，世袭石柱宣慰使（俗称土司），马千乘被害后，因其子马祥麟年幼，秦良玉代领夫职。

万历二十七年（1599）底，贵州遵义土司杨应龙举兵叛乱。石柱土司马千乘和秦良玉奉命带着3500名白杆精兵前去平叛，功成而返。天启二年（1622），奢崇明包围成都，四川巡抚朱燮元传令秦良玉前去征讨。当时各地的土司都按兵不动，只有秦良玉领命西征。秦良玉率军攻取新都，直奔成都，将奢崇明击败，解了成都之围。奢崇明败走后，秦良玉率领秦民屏等攻克二郎关、佛图关，收复重庆。

公元1621年，后金来侵，京城告急，朝廷不得不下令"天下勤王"，秦良玉立即派遣她的哥哥秦邦屏、弟弟秦民屏带着一队白杆兵，火速开赴辽东战场。后来在一个叫浑河的地方遭遇敌军，秦邦屏和很多白杆兵战死。这一仗在历史上称作"血战浑河"。1630年，崇祯皇帝再次诏令天下勤王，很多明朝将领选择静观其变，只有秦良玉自筹粮草，再次驰援京师，当时已经56岁的她，手持一杆白杆枪，所向披靡，无人能挡。

秦良玉曾经数次挫败张献忠等流寇。1644年，张献忠攻陷四川，在成都称帝，并派人招降四川各地土司。有人建议秦良玉投降，秦良玉不肯投降反王张献忠，作《固守石砫檄文》，誓与石柱共存亡，并派兵守卫各险要处。张献忠始终不敢靠近秦良玉守卫的石柱。

石柱还有个"赶年"风俗也和秦良玉将军有关。据说皇太极率十万精兵绕道长城，攻陷遵化后直逼北京。秦良玉再次奉命勤王，当时正值腊月，当地民众正杀猪宰羊准备过年。秦良玉深知此去大多将士将有去无回，此番生离即是死别。于是秦良玉当即下令所有土家百姓一律提前过年，大年三十，所有白杆兵入伍出征！为了纪念秦良玉将军，重庆土家族人便赶在腊月二十九或腊月二十八之前过年，谓之"赶年"。

秦良玉率领兄弟秦邦屏、秦民屏参加了抗击清军、平叛奢崇明之乱、张献忠之乱等战役，战功显赫，被封为一品诰命夫人、太子太保、太子太傅、中军都督府左都督、四川总官兵、忠贞侯等。

崇祯皇帝曾作诗四首赞颂秦良玉。其一曰："学就西川八阵图，鸳鸯袖里握兵符。由来巾帼甘心受，何必将军是丈夫。"

历朝历代修史，女性名人都是被记载到列女传里，秦良玉是历史上唯一一位以女性身份被王朝以名将单独立传，并记载到正史将相列传里的将军。康有为评价说"以秦良玉之勇毅列于须眉男子中，亦属凤毛麟角"。

◆ 大寨坎

建于南宋绍熙五年（1194）的古道大寨坎，位于重庆市石柱土家族自治县桥头镇境内的马鹿山半山腰，已有800多年历史。此地是由川入鄂的古驿道，危崖百丈、峭壁千仞、险梯曲折。巍巍石寨依附断崖绝壁，下临深涧峡谷，崖壁上凿石为道，可谓"一寨锁关，万夫莫开"，自古便有"羊肠飞寨""陡壁飞鹰""蜀中第二剑阁"之称。

大寨坎石梯栈道长约 6 千米，一面临崖、一面临水，多处绝境，关隘重重，险象环生。栈道共有石梯 9000 余阶，石雕佛像 24 处，石刻题记 20 多处，险要奇观数不胜数。沿着古道拾级而上，随处可见山泉奔流，幽谷空旷。

大寨坎海拔 1200 米，集石寨、兵卡、关隘、石梯、石刻为一体。其关隘虽绝壁险要，深涧环连、壁立千仞；远眺桥头镇马鹿村的层层梯田，田园风貌、湖光山色、更兼气候宜人，别有一番旖旎山水。

重庆市地名文化故事

- 杨氏土司城
- 洪安古镇
- 秀山西街
- 花灯广场

区县地名

秀山土家族苗族自治县

巴渝春风黔楚云

◆ 秀山土家族苗族自治县

秀山土家族苗族自治县　唐磊　摄

简介

• 秀山土家族苗族自治县，简称秀山县，位于重庆市东南部、重庆市最南端、武陵山区中部，是重庆市最边远的区县之一。东和东北与湖南省花垣、龙山、保靖县毗邻，南和东南、西南与贵州省松桃苗族自治县相连，北和西北与酉阳土家族苗族自治县接壤，边界线长 320 千米。面积 2462 平方千米。人口 49.62 万。

秀山资源富集，素有"湘黔锁钥，武陵明珠"和"小成都"的美誉。秀山盛产优质粮油、中药材、茶叶，是全国粮食生产基地县、中药材种植大县、区域特色美丽茶乡。

秀山旅游资源也十分丰富，有边城洪安、川河盖草场、凤凰山、百年西街、大溪酉水国家湿地公园等一批极具价值的人文自然旅游资源。作为著名的红色革命老区，1934 年贺龙元帅在秀山开辟革命根据地，境内洪安是刘邓大军解放大西南的第一站，也是沈从文名著《边城》的原型地。

地名由来

• 清乾隆元年（1736），废秀山境内四司，以其辖地并析酉阳东南部石堤、打妖、宋农、晚森等土司据地置秀山县，以境内"高秀山"得县名，"秀山"正式成为县级政区名称。1983 年 11 月，成立秀山土家族苗族自治县，因当地少数民族人口以土家族、苗族为主，故名。

地名趣谈

- 自沈从文写下经典文学作品《边城》开始，秀山人就相信他们的家乡，正是沈老笔下的边城。没有什么语汇比"边城"更能体现秀山的调性了。秀山西接湖南，南接贵州，地处渝、湘、黔三省市交会之处，是实实在在的边界之城。这里多民族聚居，奉行了数百年的土司制度；这里宁静悠远，有着世上唯一的"拉拉渡"；这里也曾市井繁荣，出产历史悠久的秀油；这里更是随处皆舞台，人人都唱秀山花灯。

◆ 杨氏土司城
守一座城，护一乡人

在中国漫长的封建制度岁月里，自宋代开始建立了土司制度，对于多民族混居的偏远地区，王朝统治者准许当地实行土司自治管理。所谓土司，在权力上形同异姓藩王，具有对管辖地的一切自治管理权。土司向王朝称臣纳贡，应承永世不离封地，不涉朝堂之事，臣民不纳入朝堂户籍。

在渝东南的多个少数民族自治区县里，大多数在历史上都奉行土司制度。今天的酉阳一带，由冉姓土司管辖；今天的秀山地区，则有着被杨姓土司统治400多年的历史。

公元1252年，今秀山县所辖的邑梅、石耶、平茶等三峒土著居民发生内讧，贵州乜八、孟溪土同知杨通晟前来平乱，平乱后杨通晟安排自己的三个儿子做了邑梅、石耶、平茶的土知府，自己则成为了该地的土司。

自此，秀山一带被杨氏土司统治的历史正式开启，直至公元1736年，清政府实施"改土归流"变革，废除土司制度，在秀山一带设立县制。因县衙正对高秀山，将此地更名为"秀山县"。

在今天的秀山县清溪场大寨村东南方，一座名为"杨氏土司城"的雄伟建筑巍然屹立着，这里便是秀山483年土司制度留下的遗迹。土司城建筑占地800多平方米，设有前厅、正堂、后堂、厢房、戏楼、围墙等，既是原地方官衙所在地，又是杨氏一族的宗祠。

作为多民族混居地的统治者，土司在治理时常有自己的"野路子"，与辖区少数民族的关系可谓是唇齿相依。在杨氏统治秀山一带的数百年岁月中，杨氏土司与苗民还有一段深层的关联。

距秀山县城27千米处的梅江镇南部，有着一处全重庆市唯一保留着苗族东部方言的苗家寨子，拥有全市唯一一所苗、汉双语教学的小学。这里的苗民唱苗歌，说苗语，举办苗王节等传统民俗仪式。

这种原生态的民族传承，得益于当地苗民合法拥有一片属于自己的土地。他们在这里能自由地传承自己民族的文化，不受任何干扰。这是杨氏土司赐予他们的自由，世世代代被杨氏一族护佑。

他们为什么能得到如此优厚的待遇呢？说来话长。

梅江镇的苗民中流传着一首苗歌，歌词大意如下："一出江西离了家，四十八站走长沙。贵州铜仁转个拐，酉阳大杉安了家。"

这首歌详细地记录了这支苗民部落迁徙的过程。他们原是居住在江西的一支苗民，在元朝末年经长沙来到铜仁，最后来到了酉阳的大杉。可他们又是怎么到的秀山，怎么在梅江镇定居下来的呢？

原来，他们最开始就是想要不远千里来投奔杨氏土司，当他们一路躲避战乱到达酉阳的时候，时值明朝初年。当时管理邑梅的杨氏土司遭到了贵州土匪的骚扰，这支从酉阳来的苗民帮助杨氏土司平息了内乱，赶走了贵州土匪。杨氏土司为报答苗民们的解困之恩，将上起扁担坡下至梭子崖这块地域划归给了他们，这里也就是今天的梅江镇民族村。

于是，这支保留着苗族东部方言与文化传统的苗民，世世代代生活在了这片属于他们的土地上。在这里，他们不仅传承了苗语、苗歌和苗俗，还传承了国家非物质文化遗产——苗绣。

　　苗家的女孩，长到 10 岁左右，便会从母亲、祖母等家中女性长辈那里得到传授，开始修习苗绣功夫。苗绣对于苗家人来说，不仅具有实用价值，更是寄托思想的重要载体。在苗家的传说中，女首领兰娟就用一张苗绣，详细地记录着苗人的迁徙路线。

　　可以说苗家女孩的一生，都与苗绣紧密相联，不可分割。苗绣有多种高超的技艺与针法，光是学习与熟练就需要数十年如一日的坚持；而如何创造出符合当代人审美的苗绣花样与作品，则更需要大量经验的积累与学科知识的浸润。

　　这样的坚持让大部分人望而却步，苗绣也一度走到了濒临消失的绝望关口。然而，随着国家非遗项目的政策扶持，今天的苗绣被力挽狂澜地拯救了回来。随着年轻人对传统文化的认同回归与追随，苗绣也绽放出了它应该具备的夺目光彩。

◆ **洪安古镇**
　悠悠不息的边城岁月

　　沈从文的《边城》是文学界值得一读再读的经典，在《边城》的开篇里，沈从文写道：由四川过湖南去，靠东有一条官路。这官路将近湘西边境，到了一个地方名为"茶峒"的小山城时，有一小溪……

事实上，湘西边确实有一个名为"茶峒"的小镇，小镇边也确实有一条小溪，名为清水河，河对岸便是秀山的洪安古镇。这里曾是川东与湘西的交界，如今是渝东南与湘西的交界，这里自古以来就是真正的边城。

洪安古镇的一天，是从河上的拉拉渡开始的。清晨的阳光刺过薄雾，才刚从古镇东边的山头上照射过来，洪安古镇就已经开始热闹了起来。

沿街的商铺早早开了铺门，在街沿上支起了小摊，货物从屋里搬了出来，一件件摆放在店外的小摊上，让本就不够宽敞的青石板路显得更狭窄了些。小摊接着小摊，像两条停靠在街边五彩斑斓的游龙。大家都起得早，生怕晚一些，就错过了码头渡口上往来的路人。

住在洪安和茶峒的人其实早就互相熟悉了，两个镇都不大，不过几十户人家，其中有半数都沾点亲带点故，不过隔着一条小河而已，只要还有拉拉渡，两岸往来就不是什么难事。

拉拉渡，一个只在这里出现的名词，一条只在这里才有的渡船。十几米宽的河床，河岸两端码头上各插一根石桩，石桩上贯穿大铁环，铁环上绑着粗壮结实的绳索。渡船的船夫持一根凿了咬孔的圆木棍，靠着自己的力气，一手一手地将整只渡船沿绳索拉到对岸。

一天里，如此往复数趟。这就是在未建起桥梁之前，两岸人唯一的交通方式。

清早的渡口，第一趟渡船抵达洪安，带来湖南茶峒的新鲜渔获——角角鱼，而在重庆的洪安人却更为熟悉它的另一个名字"黄腊丁"，这种鱼口感嫩滑，味道鲜美，是洪安人餐桌上最值得夸赞的一道美食。

背着背篓来"扫货"的茶峒人，则更偏爱洪安的酸腌菜。带叶的大青菜连头带尾，晾干水分后用传统四川泡菜手法腌制而成。口感酸咸脆爽，是解腻下饭的绝佳小菜。

等时间再晚一些，第一辆长途汽车在中午之前抵达洪安，带来贵州迓驾镇的豆腐，洪安古镇上一道名菜的三种食材就全部齐活了。

当地人将这道腌菜豆腐角角鱼叫做"一锅煮三省"。一道菜品，汇聚了三个省份的特色食材，与洪安古镇所处的地理位置有一样的意境。难怪清代酉阳知州章恺途经此处时，曾情不自禁地写下这样的诗句："蜀道有时尽，春风几处分。吹来黔地雨，卷入楚天云。"

◆ 秀山西街
边界商贸繁华地

秀山是一个三面环水、一面靠山的城市，这里的水系十分发达，境内最大的河流是酉水河。不过酉水河只流经了秀山县城东部一小块地域，真正环绕整个秀山坝子的水系，是酉水河的最大支流——梅江河。

清朝年间，秀山置县。县治位于现在的清溪场三合村，也就是今天秀山西街的位置。置县后第二年，秀山县首任知县夏景馥认为县治太过靠西，交通不便，便将县治搬移到烟麻坪。

故而，今天的秀山西街，就是当年古县城遗留下来的一个缩影，当年的八卦井、天后宫等古建筑就建在此处。

公元1737年，秀山新县城开始修建，有了现在三面环水的格局。靠西的城门因为临近舟楫繁忙的梅江河码头，就有了商贾云集的西街集市。

当年的原住民在这里建起了许多土家族、苗族风情建筑。同时又因为"废土归县"的因素，引来大量外地商客。来自湖南、江西、陕西的商客终于得到了打破封闭壁垒的机会，来到了秀山经商，他们的首选之地便是西街。他们在这里开设"三大帮""十大号"，带动了当地经济的兴起。

西街还曾是"秀油"外运的重要集散地。秀山自古产出秀油，秀油是一种油性防水防腐材料，距今已有2000多年历史。秀油外运江淮等富庶之地，西街的商号集散起着重要的作用。

今天的西街，是一个依据"修旧为旧"原则，按照4A级景区打造的新兴风景区。道路一纵四横，油光锃亮的青石板路宽宽窄窄，河滨走廊的吊脚楼重重叠叠，曾经的八卦井和天后宫也在能工巧匠的手中修复还原。西街承载的浓厚历史，终于再次重现眼前。

◆ 花灯广场
生旦净丑转团团

要问今天的秀山最繁华的地带是哪里，街上的老人和小孩儿都能说出一个地名——花灯广场。

不用过多解释，谁都知道花灯广场得名的原因。秀山花灯，一项专属于秀山的非物质文化遗产，在整个重庆市内无人不晓。

秀山花灯是一种起源于唐宋的综合性表演艺术，它融合了土家族摆手舞、苗族歌舞和汉族的曲艺，集歌舞、戏剧和民间吹打为一体。在表演的时候，小小的方桌就是舞台，两侧各挂一盏花灯，花灯由一个灯架、几串串联的各色花朵构成。

◆ 花灯表演

花灯称得上古时秀山人的一种图腾。在秀山的历史上，曾经有过家家挂花灯、户户祭花灯的祭祀传统。随着时间的推移，这个祭祀传统在民间几乎消失了，留下的就是祭祀时进行的唱跳表演，慢慢演变成为了今天的秀山花灯。

秀山花灯采用的演员道具，主要以折扇和蒲扇为主。演员们身着红绿等华丽艳俗的服饰，头顶鲜花，表情动作夸张滑稽。演出剧目的剧情通常简单易懂，演出效果直接取决于演员的功底。

秀山花灯的功法分为扇法、步法和身法，所有的变化都不离两个基本框架——门斗转和跳团团。"门斗转"是指在花灯表演中，男的始终围着女的转，矮的始终围着高的转，丑的始终围着美的转，转完一周即为一团，这就是"跳团团"。

改革浪潮曾让秀山花灯一度陷入窘境。打工潮让年轻人都奔赴了外乡，留下老幼病弱，花灯就再也跳不起来了。但今天人们对非遗的重视，又再次焕发了秀山花灯的优良传承。

今天的秀山，村村有花灯，人人学花灯，花灯广场的意义也就真正地彰显了出来。

重庆市地名文化故事

- 桃花源
- 青蒿之都
- 龚滩古镇
- 何家岩

区县地名

酉阳土家族苗族自治县

秦晋农耕的世外桃源

◆ 酉阳土家族苗族自治县
　吴翠仙　摄

简介

- 酉阳土家族苗族自治县，简称酉阳自治县，位于重庆市东南部、渝鄂湘黔四省市交界处，东邻湖南省龙山县；南与秀山县，贵州省松桃、印江县接壤；西与贵州沿河县隔江（乌江）相望；北与彭水县、黔江区，湖北省咸丰、来凤二县相连。面积5168平方千米。人口60.73万。

酉阳森林资源丰富，宜林面积广，是重庆市林业用地面积最大的区县，有桃花源国家级森林公园和桃花源5A级风景区。境内有中药材资源1200余种，名贵中药材18种，是全国著名的杜仲、厚朴、黄柏"三木"药材生产基地。酉阳还有着深厚的文化底蕴，是中国"土家摆手舞之乡"，是中国共产党早期杰出的无产阶级革命家赵世炎的故乡。境内古迹众多，永和寺、龙头寺、青华山寺、霞峰寺均有一千多年历史。

地名由来

- 酉阳之名的来源有三种说法：其一谓酉阳在酉水之阳，故名。二谓县境北有酉阳山，故名酉阳。其三谓酉阳之名是沿袭旧说，即早于汉代就有如是之谓，袭故名而名之。《酉阳县志》取酉水之阳的说法。

汉高祖五年（前202），改黔中郡置武陵郡，于武陵郡境（今永顺王村）置酉阳县，今县境属武陵郡酉阳县地的一部分。此为"酉阳"建置之始。

南宋绍兴元年（1131）析思州部分地与酉阳城（寨）

置酉阳羁縻州，再度复名"酉阳"。地名沿用至今近 900 年。1983 年 11 月 11 日，以县内少数民族人口以土家族、苗族为主，更名酉阳土家族苗族自治县。

地名趣谈

• 在重庆，渝东南的每个区县都有着自己独特的民风与特色。黔江灵动，彭水风情，秀山边城，提到酉阳，便唯有"田园"二字能概括。无论是著名的桃花源，还是因酉阳贡米而声名鹊起的花田梯田；无论是助力屠呦呦荣获诺贝尔奖的青蒿之都，还是画家吴冠中的乌江乡愁龚滩，无一不在呈现着酉阳得天独厚的地利优势，如果这世上真有一个再现秦晋农耕的世外桃源，那么非酉阳莫属。

◆ 桃花源
理所当然在酉阳

自从陶渊明写下那篇传世之作《桃花源记》起,桃花源就成了人们心中向往的地方。误入桃花源的武陵捕鱼人,向诗人描绘了一幅男耕女织、安居乐业的画卷。但之后人们却再也无法找到那里,让这幅画卷永远成为了秘密,甚至难辨真假。

按照描述,桃花源应是在武陵山中无疑了,山中有桃林,桃林穷尽处有隐秘的洞穴,内里别有洞天……

酉阳人越听越纳闷,这描述怎么那么熟悉?就在咱们酉阳城,有处地方种了些桃树,桃树后面的山壁上,留意找一下就会发现一个洞口。洞口的形状歪歪扭扭,不太规则,进洞后回头望,那洞口看起来就像一颗桃。穿过迷宫一样的地下溶洞,出口处豁然开朗,别说几间茅舍,就是小半个县城铺设下来,也绰绰有余。

等等!这不就是桃花源吗?这个老一辈酉阳人口中的"观岩洞",原来就是那遍寻不着的桃花源啊!

酉阳人缓过了神,又突然觉得不是那么意外了。要知道在酉阳,多的是地下溶洞。武陵山在这里全是由石灰岩构成的喀斯特地貌,被侵蚀的山体下,埋藏着一座又一座巨大的溶洞。

酉阳人都知道这些溶洞,常常有老乡推了地盖新房,一挖挖出个洞口来;又或者村里来了施工队修铁路,正挖着隧道呢,嘿,怎么有个洞口?

这些洞啊,有的深有的浅,不少溶洞还错综复杂地连成一系,一不小心钻进去，几个岔路口一过就迷失了方向。万一找不到出口，最好的办法也就是在里面建个属于你自己的桃花源，把农耕事业搞起来，自给自足才是活路。

所以啊，武陵渔人当年发现的桃花源，说不定并非一处，在酉阳这个溶洞之城，不知道机缘巧合下会产生多少桃花源。当然猜测归猜测，但清代《四川通志》里记载："酉阳于汉属武陵郡之迁陵地，渔郎之所问津，安知不在于此？"《酉阳直隶州总志》也记载："核其形，与渊明所记桃花源者，毫厘不爽。"

由此可见，桃花源在酉阳这件事，古往今来都有迹可寻。如今的桃花源景区，已然成为了酉阳旅游产业的龙头，充分再现了"其中往来种作，男女衣着，悉如外人，黄发垂髫，并怡然自乐"的世外桃源意境。

◆ 青蒿之都
让世界刮目相看

2015 年，当中国科学家屠呦呦凭借"有关疟疾新疗法的发现"研究成果获得诺贝尔生理学或医学奖时，"可以显著降低疟疾患者死亡率"的青蒿素也一夜成名。人们开始把目光投向了青蒿素的提取原材料——青蒿，顺着这目光，世界看到了酉阳。

酉阳是全世界产量最大的青蒿原产地，世界上约有 80% 的原料青蒿都出产自酉阳，因而酉阳又有了一个让全世界都关注的名字——世界青蒿之都。

时间倒回到1971年，年轻的助理研究员屠呦呦在实验室里发现了一种类似"黄花蒿"的提取物，在反复无数次的抗疟试验中呈现出100%的降死率。1972年，屠呦呦所在的团队将这种提取物命名为"青蒿素"。

而青蒿素的来源，就是在酉阳随处可见的野生青蒿，酉阳当地人将这种植物称为"苦蒿"。

对酉阳人来说，苦蒿是一种再寻常不过的野生植物了。人们常常将它当作杂草拔掉，最多也就是喂牛羊喂猪的饲料，一些老辈的人偶尔会用它来治疗发热、流鼻血。但在屠呦呦的生物医学研究团队眼里，这可是备受疟疾之苦的病人救命的有效药物。

随着医学团队的深入研究发现，青蒿在全世界各地都有，但酉阳青蒿的有效成分，却远远高于其他产地。

这是为什么呢？原因至今无人说得明白。或许是酉阳四面环山的盆地地貌造就，又或许是酉阳并不突出的海拔高度，还有可能要归功于当地湿润的亚热带季风气候，又或是酉阳独有的适合青蒿生长的黄土壤……

无论如何，酉阳的青蒿具有生物医学上独一无二的价值这一点是肯定的。基于这个因素，酉阳的青蒿也开始了从野生到人工种植的蜕变。

1986年，酉阳县开始探索大量种植青蒿，并成立了武陵山制药厂，在种植之余，也开始有计划地收购本地野生蒿叶用以提取青蒿素。2004年，世界卫生组织正式将青蒿素类抗疟药品列为首选指导药，酉阳也将青蒿产业单列为民族特色支柱产业加以发展。2006 年，原国家质检总局批准了对"酉阳青蒿"实施地理标志产品保护。

到今天，青蒿产业已经在酉阳形成了核心基地，种植面积超过 12 万亩，受到世卫组织的青睐与重视。从此酉阳在世界眼中有了一张响当当的名片——世界青蒿之都。

◆ 龚滩古镇
川盐入黔与乌江乡愁

提到酉阳的地标，除了桃花源，那就一定是龚滩古镇了。从蜀汉起至今，龚滩这个名字便一直保留，从未变更。关于龚滩一名的由来，史书并未记载，但当地流传一个说法，颇有些靠谱。

当地人说，从空中俯瞰龚滩地形，郁郁葱葱的武陵山就像一块绿色的美玉，乌江与阿蓬江是这块美玉中两条走向蜿蜒的水路。当地人将水视为龙，乌江强劲有力，是条大龙；阿蓬江柔弱温婉，是条小龙。两条水路来到乌江转折处，小龙汇入了大龙，共同形成更加强劲的力道，劈开山势，奔涌赴往长江。"二龙"与共，便形成了龚滩的龚字。

而回看"龚"字的甲骨文书写，就会发现这个说法甚有依据。也许"二龙"共舞的提法稍显牵强，但从甲骨文的象形寓意来看，蜿蜒曲折的笔画走向，分明就是一张水路地形图。而龚滩的地形，则恰好与这"龚"字的甲骨文象形图毫厘无差。

要说重庆辖区内最美的水系，乌江认第二便没有哪条水系敢认第一。这得利于乌江江水本身的蜿蜒清澈，也得益于武陵山峡谷绝美的山色，还有山体中地下水富含的矿物质净化汇入，以及千古以来极难开发而保留的原始风貌。

乌江有无数的险滩，河流湍急，滩头根本无法立足。而龚滩，恰恰是乌江下游一个绝佳的平缓之地。江水在这里转了一个近90度的大弯，将河的东岸冲刷出一小块浅滩。就是这一小块浅滩，对于擅长在蛮荒之地建立起农耕生活的武陵人来说已经足矣。

地势不平、狭窄，那又有什么问题？土家人的吊脚楼本就适合建在这半山半滩的地基上。而至于古镇为什么一定要建在这里，就不得不提到川盐入黔。

盐，自古以来是人们赖以生存的基础物资。盐的运输，是我国多条运河、古道的成因，盐道的意义不在丝路与茶马古道之下。四川正好是产盐大户，整个西南地区的盐，都需要有畅通的道路来运输。川盐要想入黔，乌江是最大的天然通道。

然而乌江太险，能建立起滩头的地方并不多，龚滩，便成了川盐入黔唯一的选择。

因此，这个乌江东岸的龚滩，凭着川盐入黔门户的重要性，慢慢从几所破旧吊脚楼，发展成为了乌江水系上最为重要的盐运码头，一个古镇的模样渐渐清晰。

在今天的龚滩古镇，还保留着清代光绪年间的石碑题刻，字迹斑驳却意思完整。石碑上写明了当时盐运脚夫、夫头、船员的分工协作模式，规定了运费、下货费、搬运费和夫头的抽成比例。

透过石碑上的文字，今天的人们依稀可以看到那幅当年的盐运盛景画面——频繁往来的船只，川流不息的脚夫，岸上记数指挥的夫头，有条不紊地协作，尽管繁忙却秩序井然。

古镇中有一座桥重桥，是世界上绝无其二的风景。重桥其实由两座石桥组成，二桥成90度垂直交互在一起。横向的石桥低而小，是百姓过路的桥；纵向的石桥比横向的高出几步台阶，高而大，是官府行走的通道。

古代龚滩实行世袭土司制度，当地土司为冉姓，管制了龚滩数百年。今天的古镇中，仍存有冉氏一族的大院，其格局、陈设无不彰显出豪绅气派，俨然一个土家土司博物馆。

古镇中另一户夏姓盐商，也是龚滩镇上屈指可数的大户人家。夏家是运营川盐的官商，靠着川盐赚得盆满钵满。在龚滩有一句俗语："夏家院子出美人。"因为夏家的富足，家中女眷衣着华丽光鲜，远比寻常百姓家的女子来得光彩动人。

当代画家吴冠中先生，对乌江与龚滩有着别样的情怀。他曾在龚滩停留作画，留下了著名的《乌江老街》《乌江岸上人家》《乌江小镇》等一系列以龚滩古镇为原型的画作。

吴老先生在《风光风情说乌江》一文中说，这系列画作寄托了他心灵深处的乡愁，"龚滩是建筑艺术的博物馆，是人民生活的烙印，是爷爷、奶奶的家，是唐街、宋城……"

◆ 何家岩
花田梯田贡米香

酉阳是整个重庆市面积最大的区县，比起与它同处武陵山区的区县来，酉阳真的是一块适合农耕的福地。这里有着备受摄影爱好者推崇的花田梯田，产出举世闻名的"酉阳贡米"。

酉阳花田乡何家岩，距离酉阳县城约 40 千米，平均海拔 700 米。与酉阳其他地方一样，这里也有武陵山的秀丽，溶洞遍布的惊奇。除此以外，这里还有得天独厚的草场和沃野。山川秀丽、土地肥沃、光照充足、昼夜温差大，为水稻的种植提供了优越的环境条件。

这里产出的水稻，颗粒细长、脆酥油糯、口感醇香，自唐代起就被定为专为皇亲贵胄特供的"贡米"。

这个平缓山区的土地上慢慢被成片成片地开垦出梯田。因山区地势成就，梯田群的垂直落差近 800 米，错落的梯田与秀丽的武陵山色相互辉映，伴随着稻米栽种的规模扩大，花田梯田的名声渐渐传播开来。

每年的春夏，都有摄影爱好者扛着"长枪短炮"摄影器材来到这里，一住就是小半个月，就为了等一个昼夜温差大的清晨，大地的热气被蒸腾起来，形成环绕山间薄纱般的云雾，拍下一个人间仙境般的农耕场景。

难怪人们都说，"酉阳有个桃花源，桃源深处是花田"。

重庆市地名文化故事

- 蚩尤九黎城
- 蚕子岿
- 阿依河
- 摩围山

区县地名

彭水苗族土家族自治县
苗家人的一方乐土

◆ 彭水苗族土家族自治县
郑显文　摄

简介

• 彭水苗族土家族自治县，简称彭水县，是全国闻名的苗乡。彭水县位于重庆市东南部，地处武陵山区，居长江一级支流乌江下游。东连黔江区，东南接酉阳土家族苗族自治县，南邻贵州省沿河县、务川县，西南毗邻贵州省道真县，西连武隆区，西北与丰都县接壤，北连石柱土家族自治县，东北与湖北省利川市交界。面积3903平方千米。人口53.06万。

彭水民族风情浓郁，是重庆唯一以苗族为主的自治县，是全国苗族人口聚居最多的县，是重庆的苗乡、中国的苗乡、世界的苗乡。这里有苗族民歌《娇阿依》、戏剧木蜡庄傩戏、杂技高台狮舞等优秀民族文化的代表，有苗族风情建筑群——蚩尤九黎城。

彭水自然生态优美、文化历史悠久，拥有阿依河、摩围山、乌江画廊等生态旅游资源，还有历史悠久的"蚩尤文化"。先秦时期，彭水诞生了独特神秘的"盐丹文化"，成为乌江的母文化。李白、杜甫、白居易、孟郊、柳宗元、黄庭坚等文人墨客曾在这里留下千古佳作。近代革命时期，刘伯承、邓小平、贺龙等老一辈革命家在彭水书写革命人生，留下了可歌可泣的"红色文化"。

地名由来

- 彭水县因郁江古名彭水而得名，据清光绪《彭水县志·重修县志序》载，"隋始置彭水县，以彭水名"。《太平寰宇记》谓："彭为鼓声，峡水澎湃，其声似之，故以名县。"

自隋文帝开皇十三年（593）置彭水县以来，至今1400多年，"彭水"之名从未改变。1983年11月4日，因彭水县常住人口中，苗族和土家族人口占比超过50%，经国务院批准，改建为彭水苗族土家族自治县。

地名趣谈

- 如果用一个词来概括彭水县的调性，那么非"风情"莫属。作为重庆市唯一一个以苗族为主的少数民族自治县，彭水左揽武陵山脉隽秀风光，右拥乌江、郁江、阿依河等发达水系，实属风光无限。而风光却又并非彭水的全部，千年苗族的活动痕迹，为这一方水土深深烙印下独属于苗家人的独特风情。这风情藏在苗家儿女的热情中，也藏在彭水鲜为人知的地名中。

◆ 蚩尤九黎城
苗人的寻根圣地

众所周知，苗人的祖先来自上古华夏传说里的蚩尤。蚩尤败于炎帝后，率着九黎部族一路向南向西迁移，其中的一支最终来到彭水定居。人们习惯将这一支九黎部落称为"红苗"。

华夏儿女惯有祭祀先祖的习俗。纵观天下，汉族有清明祭祖，藏族有朝圣之旅，傣族用泼水感恩水神……苗族却因为上古时期那一战的惨败，与自己最早的老家永远地告别了。为了让苗人也能拥有属于自己一族的祭祀圣地，彭水为苗族建成了蚩尤九黎城。

蚩尤九黎城位于彭水县城的亭子坝，占地面积11万平方米，是中国最大的苗族传统建筑群。建筑采用苗寨的吊脚楼建筑风格，规划出围楼、裙楼与高楼各种建筑形态，原汁原味地还原了巨大规模的苗寨风情。

在蚩尤九黎城中有一根在祭祀意义上十分重要的"九黎神柱"，它是世界上最高、直径最大、雕刻图腾图案最多的苗族图腾柱。

很多民族往往都只信奉一个图腾形象，而苗族却不一样。因为当年的败走，苗族一路迁徙躲避，他们放弃了容易暴露位置的平原浅

◆ 九黎神柱

滩，选择了易守难攻、适合藏匿的山区为定居地，这就导致了他们无法大规模地聚居。长久的分散而居，让他们的图腾开始演变。古早的苗人在日积月累的生活智慧影响下，渐渐发展出新的信仰。从最初时对牛角权威的崇拜，慢慢演变出对鹰、猴、燕、凤、鱼、竹等的崇拜。

他们在服饰上展示着自己这一系族人对图腾的信仰，帽子上竖起尖尖的牛角；他们不嫌繁重地打造耳饰，将沉重的苗银制成鳞片，叠成凤尾羽毛的形状，足有一尺长。

他们学会了演奏一种名为"芦笙"的乐器，这种乐器用松木巧妙制作，演奏出来的低音低沉厚重，高音轻盈明亮，听上去似有语言一般，韵味无穷。苗人们用这种乐器讲述他们自己的历史、自己的故事，或恢弘宏大，或倾诉愁思。

他们用各种各样的方式告诉世界，他们是苗族，他们分隔一方。

然而蚩尤九黎城这根九黎神柱立了起来，用响亮的声音告诉他们，他们都来自同一个故乡。

◆ 蜑子庐
最直白的苗人故事

在彭水的绍庆街道，老彭水人都听过一个神秘的地名"蜑子㚲"。坦白讲，能准确读出这个地名读音的人少之又少。

查询"蜑"字，答案显示这个字的读音读"dàn"，意思是"中国南方的少数民族"。但在除了彭水之外的任何地方，都没能找到关于"蜑族""蜑民""蜑人"的资料。

再来看这个"㚲"字。这个字的读音读"àn"，意思等同于"岸"。老彭水人却不读这个音，在他们的方言中，这个字读"qiān"，通"迁"字。

如果按照字面意思，蜑子㚲指的是一种叫作蜑人的氏族沿水岸而居的聚集地。

可是蜑人这个族群去哪里了呢？他们曾神秘地出现在彭水这个地方，留下了一个神秘的地名，又神秘地淹没在了漫漫历史长河之中。

史料已经无从考究，后人能做的，只能让想象力插上翅膀，去试着猜想一个可能的真相。

让我们假设蜑人就是九黎苗族中的一支，"蜑"是他们对自己民族的统称。因为那场关键之战的战败，他们跟随自己的部落首领一路逃亡迁徙，来到了彭水。

他们择水而居，却又担心自己的行迹暴露，于是在水岸边的悬崖峭壁之上凿出洞穴，居于其中。他们将自己选择的居住地称为——蜑子㚲。

时光悠长，后人们在出土的文物中看到了这个地名，再将考证后的地貌结合进去，为"㚲"字定下了"岸"的读音。而世世代代生长在这里的彭水人，却沿用着先辈们口口相传的读音——蜑子迁。

也许这个地名没有那么复杂，蜑人们只是想通过这个地名告诉今天的我们，他们被迫离开了家园，暂时迁来此地这件事而已。或许，他们并没有打算在这里待上太久，他们心底都藏着不久后就会回到故乡的美好期望，在原乡之外的其余地方，都是迁居。

◆ 阿依河
不只是一首歌而已

苗族人在文学影视作品里的形象，"苗女多情"大概是最具有代表性的了。在作家金庸的笔下，苗女蓝凤凰这个角色刻画得栩栩如生，热情豪爽，娇媚多情。在作家倪匡的笔下，苗疆是神秘的处所，是人类与外星人密切连接的中转地，苗女们身怀种蛊绝技，她们明明可以控制人心却总是为情所伤。

彭水的苗家人用"娇阿依"来形容美丽多情的苗家女子，故而娇阿依便渐渐成为了苗家女孩的代名词。事实上，真正用阿依来称呼女孩的民族却并非苗族，而是彝族。

那这个美丽的误会从何而来呢？

苗人擅歌舞，苗家青年男女，在久远的时间长河里，一直保持着歌舞传情的习俗。在彭水，有一首脍炙人口的山歌，就名叫《娇阿依》。

"山歌不唱哦，就不开怀哦——娇阿依；

> 酒不劝郎哦，就郎不醉哦——娇阿依；
> 天上有雨哟，就又不落哦——娇阿依；
> 你是好是歹哟，就说一句儿啰——娇阿依；
> ……"

——苗家歌曲《娇阿依》

据相关专业人员考证，娇阿依的真正出处就在这里。它并非意指美丽动人的姑娘，而如同"念奴娇"一般，是一首山歌的曲牌名。

然而在彭水，娇阿依三个字的意义，却又远远不只是一首歌、一个曲牌名能涵盖的。

就在彭水境内，有一条名为"阿依河"的江水，婉转秀丽，涓流不息。这条河，发源于贵州务川县分水乡，在贵州境内被称为"长溪河"。河流来到下游，进入彭水境内，便成了彭水人心中的阿依河。

娇阿依，阿依，对彭水的苗家人，有着不一样的意义。

如今的阿依河，已然成为了国家5A级风景区，除去山清水秀的天然优势，在阿依河上更藏着苗家人的独家记忆。

竹板桥，用到了苗家人信奉的竹图腾；牛角寨，彰显着苗家人对绝对力量的崇拜；鹦鹉峡，象征着苗家人对鸟儿自由翱翔的终极向往。

这些地名，无一不与苗族信仰的图腾相关，也全部融进苗家人情有独钟的这条阿依河中。

摩围山
僚人的九黎同化史

由彭水出发往西南方向，在与贵州道真仡佬族苗族自治县相交的地方，有一座摩围山。

摩围山的名字由来与僚人有关。据北宋地理总志《元丰九域志》记载，在僚人的语言文字系统里，他们将天称为"围"。摩围山，便是高得可以摸到天的山。

然而僚人，原是地处于中国南方两广一带的少数民族，他们的语言系统，是怎么为重庆彭水县属的一座山命名的呢？

这就牵出了南北朝时期著名的历史事件——僚人入蜀。百越蛮族中的一支僚，在南北朝时迁入巴蜀之地。他们个子矮小，披发赤足，生产力低下却十分骁勇善战。他们在广袤的巴蜀山区游散定居下来，开始了与原住民不断融合的历史。

对于早已经迁居彭水的苗家人来说，僚人是新移民。他们从南方蛮荒之地来到这里，占据了一座偏远的山头，并将这座山头以自己的文化命名。

遥想当年情景，僚人占了山，却并不能自给自足地生存，加之他们善战的原始特性，他们只能不断劫掠苗家人的粮食、物资与女性，双方不断爆发冲突，各有损伤。

终于有一天，依照低等级文明向高等级文明靠拢同化的人类演化定律，僚人慢慢学会了捕猎、农耕与刺绣，开始被九黎部族同化。慢慢地，这个世上没有了僚人，留下的唯有一座山头的名字，证明他们曾经独立存在过。

今天的摩围山已经成为茂云山国家森林公园的一个著名景区，是重庆周边重要的康养胜地。山上植被茂密，重峦叠嶂，空气清新，气候宜人。相传，这里还是道教文化中文昌帝君羽化升天之福地。

重庆市
地名文化故事

- 鸳鸯、翠云：从历史古城到产业重镇
- 金开大道：宜居地的『今生』与『前世』
- 礼嘉：布满童趣的智慧之城

区县地名

两江新区

内陆开放门户
重庆智慧之城

◆ 两江新区
两江新区宣传部 蓝天 摄

简介

- 两江新区，是我国第三个、内陆第一个国家级开发开放新区。位于重庆主城都市区中心城区长江以北、嘉陵江以东。包括江北区、北碚区、渝北区三个行政区的部分区域，面积1200平方千米。其中直管区面积638平方千米，现常住人口257万。

两江新区整体地势较为平坦，境内有长江、嘉陵江及其多条支流，有照母山、火凤山等山地、森林资源。名胜众多，旅游资源丰富，有重庆国际博览中心、重庆大剧院、重庆科技馆等文化场馆，有明玉珍墓、盘溪无铭阙等文物遗址，有园博园、照母山森林公园等130多个公园。交通条件得天独厚，拥有空港、水港、铁路和密集的公路、快速路网，同时拥有水、陆、空三大交通枢纽。

作为中国（重庆）自由贸易试验区、中新（重庆）战略性互联互通示范项目、渝新欧国际铁路、重庆两路寸滩保税港区等项目所在地或实施地，2020年3月4日，两江新区被工业和信息化部评定为国家新型工业化产业示范基地。

地名由来

- 2010年5月5日，国务院正式印发《关于同意设立重庆两江新区的批复》（国函〔2010〕36号），批准设立重庆两江新区。6月18日，两江新区正式挂牌成立；7月18日，重庆两江新区工业开发区挂牌开工。

地名趣谈

• 重庆两江新区于 2010 年 6 月 18 日挂牌成立,位于重庆中心城区长江以北、嘉陵江以东,辖区包括江北区、北碚区、渝北区 3 个行政区的部分区域,并拥有直管区鸳鸯街道、人和街道、天宫殿街道、翠云街道、大竹林街道、礼嘉街道、康美街道等八个街道,面积约 638 平方千米。

两江新区是我国第三个、内陆第一个国家级开发开放新区,也是继上海浦东新区、天津滨海新区后,由国务院批复的第三个国家级开发开放新区。2020 年以来,中央和重庆市委、市政府加快打造两江新区"内陆开放门户、重庆智慧之城"的两大定位,提出了"高质量发展引领区、高品质生活示范区"两大目标。

◆ 鸳鸯、翠云：从历史古城到产业重镇

鸳鸯与翠云两个街道不仅在地理位置上紧密相连，溯源起来算是同源而生。鸳鸯、翠云的地名，透露着一种古中国风的美感，让人不禁心生好奇，这样的地名从何而来？

早在明代天启元年（1621）时，在如今的鸳鸯翠云两街道处就形成了鸳鸯场。经历明清两代，至民国时期，鸳鸯场于1921年改设鸳鸯镇，1941年又改为鸳鸯乡。1953年，从鸳鸯乡划分出来翠云乡，之后鸳鸯与翠云分分合合，最终随着时代变迁成为了今天的两个紧密相连的街道。

鸳鸯一名的由来，得名于鸳鸯场曾经有过的几处地标。在《重庆市地名词典》中记载："（鸳鸯）明末建街，清代为场。原名鸳鸯桥，以场边有一大黄葛树倾倒于小溪上，两枝主干直搭对岸成一座天然桥，似鸳鸯展翅匍匐得名。"

鸳鸯桥的出现，让场边一处水井被称作"鸳鸯井"，传说当年的小溪之上，还时常见到成双成对的鸳鸯在此戏水。随着溪上架桥的举动，此地交通更为便利，最终形成了一个场口，自然便叫做了"鸳鸯场"。

横跨鸳鸯街道和翠云街道有一座小山坡，名为"翠云山"。山上曾有一座建于宋代的军事防御工程——多功城，城中有一间比多功城更为"年长"的古寺庙，名为"翠云寺"。这座建于南宋晚期的寺庙名称，便是"翠云"一名最早的由来。

翠云山上的多功城，对重庆历史乃至中国历史都有着十分重

要的意义。它是重庆中心城区范围内保存最好的南宋抗元古城墙，它曾在南宋抗元史上与合川钓鱼城同辉，守护重庆城七百多年。

南宋咸淳年间，为抵御元（蒙）军袭扰，居中联络合川钓鱼城与重庆主城，时任四川安抚制置大使朱禩孙以多功寺（清代改名为翠云寺）为基础修建了多功城。

据清乾隆《巴县志》记载："城中有翠云寺，寺池宽二丈，深一丈，清莹彻底，虽大旱不涸，锦鳞千尾，灿若浮金。"多功城具有很强的军事防御能力，它的东北两面是悬崖峭壁，西南两面山势也相当陡峭，仅有一条道路通往古城。城内有一汪池水，相传常年不枯，即使被敌军围城，也可坚守数年。

后来的事实也证明了，无论是钓鱼城还是多功城，元军都没能攻下，直至元十三年至十四年元军改变策略，绕过防御工事而直取重庆城。

重庆失守后多功城遭到废弃。明末，多功城为张献忠部下刘文秀占领，作为进攻重庆城的前哨与后勤基地。清咸丰三年、光绪二十四年，地方缙绅为防备匪患两次占用筑城。抗战时期，江北女中迁至多功城内，解放后建有花朝中小学。

翻阅历史可以发现，每当战争时期，多功城就会承担特殊的使命，在很长一段时期内具有非凡的历史意义。然而，今天多功城所在的这片区域，却正在时代的洪流中发生巨大的飞跃变化。

2010年6月两江新区成立。鸳鸯、翠云两街道作为两江新区核心城区板块，也迎来了高速发展。这片区域聚集了国内外投资者的目光，汽车工业园、汽车销售博览中心、长安福特、保利集团等企业项目纷纷落户境内，形成了汽车、房地产、批发零售三大支柱产业。今天的鸳鸯和翠云两街道，正在产业集群化的高速发展道路上一路高歌、突飞猛进。

◆ 金开大道：宜居地的"今生"与"前世"

横穿翠云街道有一条"金开大道"，它是两江新区最早建设的主干道之一，东西两头分别连接起两江新区的鸳鸯、汽博片区与人和、大竹林片区。

以金开大道为脉络，如果说东端的鸳鸯、汽博片区是产业集群的重镇，那西端的人和、大竹林便是环境舒适的宜居之地。

说这里是宜居之地，是因为仅在金开大道西段这条约为5千米的道路两旁，分布着照母山森林公园、竹林公园、跳蹬河公园、龙函山公园，以及离它不远的金海湾滨江公园等数座自然生态完好的城市公园。

与此同时，这条短短的大道串起了包括金科、龙湖、保利、万科等品牌地产商开发的知名楼盘，其中更有江与城天琅、融创壹号院、棕榈泉、金科天湖美镇、恒人华府等成片扎堆的高品质住宅。

这片住宅的临近地带，以水星、木星、天王星命名的多个高档写字楼构建起了重庆城最初的互联网产业园区，两江幸福广场成为区域内地标建筑，商业广场——财富中心曾经一度成为重庆商圈的经典案例。

以上便是金开大道拥有的显赫"今生",然而回看悠长的历史岁月,就在这片区域,同样有着辉煌厚重的"前世"。

今天的照母山森林公园是一处深受重庆人喜爱的休闲康养地,山上树木成荫、花草繁盛,制造出丰富的负氧离子。每到周末便有无数市民前来登山、踏青、健身、康养。

提起照母山,在民间流传的重庆掌故中有一个传说,说是大禹治水时驾驽群龙,翻小龙坎,过九龙坡,穿龙门浩,越朝天门,劈开长江三峡,使长江水得以畅通东海。群龙归海之后,却有一条小青龙难舍故乡,便从大海溯长江而上。小青龙在到达嘉陵江大竹林时,被东海龙王察觉。小青龙被龙王用法宝制住,化为一条山脉,这条山脉就是现在的照母山。

而关于照母山比较可靠的说法记载于《四川省江北县地名录》中,说这里曾是赵姓老母埋葬之地,人们将其称为"赵墓山",后慢慢就演变成为了照母山。

相传这位赵姓老母,便是与抗金名将岳飞同朝为官的冯时行之母,冯时行因在朝堂上公然反对秦桧"主和"的政治主张而被贬黎州,路过照母山时因其母赵氏染病,在山上结庐而居,后将所居之处称为"照母山庄",照母山因此得名。

在离嘉陵江蜿蜒而成的金海湾公园约200米处,有一座不知名的小山丘,名曰"龙囟山"。然而很少有人知道这座小山丘的另外一个名字——天官坟,这里曾是一个明朝重庆本地显赫家族的家族墓园选址之处。

这个家族姓蹇,家族中最有名的人叫做蹇义。他的名字由明朝开国皇帝朱元璋所赐。自太祖时起,他辅佐过前后六朝天子。他曾官拜吏部尚书、少师等,在他死后被加封为特进光禄大夫、太师等,还被赐谥号"忠定"。民间称他为"天官",意思是他做官已经不能做得更大了。他在重庆的府邸被称为"天官府",府邸所在的那条街被称为"天官巷",他的家族墓园自然便被称为"天官坟"了。

◆ 礼嘉:布满童趣的智慧之城

  从大竹林片区往东北方向出发,沿途会经过一大片郁郁葱葱的湿地,这就是九曲河湿地公园。

  这个位于照母山西部的湿地公园,是一个集游览、休闲、健身、科普于一体的开放型、生态型湿地森林公园。公园占地1972亩,共分为峡谷、河口湿地生态体育区,湿地科学与文化教育展示区,乡村湿地生态休憩区,郊野荒溪湿地生态体验区及水源生态保育区等五大功能分区。

  穿过九曲河湿地公园,就能看到重庆欢乐谷的巨大招牌,让人心生明白:这是到礼嘉了。

  礼嘉在重庆所有儿童家庭的心中具有不一样的分量,在小朋友们的心目中,礼嘉是一个让他们又怕又爱的地方。因为这里既是重庆医科大学儿童医院礼嘉院区的所在地,又是重庆唯一的大型连锁品牌主题乐园——欢乐谷所在地。

2017年，重庆欢乐谷在礼嘉金渝大道开园。作为全国知名的复合型、生态型、创新型主题乐园品牌，重庆欢乐谷是其品牌版图上的第七站，也是全国第一座山地版欢乐谷。

重庆欢乐谷主题公园占地48万平方米，依山而建，园区分为欢乐时光、梦幻岛、飓风湾、恐龙森林、老重庆、河谷矿山小镇六大主题区，拥有丛林飞龙、飞翼过山车、重庆之眼、重返侏罗纪等百余项游乐项目。

在中央和重庆市委、市政府对两江新区的定位中，建设"重庆智慧之城"是一个非常明确的目标。而礼嘉，或许就是两江新区践行这个目标的广袤基地之一。

2017年11月，重庆提出大力实施以大数据智能化为引领的创新驱动发展战略行动计划。2018年8月，中国国际智能产业博览会（简称"智博会"）开幕并永久落户重庆。为大力发展智能化创新战略计划，同时解决智博会的场馆落地问题，重庆市委、市政府决定在两江新区礼嘉片区打造礼嘉智慧公园。

2019年第二届智博会前夕，礼嘉智慧公园开园迎客。公园占地3平方公里，沿江顺山而建。园区内有白云寨、白云山、白云湖、金海湾四大生态公园，还保留了300多年历史的白云寨遗址，是一个融合了生态与人文相的综合公园。

公园包含了5G馆、艺趣馆、云尚体验中心、云顶集市4个场馆；云尚花海、智慧步道、云尚观景台等25个场景；无人驾驶车、机器人钢琴弹奏、VR沉浸式体验设备等50个体验项目。

2021年，礼嘉智慧公园再次升级——礼嘉智慧馆竣工。当年的智博会闭幕式、工业互联网一体化发展论坛等系列活动在新落成的智慧馆召开，从此这里便成为了承接国家级论坛、峰会的重要场馆和高端商务活动的重要交流平台。

也是在这一年，由两江产业集团与故宫博物院、凤凰数字科技共同推出的《画游千里江山故宫沉浸数字艺术展》，成为"智慧名城"重要的文化盛宴。

如今的礼嘉智慧公园已成为市民休闲娱乐的网红打卡地，同时也是科普中国共建基地和青少年智能化教育基地。作为展示智能产业的发展平台，礼嘉智慧公园为重庆搭建了一个永不落幕的智慧舞台。人们畅想的众多未来场景，在这里都能从理想照进现实。

重庆市地名文化故事

- 科学城：成渝古道的现代延伸
- 科学之城：科技引领城市
- 重庆大学城：人才与科技的"双向奔赴"
- 科学公园：自然与智慧的人居空间

区县地名

# 西部科学城重庆高新区

从成渝古驿到科学之城

◆ 西部科学城重庆高新区：中国（重庆）自由贸易试验区
　高新区管委会公共服务局文旅科　供图

简介

• 重庆高新技术产业开发区，是首批 27 个国家高新技术产业开发区之一。位于重庆中心城区西部槽谷，东衔中梁山，西揽缙云山，南接长江，北拥嘉陵江。管理范围包括直管园和拓展园，涉及重庆高新区及沙坪坝、九龙坡、北碚、江津、璧山五个行政区。规划区域面积 1198 平方千米，其中直管园面积 313 平方千米。人口 30.59 万。

高新区拥有国家自主创新示范区、自贸试验区、西永综保区等多块"金字招牌"，中欧班列（重庆）和西部陆海新通道等多个开放通道，汇集陆军军医大学、重庆大学等 28 所高校，西永微电园、国家质检基地等二十余个产业载体，山区桥梁与隧道工程等七家国家重点实验室，布局超瞬态实验装置、金凤实验室、中国科学院重庆科学中心、北京大学重庆大数据研究院等一批大装置、大平台、大院所，是创新创业创造的"沃土"。

地名由来

• 1991 年 3 月，经国务院批准设立。2016 年，获批建设国家自主创新示范区，纳入中国（重庆）自由贸易试验区范围。2019 年 4 月，重庆市委、市政府作出打造重庆高新区发展升级版的重大决策部署，赋予高新区建设重庆科学城的战略定位和发展使命。2020 年 1 月 1 日起，重庆高新技术产业开发区将全面独立运转，实施对直管园经济社会一体化管理。

地名趣谈

- 西部（重庆）科学城位于重庆城区西部槽谷，东衔中梁山，西揽缙云山，南接长江，北拥嘉陵江，境内自然环境优越，浅丘起伏、水网交织，地势相对平坦，开发空间充裕。

这里交通内快外畅、纵横通达，可联动渝西、辐射川东。这里有绕城高速、七纵线等快速纵线连接南北，有中梁山隧道、华岩隧道等穿山隧道贯穿东西，还有成渝环线高速、九永高速过境，更是毗邻重庆高铁西站，距离江北国际机场半小时直达。

而重庆高新区则是西部（重庆）科学城的核心区域，面积约313平方千米，包含沙坪坝区西永微电园、曾家镇、西永街道、虎溪街道、香炉山街道，以及九龙坡区白市驿镇、走马镇、含谷镇、巴福镇、金凤镇、石板镇等。

重庆高新区设立于1991年3月，是经国务院批准设立的首批27个国家高新技术产业开发区之一。2016年，重庆高新区获批建设国家自主创新示范区，纳入中国（重庆）自由贸易试验区范围。

2019年4月，重庆市委、市政府作出打造重庆高新区发展升级的重大决策部署，赋予重庆高新区建设西部（重庆）科学城的战略定位和发展使命。

2020年9月，西部（重庆）科学城全面启动建设，在不久的将来，西部（重庆）科学城将成为"科学"与"城市"的融合体，一座集产、学、研、商、居一体化发展的未来新城正在展开它的蓝图。

◆ 科学城：成渝古道的现代延伸

为贯彻落实习近平总书记在中央财经委员会第六次会议上专题部署成渝地区双城经济圈建设时，对成渝地区推进科技创新提出要支持两地以"一城多园"模式合作共建西部科学城的明确要求，西部（重庆）科学城应运而生。

然而，西部科学城的地理意义，早在唐宋时期便已经初显雏形。

唐宋时期，因巴蜀地区经济的发展，成渝两地之间形成了稳固的陆路交通。两地持续的商贸往来，久而久之形成重要的陆路干道，史称"成渝古道"。当时的古道分为"成渝北道"和"成渝南道"。

成渝北道为唐宋时期的官道，成渝南道更多时为商道。到了明清时期，因官道南移，成渝南道成为官道，别称"东大路"；成渝北道成为商道，鲜为人知，别称"东小路"。

成渝南道即东大路的线路为：重庆通远门—佛图关—大坪七牌坊—石桥铺—二郎关—白市驿—走马铺—来凤驿—永川—邮亭铺—荣昌—隆昌（隆桥驿）—安仁驿—内江—珠江驿—资中—简阳—龙泉驿—成都迎晖门。

成渝北道即东小路的线路为：重庆通远门—佛图关—六店子—小龙坎—歌乐山三百梯—高店子—西永—虎溪—璧山—铜梁—安岳—乐至—简阳—龙泉驿—成都迎晖门。

无论是东大路还是东小路，这条成渝古道上有驿站无数，其中较大的驿站称为"驿"，较小的驿站称为"铺"。它们相当于今天高速公路上的服务区，集吃饭、住宿、喂马、交换官文等功能于一体。

由重庆经陆路去成都，要经过五驿、两关、一岗、一坳（丁家坳）、五镇、三街子、九铺、七十二团。若每天行程以90里计，全程1080里，需走12天。

这便是成渝两地历史上的往来通道，探索今天西部科学城的地理范围，会发现其与成渝古道沿线高度重合，且二者都具有联动渝西、辐射川东的重要区位意义。从这一点上来看，西部（重庆）科学城就仿佛是成渝古道在当代的延伸。

◆ 科学之城：科技引领城市

然而，西部（重庆）科学城绝非仅有两地交通上的联动意义，科学之城、创新高地才是它更具时代精神的定义。

重庆高新区作为西部（重庆）科学城的核心区域，重点发展新一代信息技术、先进制造、大健康、高技术服务等主导产业，并建设综合性国家科学中心。西部（重庆）科学城辖区内的北碚、沙坪坝、九龙坡—江津、璧山四大创新产业片区，则主要承担教育科研、高端制造、国际物流、军民融合等功能。"多点"建设创新创业园、高新技术产业园等，构建产学研深度融合的创新空间体系。

西部（重庆）科学城拥有国家自主创新示范区、自贸试验区、国家级高新区、西永综保区等多块"金字招牌"；拥有中欧班列（重庆）和西部陆海新通道等多个开放平台通道；汇集了重庆大学等高校28所、山区桥梁与隧道工程等国家重点实验室5个、西永微电园等产业园区14个；正加快布局建设超瞬态物质科学实验装置、中国自然人群资源库重庆中心等重大科技基础设施，是创新创业创造的沃土。

科学城核心区拥有金凤电子信息产业园、国家质检基地、国家生物产业基地等多个新型产业载体，集聚英业达、广达、SK海力士、华润微电子、联合微电子、中国中药、植恩药业、重庆车检院等知名企业，年产笔电等智能终端设备占全球近四分之一，集成电路产业产值超全市80%。

同时，科学城核心区还获批建设西部首个国家检验检测高技术服务业集聚区，拥有国家应用数学中心等市级及以上研发平台169个、国家高新技术企业137家、市级及以上孵化器和众创空间14个，区域内实行的知识价值信用贷款改革在全国率先试点。

◆ 科技园

重庆大学城：
人才与科技的"双向奔赴"

重庆大学城位于重庆市沙坪坝区西部虎溪街道、香炉山街道、丰文街道和陈家桥街道，占地约20平方千米。这里生态环境优美、文化氛围浓郁、科技产业发达、综合配套完善，是西部地区的高级人才培训中心、科学研究与创新中心，也是国际科技教育的交流中心。

西部（重庆）科学城的建设目标是成为"科学家的家，创业者的城"，而大学城作为人才培养、知识传承和科技创新的重要平台，则是科学城建设的"主引擎"。

纵观国内外，科学城与大学城相融共生的案例比比皆是。例如美国的硅谷、日本的筑波科技城等，既是全球顶级大学的汇聚地，又是科创策源地和高新技术产业区。人才、技术、资金、产业等与科创有关的资源要素集聚于此，相融相生、互促互进。

我国最为知名的例子是北京中关村。中关村周边区域内分布有北大、清华等30余所国家重点高校、中科院等30多家科研院所以及国家工程技术研究中心、多家国家级重点实验室。同时，中关村科学城还汇聚了信息网络、生命科学、航空航天、新材料、新能源等领域的头部企业，成为"产学研用"一体化融合发展的典范之作。

2020年以来，中国科学院、北京大学、电子科技大学、北京理工大学、西安电子科技大学、上海交通大学等"双一流"高校、

"国字号"院所、"央字头"企业落地西部（重庆）科学城创新合作项目12个，其中中科院重庆汽车软件创新研究平台、上海交大重庆人工智能研究院等9个项目已建成投用。

坐落于凤栖湖畔的金凤实验室是科学城的"头号工程"。金凤实验室聚焦生命健康，把重大疾病的下一代诊断作为核心任务，打造国家生命科学和医学基础研究战略基地、西部生命健康产业创新引领高地、多学科和高层次科技领军人才聚集阵地。

不仅仅是金凤实验室。自2021年3月建院以来，落户科学城的北京大学重庆大数据研究院已建立数字化转型促进中心、基础软件科学研究中心和14个实验室，研究内容涵盖国产替代的基础软件、工业软件，以及面向大数据智能化、人工智能等领域的创新应用。

◆ 科学公园：自然与智慧的人居空间

作为西部（重庆）科学城重点打造的项目之一，重庆科学公园占地面积约19.78平方千米。公园定位"科学"，承担科学使命。

如今仍在建设中的科学公园将依托寨山坪自然山体，建设人科产城景深度融合的全域景区，打造集科学元素、研发教育、市民游玩等诸多功能为一体的新型公园综合体，真正将科学实验融入自然里。

位于西部（重庆）科学城核心区金凤的凤栖湖公园，占地面积约 1098 亩，绿地面积约 925 亩，水域面积约 173 亩，是集休闲娱乐与科学乐园为一体的体育公园。

凤鸣湖公园由城市治理、产业发展、民生服务、生态宜居四大城市典型场景组成，包括机器人友好园区、智能安防、智能通行、智能停车、智能新零售、智能办公等三十多个场景，在改善周边生态和人居环境的同时，以智慧化建设提升游园体验。

凤栖湖公园是一个可以智能打造水下生态系统的科学公园，它能够结合现场定制活水循环系统、雨水分流净化系统，智能化判别雨水水质，自动化控制雨水入湖补给，解决无活水补给问题，让智慧赋能自然生活。

未来，不仅市民可以在此游玩，科学家们也可以在此进行研发，孩子们能在这里收获更多的科学知识，在自然里感受科技的力量。步入园区，绿荫环绕、碧波荡漾，导览结合 AR 实景呈现，公园景象尽在眼前。在智能机器人的指引下，快速到达目的地……一景一科技，一科技一体验，这样的画面充满了未来感与科技感，这就是西部（重庆）科学城的科学公园。

重庆市地名文化故事

- 煤都前世
- 煤都今生
- 丛林镇
- 黑山谷

区县地名

万盛经开区

一座由煤矿转型而来的活力之城

◆ 万盛经开区全景晚霞

曹永龙 摄

简介

• 万盛经济技术开发区，原名万盛区，在行政区划上归属于重庆市綦江区。万盛区位于重庆南部、綦江区东部、渝黔交界处，东、北与南川区相邻，南与贵州省桐梓县相接。面积566平方千米。人口23.58万。

万盛是一座移民城市。因明清时期"湖广填四川"、抗战时期人口内迁、"一五"时期支援南桐矿区建设、"三线建设"时期军工企业入驻而迁入大量人口，民风淳朴、开放包容，文化底蕴深厚。万盛全域建成5A级景区黑山谷·万盛石林和奥陶纪"世界第一天空悬廊"等22个景区景点，是中国优秀旅游城市、国家全域旅游示范区。

地名由来

• 万盛，前身为万寿场，一度为川黔山货、土特产、皮毛、糖、盐、草纸、日用百货等集散地，场上客栈遍布、商贾云集，一片欣欣向荣景象，故取万业兴隆之意，更名为"万盛场"。后设区，因以为名。

唐贞观十六年（642年），设溱州治荣懿县，为当地建置之始，至今有近1400年。1955年8月16日，正式成立南桐矿区。1993年4月8日，南桐矿区更名为万盛区。2011年10月，撤销万盛区，设立万盛经济技术开发区，地名至今不变。

地名趣谈

• 万盛区相于对重庆其他动辄有上千年历史的区县，真算得上是年轻的后生。万盛区因为煤矿而成立，又因为煤矿的枯竭而被迫转型。今天的万盛是全国唯一的国家资源型城市转型发展试点区，通过推动文、体、旅深度融合，实现了资源型城市向运动休闲之城的"绿色蝶变"。

万盛属于喀斯特地貌，区内风景旖旎，独具特色。辖区体育设施遍及全城，各类比赛项目不断，全民健身蔚然成风。金桥吹打、石林"踩山会"等民俗活动引人注目。黑山谷、龙鳞石海、梦幻奥陶纪、板辽金沙滩、青山湖、樱花温泉、九锅箐森林公园等构成的山水画卷将万盛打造成为了一座"宜居、宜业、宜运动"的旅游休闲城市。

◆ 万盛石林

◆ 煤都前世

据《南桐矿务局志》记载，重庆南部一带，从清道光年间就有了开采煤炭、炼制炭花的历史。到了清末，这里开始出现一些简易私人小煤窑。

1933年常隆庆编写了《重庆南川地质志》，1937年潘钟祥、李春昱编写了《南桐煤田地质概况》，1939年，潘钟祥、彭国庆编写了《南川、綦江地质》和二万五千分之一地质图等文献。这些文献指出，在贵州桐梓和四川南川交界处有着丰富的煤炭资源，特别是王家坝（南桐镇）到胡家嘴一带，焦煤资源最为集中。后来开发者们以煤田南北两端的南川和桐梓各取一字，取名为"南桐"，南桐煤矿是重庆市最早开办的国有煤矿之一。

抗日战争爆发后，1938年国民政府在武汉成立了"钢铁厂迁建委员会南桐煤矿筹备处"，直接隶属于国民政府抗日战争战时工业体系。筹备处以原河北井陉煤矿矿长侯德均为主任，张伯平为工程师，崔桐为副工程师兼洗炼厂厂长，按照构想将汉阳铁厂和大冶铁矿的设备调用到南桐煤矿，南桐煤矿由此进入快速发展通道。那时迁建到重庆的还有大渡口钢铁厂、綦江铁矿厂、第二飞机制造厂等。

据记载，1938年12月王家坝2号竖井开工，仅半年就建成投产，成为当时区境内第一座机械提升的生产矿井。同年胡家嘴3号竖井开工，1940年1月建成投产，是区境内机械化程度最高、向地下开掘最深的矿井。一时间，南桐煤矿井架高耸，烟囱林立，机器轰鸣。从 1939 年 6 月起，煤矿开始采用汽笛报时，人们按英文谐音戏称"拉尾子"。雄浑的汽笛声响彻山谷，一直使用到 20 世纪 90 年代末才停止。

1939 年，王家坝至綦江县蒲河杨柳湾轻便铁道开工修建，铁道长 17.2 千米，是矿区的第一条铁路，后又将铁路延伸到三江。现在小火车轨道还在，一直延伸到密林深处，周围野草和野花自然生长，竹林茂盛，环境清幽，颇有点怀旧的氛围。当地政府正打算对此进行旅游开发。

南桐煤矿的设立对万盛的影响是深远的，大量工程技术人员、技术工人移民带来了先进的文化和新的生活方式，使万盛成为带领周边地区发展的火车头，从此成为与重庆中心城区联系紧密、不可或缺的抗战工业基地。

南桐煤矿在抗日战争时期共产焦煤 61 万吨，成为当时中国（敌占区除外）最大的煤炭工业基地，"抗战煤都"称号由此而来。

◆ 煤都今生

万盛区的前身是南桐矿区。建区前，境内主要有南桐煤矿和东林煤矿，都隶属于西南煤业管理局。由于南桐煤矿和东林煤矿处于四川省涪陵专区南川县、江津专区綦江县和贵州省遵义专区桐梓县 3 县交界地区，3 县都分别在各矿设有驻矿机构，由于没有统一的行政管理，便出现了 3 县都管或都不管的现象，于是就出现了许多难以协调的问题，需要成立一个独立的管理机构进行管理，于是"重庆市南桐矿区"应运而生，这个新区属重庆直辖，区机关设在万盛场。这是重庆历史上唯一一个命名"矿区"的区县。南桐矿区 1993 年更名为万盛区，2011 年更名为万盛经济技术开发区。

南桐矿区离主城区 140 余千米，那时区机关所在地的万盛场是四川省南川县的一个小乡场。场内各种条件极差，除了两个主要煤矿外基本上没有现代化的工业，辖区内除一个矾厂、一个硫黄厂、一个耐火材料厂以及一家小造纸厂外，没有其他企业。也没有医院，仅有一个医务所，4 名医务人员。文化活动也很简单，没有电影院，隔几天可在当时矾厂的坝子里看一场露天电影。在交通通信等方面，很多乡场不通电，更没有电话。机关只有一辆38 式吉普车，不过大多数时间用不上，因为除川湘公路外，各乡都不通公路。上班办公、下乡都是步行，下乡工作实行"三个一"，即一把雨伞、一支电筒、一个小包（装洗漱用具），做到"三同"，即下乡后与群众同吃、同住、同劳动。那时万盛人到重庆开会要么提前一天到重庆，要么早上天不亮就要起床步行 3.5 千米到东林火车站坐客货混合列车，到江津猫儿沱后坐摆渡船到铜罐驿，然后再乘火车到重庆菜园坝。后来万盛慢慢发展起来，成为工业重镇，并修通高速公路，这是后话。

就是在这样艰苦的条件下，万盛人充分发扬吃苦耐劳的奉献精神，建区以来，累计为国家生产原煤超过 3 亿吨，创造产值 500多亿元，上缴利税 50 多亿元。采煤区域一度占全区面积 1/3，城镇居民中涉煤从业人员及家属超过50%。煤炭产量一度占四川省的1/4、重庆市的1/2，为重庆乃至国家煤炭、钢铁工业发展做出了重大贡献。

随着煤炭资源的枯竭，区境内全部煤矿在2020年前关闭，通过"绿色蝶变"，如今的万盛已经是一座新型的充满活力的旅游都市。

◆ 丛林镇

丛林镇在万盛东北部，现在几乎是一座纯绿色的小镇，但是它也有着辉煌的历史，抗日战争期间中国第一架军用运输飞机就是在丛林镇海孔洞第二飞机厂制造完成的。

为什么要在万盛这个偏僻的小镇来制造飞机呢？我们需要先了解万盛的地理特点。万盛属于典型的喀斯特地貌，所以诞生了中国第二大石林——龙鳞石海，这也是中国最古老的石林，比昆明石林还早，被誉为石林之祖。喀斯特地貌的另外一个特征就是地下溶洞遍布，溶洞有水平溶洞和垂直溶洞两种，有的造型奇特，有的面积大得像一个宫殿。

丛林镇也有许多大大小小的溶洞，第二飞机厂就建在其中一个溶洞——海孔洞里面，据说这个溶洞有两个足球场那么大，洞内别有天地，而且山体很厚，隐秘性极强。第二飞机厂投产后，日本人零星获得了一些情报，多次派飞机来轰炸。1939年10月23日上午，18架日本飞机组成两个大队，在海孔洞上方几度盘旋，前后来了四次，扔下许多炸弹，却始终没能寻觅到飞机厂的确切位置。

第二飞机制造厂的前身是中央南昌飞机制造厂，是1935年国民政府与意大利合作建造的。抗日战争爆发后该厂迁至丛林镇海孔洞，更名为民国航空委员会第二飞机制造厂。民国航空委员会第一飞机制造厂在昆明，民国航空委员会第三飞机制造厂在成都。1944年5月，第二飞机制造厂生产的"中运一号"飞机在白市驿机场试飞成功。抗战时期，这里陆续生产了近百架战斗机、教练机、滑翔机和运输机，为抗战胜利和世界反法西斯战争胜利做出了巨大贡献。村民说，现在路边遗留的那些石头矮房子，就是以前飞机厂职工住的地方，可见抗战期间条件的艰苦。抗战胜利后，第二飞机制造厂迁回南昌。

1965年，"三线建设"开始，经五机部批准，在丛林公社海孔大队的海孔洞，利用原国民政府第二飞机制造厂旧址建立南川大口径榴弹炮装配厂，该厂后来改名为国营晋林机械厂。这是20世纪60年代国家在重庆地区布局的大型军工企业之一，主要生产重型炮。那时海孔附近有果园农场和海孔煤矿，近万人每天忙碌在这个山沟里，比镇上的集市还热闹。后来国家对大部分"三线企业"进行了布局调整。2003年，晋林机械厂的最后一批职工离开这里，至此整个晋林机械厂整体搬迁至成都彭州，曾经的喧闹不复存在。随后的海孔洞被用来养殖娃娃鱼，其他一些厂房被用来种植食用菌等。

寂静的山谷中，那一栋栋无人居住的建筑物依然矗立着，似乎还在述说往昔的辉煌，它们曾经是学校、医院、电影院、图书馆、办公楼、接待所、工贸公司或宿舍。

2011年，由王小帅导演，闫妮、乔任梁等主演的怀旧电影《我11》在万盛区丛林镇晋林机械厂旧址建筑群取景。影片上映后，似乎引起了一些人的关注，目前丛林镇正计划将诸多老建筑群纳入旅游开发规划，打造一个"三线"主题历史文化旅游景区，老晋林机械厂代号是157厂，项目名称就是"记忆·157"。

◆ 黑山谷

万盛黑山谷国家级地质公园，是中国最佳休闲名山、中国最佳绿色低碳旅游休闲胜地，还是重庆市"巴渝新十二景"之一。

黑山谷风景区由黑山谷、龙鳞石海两个景区组成，地貌特征复杂且多变化，有峻岭、峰林、幽峡、竹海、飞瀑、碧水、溶洞、仿古栈道等。景区山高林密，人迹罕至，保存着地球上同纬度为数不多的亚热带和温带完好的自然生态，森林覆盖率达97%，是重庆地区最大的、原始生态保护最为完好的自然生态风景区，被专家誉为"渝黔生物基因库"、重庆市独特的"生物基因库"和"西南神农架"。

黑山谷也被称之为"中国西部百慕大""恐怖的死亡之谷"。

这块沉寂了数千年的地方，曾发生过多起人畜入谷神秘失踪的事件。有诗云："黑山谷，沟连沟，十人提起九人愁。猎犬入内无踪影，壮士一去难回头。"

在黑山谷中段的鱼跳峡，每年春夏时节，鲤鱼河下游的鱼在此"逗滩"进入上游。各种鱼类必须由此潭跳起越过落差达60公分高的鱼跳滩，才能进行下一段生命的旅程，可以想象无数白色银练腾出水面的壮观景象。所以当地人将此峡谷称之为鱼跳峡。

黑山谷最险窄深幽的地方是鲤鱼河十里峡谷，这里其实是群山裂开的一条地缝，河床最宽处二三十米，最窄处不足两米。峡谷两岸植被茂密，人站在最窄的鲤鱼峡中，一只手可摸到重庆的山，另一只手则可摸到贵州的山。此处山林中常有黑叶猴、山羊、野猪等出没，还有国家二级保护动物鼯鼠。

在黑山谷——石林景区内的奥陶纪，虽然有大量人工打造的旅游项目，却有自己独创之处。短短3年打造十多项世界第一，获得了几十项国家专利。奥陶纪特色之一就是各种原创悬崖体验项目。比如"天空悬廊"，呈"A"字形向外悬挑80米，目前是吉尼斯世界纪录保持者。此外恐怖秋千、悬崖蹦极、悬崖自行车、步步惊魂等原创项目使奥陶纪一夜之间火爆全网，吸引了无数游客。奥陶纪景区得名和区内成岩于约6亿—4.56亿年前的远古奥陶纪时期有关。几亿年前的万盛是一片海洋，现在的万盛是一片乐土。

后记

本书由黄伟、叶文获、张晶、刘谦、刘绍勤和刘绍星五位作者采集资料撰写完成。书中插画由布志国、王田雨、陶宇、李昉、伍书乐、李柯欣、桂描、胡耀尹和林杉绘制。在书稿完结之际,我们最想说的话是:"一套《重庆市地名文化故事》,绘不尽一座重庆城。"

在本册里,我们展示了重庆多元、复合且包容的特征。重庆身处四川盆地以东的丘陵地带,是川西坝子和渝东山区的连接地带。它的西北部地势平坦、物产丰富,有着与四川同出一脉的风土人情;东南部地势起伏、山脉纵横,孕育出与鄂、湘、黔同宗同源的民族风情。

重庆北有大巴山、秦岭,东有巫山,南有武陵山、大娄山等山脉。山脉的分布形成了重庆的地貌,影响着重庆的气候,构造出重庆自成一派的"山城"景观,也为重庆广袤的大地赋予了独特的山地风情。

地图上的重庆区域版图,像一只朝东奔跑的兔子。重庆人习惯以重庆城为中心,将大重庆范围分为渝东南、渝东北、渝西及主城片区。

在展开重庆地名故事的篇章时，我们发现这个片区划分竟在地名文化归纳中起到了分门别类的作用。或许是地形山势与水域的共通，让一个片区的多个区县出现了文化相传一脉、地貌风景相似、风土人情接近的势态。

例如在渝东南片区，一座武陵山，让多个区县呈现出喀斯特地貌的特征。这里又是重庆少数民族相对聚集之处，苗族、土家族这两个重庆境内最大的少数民族，几乎遍布整个渝东南片区。于是在地名故事上，这个区域拥有最丰富的少数民族风情与喀斯特自然奇观。

又比如渝东北片区，因为一条长江和三峡，这里的多个区县传承着同样的长江三峡文化，经济、地貌、人文几乎同源，在地名文化上也呈现出一种相似的风格，出现了与远古神话、大禹治水、古代盐业盐运、三国历史、三峡水利工程相关的地名文化。

同样的情况也发生在主城片区及渝西片区。以抗战文化为大背景的主城片区，流传着无数个与抗战名人相关的地名故事；渝西片区则普遍呈现出物产丰富、经济富饶的特色，在地名故事中出现了多个历史上有名的商业重镇以及大户人家。

我们试着为重庆下辖的每一个区县都寻找出一种与众不同的

特色与调性，希望它们在地名文化的展现上，呈现出不一样的光彩来。

然而，满满五卷《重庆地名故事》却不曾将重庆描绘尽净。重庆之大无奇不有，重庆地名的奇特也更是层出不穷。如果要将所有地名故事、民间掌故、神话传说一一述尽，本套书的容量远远不够。

在收集重庆的地名故事过程中，我们查阅了各地方志，尽可能做到严谨与真实；我们摒弃了神话与传说中的无稽之谈，取其精华去其糟粕。我们也遇到过一些生僻的地名，无论是在方志中还是古籍中都很难找寻其根源，为此我们走访当地老人、寻求史学专家的帮助，最终成功溯源。

尽管如此，书中也许还存在介绍内容不尽详实的遗憾，而受限于篇幅与表达的主题统一性，也一定会出现遗漏，造成沧海遗珠之憾。但我们希望，本书可以成为重庆地名故事的"抛砖引玉"之作，换来更多创作者、收集者的关注，有错改之，有漏补之。希望有更多人文工作者、专家、学者加入进来，群策群力为重庆地名文化故事作进一步的丰富与发展，在此深表感谢。

图书在版编目(CIP)数据

重庆市地名文化故事. 区县地名 / 重庆市民政局编. —重庆: 重庆出版社, 2023.1
ISBN 978-7-229-17474-3

Ⅰ.①重… Ⅱ.①重… Ⅲ.①地名—介绍—重庆 Ⅳ.①K927.19

中国版本图书馆CIP数据核字(2022)第251715号

重庆市地名文化故事·区县地名
CHONGQINGSHI DIMING WENHUA GUSHI · QUXIAN DIMING
重庆市民政局　编

责任编辑：蒋忠智　周英斌　张　春　杨秀英
责任校对：廖应碧
装帧设计：重庆出版社艺术设计有限公司

重庆出版集团
重庆出版社　出版

重庆市南岸区南滨路162号1幢　邮政编码：400061　http://www.cqph.com
重庆出版社艺术设计有限公司制版
重庆市国丰印务有限责任公司印刷
重庆出版集团图书发行有限公司发行
E-MAIL:fxchu@cqph.com　邮购电话：023-61520646
全国新华书店经销

开本：787mm×1092mm　1/16　印张：33.5　字数：358千　插页：2
2023年4月第1版　2023年4月第1次印刷
ISBN 978-7-229-17474-3
定价：488.00元（全5册）

如有印装质量问题，请向本集团图书发行有限公司调换：023-61520678

版权所有　侵权必究